REISE KNOW-HOW

Katharina Nickoleit
Sandra Wolf

peru
kompakt

Katharina Nickoleit
Sandra Wolf

peru
kompakt

Katharina Nickoleit
Sandra Wolf

Peru kompakt
erschienen im
Reise Know-How Verlag

ISBN 978-3-89662-585-4

Untere Mühle 4
D - 71706 Markgröningen

2004 · 2006 · 2008 · 2010 · 2011 · 2013 · 2014 · 2016 · 2018
10. Auflage **2020**

– Printed in Germany –

eMail-Adresse des Verlags: verlag@rkh-reisefuehrer.de

Internet-Adresse des Verlags: www.rkh-reisefuehrer.de

Websites von Reise Know-How:
www.reise-know-how.de
www.suedafrikaperfekt.de

Gestaltung und Herstellung
Umschlagkonzept: Carsten Blind
Inhalt: Carsten Blind, Nadine Jung
Karten: Helmut Hermann
Druck: mediaprint, Paderborn
Fotos: siehe Anhang S. 252

Dieses Buch ist erhältlich in jeder Buchhandlung in Deutschland, Österreich, Schweiz, Niederlande und Belgien
Bitte informieren Sie Ihren Buchhändler über folgende Bezugsadressen:

D: PROLIT GmbH, Postfach 9, 35461 Fernwald
www.prolit.de (sowie alle Barsortimente),
CH: AVA-buch 2000, Postfach 27, 8910 Affoltern, www.ava.ch
A: Mohr Morawa Buchvertrieb GmbH, Postfach 260, 1011 Wien
NL, B: Willems Adventure, www.willemsadventure.nl

Wer im Buchhandel trotzdem kein Glück hat, bekommt unsere Bücher auch über unsere Büchershops im Internet (s.o.)

Vorwort

Es gibt keine Gegend auf der Welt, die dem wissenschaftlichen Entdecker ein so attraktives Arbeitsfeld bietet als das Hochland von Peru und Bolivien. Erstens finden sich in dieser Region Spuren der ältesten und fortschrittlichsten Kulturen Südamerikas. (...) Die historische Geografie der Anden Perus und Boliviens wirft eine Reihe von hoch interessanten Fragen auf. Unter anderem die Herkunft alter Städte wie Tiwanaku, Cusco und Machu Picchu. (...) Die Tiefe der Schluchten, die Höhe der unberührten Berggipfel, die zahllosen Gletscher, die große Vielfalt des tropischen Dschungels am östlichen Hang der Anden (...) – all dies trägt zu der Freude und dem Enthusiasmus des Forschers bei, der das Ziel und das Glück hat, in dieser Gegend zu arbeiten.

Hiram Bingham in National Geographic, 1915

Nicht nur die Forscher und Abenteurer vergangener Jahrhunderte schlugen Peru und Bolivien in ihren Bann. Bis heute haben die beiden Länder nichts von ihrer Faszination für den Reisenden verloren: Ruinen aus den Zeiten alter Hochkulturen, riesige Wüstenbilder, unberührter Urwald und einsame Trekkingpfade erwarten Sie.

Dieses Buch führt Sie zu den Hauptsehenswürdigkeiten Perus und auf die bolivianische Seite des Titicacasees bis nach La Paz. Neben der sorgfältigen Beschreibung der einzelnen Städte und Stätten haben wir besonderen Wert auf einen ausführlichen Geschichts- und Kulturteil gelegt, zahlreiche Exkurse vertiefen Wissenswertes. Ein Reise-ABC gibt Auskunft zu Fragen, die sich vor und während der Reise stellen, und am Ende jedes Kapitels steht ein Serviceteil, in dem Sie aktuelle Informationen zu Hotels und Restaurants, zum Einkaufen sowie zur Unterhaltung finden. Detaillierte Karten, mit dem Text eng verzahnt, sorgen dafür, dass Sie das Gesuchte auch finden.

Mit diesem Führer wenden wir uns in erster Linie an Reisende, die zusammen mit einer Gruppe oder mit Hilfe von Reisebüros Peru erkunden und dabei weder auf Hintergrundwissen noch auf praktische Informationen verzichten wollen, die auch Entdeckungen auf eigene Faust ermöglichen. Reisende, die Gesamt-Peru intensiv und selbständig erkunden möchten, sei das ebenfalls im Reise Know-How Verlag erschienene Peru-Handbuch empfohlen.

Zum Jubiläum der 10. Auflage präsentiert sich „Peru kompakt" mit neuer Gestaltung: über 100 zusätzliche Fotos, mehr Karten und Inhalt sowie breiteres Buchformat.

Wir wünschen Ihnen eine wunderschöne Reise mit aufregenden und spannenden Begegnungen sowie unvergesslichen Eindrücken. Und wir freuen uns, wenn Sie uns mailen oder schreiben, wo wir Ihnen mit diesem Buch eine Hilfe waren und an welchen Stellen wir uns noch verbessern können.

Ihr Autorenteam Katharina Nickoleit und Sandra Wolf

Reisevorbereitung und Planung

□ Exkurse

□ Exkurse (s.S. 11) · Information · Unterkunft · Restaurants
Unterhaltung · Tourenanbieter · Shopping · Hinweis

Reiseteil

☐ Exkurse

Colca-Schlucht

Übersicht Exkurse und Zusatzinformationen

Blick auf Machu Picchu und den Bergsporn des Wayna Picchu

Reisevorbereitung und Planung

Reisevorbereitung und Planung

Praktisches Reise-ABC Peru

An- und Einreise

Die niederländische KLM (im Verbund mit Air France), www.klm.com, und die spanischen Fluggesellschaften Air Europa (www.aireuropa.com) und IBERIA (www.iberia.com, im Verbund mit LATAM, www.latam.com) fliegen via Amsterdam, Paris und Madrid von Europa nach Lima. Kostenpunkt je nach Saison ab 1100 Euro. KLM bietet den besseren Service und hat auf seiner Homepage außerhalb der Hauptreisesaison regelmäßig Angebote ab 900 Euro. Daneben gibt es preisgünstigere Verbindungen über die USA, die aber wegen der rigiden und langwierigen Kontrollen nicht zu empfehlen sind – es kommt oft vor, dass der Anschlussflug verpasst wird. Homepage des Flughafens in Lima: www.lima-airport.com/engl.com. Für die Einreise genügt der Reisepass, der noch sechs Monate über das Einreisedatum hinaus gültig sein muss. Ein Aufenthalt von bis zu 183 Tagen ist ohne Visum möglich. Wer nach Bolivien reist, benötigt offiziell eine im Impfpass eingetrage Gelbfieberimpfung. Kontrolliert wird dies aber selten.

Ausrüstung

In den Höhenlagen der Anden wird es zu jeder Jahreszeit spätestens mit Sonnenuntergang sehr frisch bis kalt, so dass auf jeden Fall ausreichend warme Kleidung mitgenommen werden sollte. Alternativ kann auf den Hochlandmärkten günstig Wollbekleidung eingekauft werden. In der Küstenregion und dem Tiefland reicht sommerliche Kleidung, wobei im Dschungel unbedingt lange Hosen und langärmlige Hemden zu empfehlen sind. Für die Wanderungen durch Ruinen ist festes und bequemes Schuhwerk Voraussetzung. Wichtig sind Sonnenschutzcreme mit hohem Schutzfaktor, eine Kopfbedeckung sowie eine gute Sonnenbrille. Nehmen Sie nicht zu viel Gepäck mit, damit genügend Platz für Souvenirs bleibt. Wertvolle Dinge wie Schmuck und teure Uhren lässt man am besten zu Hause. Um Ausweispapiere und Geld sicher zu verstauen, empfiehlt sich ein unter der Hose zu tragender Geldgürtel.

Botschaften

von Deutschland:
Av. Dionisio Derteano 144, Edificio Alto Caral Piso 7 u. 8, San Isidro, Lima, Tel. 203-5940, www.lima.diplo.de

von der Schweiz:
Av. Salaverry 3240, San Isidro, Lima, Tel. 262-0305, www.embajadasuiza.org.pe

von Österreich:
Edificio „De las Naciones" Piso 5, Av. Central 643, San Isidro, Lima, Tel. 442-0503, www.aussenministerium.at/lima oder über www.bmaa.gv.at

Botschaft von Peru in Deutschland:
Mohrenstr. 42, 10117 Berlin,
Tel. 030-2064103, www.embaperu.de

Drogen

Wer mit Drogen, etwa Marihuana oder Kokain, erwischt wird, wandert je nach Schwere des Umstandes für geraume Zeit ins Gefängnis! Weder Freilassung auf Kaution noch Abschiebung nach Deutschland sind vorgesehen. Die Botschaft vermittelt Rechtsbeistand, kann aber außer moralischer Unterstützung recht wenig erreichen.

Feiertage

1. Januar	Año Nuevo (Neujahr)
Februar/März	Carnaval (Karneval)
März/April	Karfreitag und Ostern
1. Mai	Día de los Trabajadores (Tag der Arbeit)
Mai/Juni	Fronleichnam
14. Juni	Día de los Campesinos (Bauerntag, nur halbtägig)
29./30. Juni	Fiesta de San Pedro y San Pablo (Peter und Paul)
28./29. Juli	Día de la Independencia/ Fiestas Patrias (Unabhängigkeitstag)
15. August	Virgen de la Asunción (Maria Himmelfahrt)
30. August	Santa Rosa de Lima (Fest zu Ehren der Hl. Rosa von Lima)
8. Oktober	Día da la Dignidad Nacional (Tag der Nationalen Würde) oder Combate de Angamos (Schlacht von Angamos)
1. November	Día de Todos los Santos (Allerheiligen)
8. Dezember	Día de la Inmaculada Concepción (Maria Unbefleckte Empfängnis)
25. Dezember	Navidad (Weihnachten)
31. Dezember	Noche de San Silvestre (Silvester)

Finanzen

Die Währung Perus heißt *Soles* (bis Ende 2017 Nuevos Soles) (S/.). Im Umlauf sind Banknoten von 10, 20, 50, 100 und 200 Soles und Münzen zu 1, 2 und 5 Soles sowie zu 5, 10, 20 und 50 Centimos oder Centavos. Euro und US-Dollar werden in den meisten Banken und Wechselstuben *(Casas de cambio)* gewechselt. Achten Sie darauf, dass die Scheine in einwandfreiem Zustand, also nicht eingerissen, bestempelt oder beschrieben sind, sonst werden sie womöglich nicht akzeptiert.

Für Reiseschecks, die in jeder Bank eingetauscht werden, bekommt man bei der *Banco de Crédito* die besten Kurse. Von Reiseschecks ist dennoch eher abzuraten, sie werden immer seltener akzeptiert. In allen größeren Städten und touristischen Orten kann aus Geldautomaten (span. *Bancomático – Caja permanente – Caja automática*; umgangssprachlich *Cajero, ATM*) bei Banken Soles-Bargeld oder US-Dollar gezogen werden, sowohl mit Kreditkarten als auch – gebührengünstiger – mit der Bankkarte bzw. der *girocard* Ihrer Hausbank mit dem Maestro-Logo, sowie auch mit der SparCard der Postbank. Geheimzahl und Sperrnummer nicht vergessen.

❗ Achtung: Karten mit dem V-Pay-Logo des Anbieters VISA können Sie außerhalb Europas nicht mehr zum Geldabheben oder zur Zahlung verwenden!

Die Standorte der Geldautomaten („ATM -Locator") in peruanischen Städten finden Sie bei www.mastercard.com oder www.visa.de.

Wechselkurs (bei Drucklegung)
Aktuelle Wechselkurse auf www.xe.com, www.oanda.com u.a.

1 Euro	**ca. 3,7 Soles**
1 US$	**circa 3,2 Soles**
1 Euro	**ca. 8,4 Bolivianos (Bs)**

Kreditkarten

Alle besseren Hotels, Restaurants, Reisebüros und Fluggesellschaften akzeptieren gängige *Kreditkarten,* am weitesten verbreitet sind VISA und MasterCard. Für den Fall, dass Kreditkarten oder Reiseschecks abhanden kommen, sind folgende Nummern rund um die Uhr kostenfrei oder per R-Gespräch erreichbar. Für alle Sperranrufe müssen Sie Kontonummer und Bankleitzahl bereithalten:

- Maestro-Bankkarte (girocard), zentrale Sperrnummer in Deutschland für Bankkarten und auch für Kreditkarten: Tel. 0049-116116
- MasterCard, Tel. 0049-69-79331910 bzw. 0049-1805-021021 oder 0049-118116, www.mastercard.de Notfallservice-Rufnummer Peru: 0-800-307-7309
- VISA, Tel. 0049-69-79332525 bzw. 0049-1805-021021 oder 0049-118116, www.visa.de
- American Express, Tel. 0049-69-97971000 bzw. 0049-1805-021021 oder 0049-118116 (Reiseschecks 001-8008602908), www.americanexpress.de

Fotografieren

In allen touristischen Zentren kann man seine Daten in Internetcafés auf CD brennen lassen und neue Speicherkarten kaufen. Allgemeiner Hinweis zum Fotografieren: Fragen Sie bei Indígenas stets um Erlaubnis und akzeptieren Sie ein Nein.

Geschäftszeiten

Verwaltungszeiten: An Wochentagen meist 9 bis 13 Uhr, manchmal auch bis 17 Uhr. Geschäfte: Mo–Sa, zum Teil auch sonntags, von 9/10/11 bis 18/20 oder sogar 22 Uhr. Banken: Wochentags von 9 bis 18 Uhr, einige haben auch samstags bis Mittag geöffnet.

Gesundheit

Die üblichen **Impfungen** wie Tetanus, Polio und Diphtherie sollten unbedingt vorhanden sein, daneben ist ein Schutz gegen Typhus und Hepatitis A sinnvoll. Wer in das Tiefland Perus reisen möchte, sollte außerdem gegen Gelbfieber geimpft sein und eine Malariaprophylaxe mitnehmen.

Essen Sie möglichst nichts, was nicht geschält, gekocht oder gebraten wurde und trinken Sie kein Leitungswasser. Achten Sie besonders darauf, dass Getränke ohne Eiswürfel kommen. Packen Sie außerdem Medikamente gegen Durchfall ein, alternativ in Apotheken vor Ort erhältlich. Schließen Sie eine Auslandskrankenversicherung ab, die in Notfällen auch für den Rücktransport nach Europa aufkommt.

Information

Peru unterhält kein Tourismusbüro in Deutschland. Über Websites können jedoch umfangreiche Informationen abgefragt werden, z.B.

Höhenkrankheit

Vorboten einer beginnenden Höhenkrankheit *(soroche)* sind Kopfschmerzen, Müdigkeit, Atemnot, Kreislaufbeschwerden, schnellerer Pulsschlag und Schlafstörungen. In schweren Fällen kann es zu Übelkeit und Bewusstlosigkeit kommen. Erste Anzeichen können bereits ab 2000 Metern auftreten. Der Grund ist, dass pro 1000 Höhenmeter der Luftdruck um etwa zehn Prozent sinkt. Dies führt dazu, dass das Blut in der Lunge weniger Sauerstoff aufnehmen kann. Zwei Drittel aller Menschen, die auf einer Höhe von mehr als 4000 Metern übernachten, werden höhenkrank.

Um vorzubeugen ist es sinnvoll, sich nicht gleich in große Höhen zu begeben, sondern stufenweise, z.B. über Arequipa ins Hochland zu reisen. Nach einer Anpassungszeit von zwei bis drei Tagen verschwinden die Symptome wieder. Bis dahin größere Anstrengungen vermeiden und viel trinken (keinen Alkohol) sowie nur leichte Speisen zu sich nehmen. Wenn möglich, in niedere Höhen absteigen, wenige hundert Meter können schon viel bewirken. Ein Mittel gegen die Symptome der Höhenkrankheit ist ein Tee aus Cocablättern *(Mate de Coca)*, denn Coca fördert den Sauerstofftransport im Blut. Von Medikamenten gegen die Höhenkrankheit ist abzuraten, diese verschleiern oft nur die Warnsignale. Für den Notfall gibt es in den peruanischen Apotheken ein Kombinationspräparat auf Schmerzmittelbasis namens *Sorojchi Pills*. In der Höhenluft trocknen außerdem die Nasenschleimhäute und Lippen aus, eine Creme verschafft Linderung. [KN]

www.peru.info (auf Deutsch), www.peru.com, www.enjoyperu.com, www.turismoperu.info und andere.

In vielen Städten Perus finden sich Touristinformationen (Adressen im Serviceteil der jeweiligen Stadt).

Touristinformation am Kennedy Park im Stadtteil Miraflores, Lima

Karten

Gute Landkarten von Peru und Bolivien gibt es von Reise Know-How.

Knigge

Peru ist ein armes Land, der Großteil der Menschen lebt unter einfachsten Bedingungen. Reiche Besucher aus dem Ausland bringen einerseits die dringend benötigten Devisen, andererseits greift der Tourismus auch in die überkommene Kultur ein. Deshalb ist es wichtig, sich auf seiner Reise den Landessitten anzupassen.

Kleiden Sie sich nicht zu auffällig, fotografieren Sie Menschen nicht ungefragt aus nächster Nähe. Geben Sie einem bettelnden Kind nichts, denn es geht nicht zur Schule, wenn es mit Betteln gut verdient. Das gilt auch für Kinder, die zu Schulzeiten in Trachten für Fotos posieren. Stellen Sie sich darauf ein, dass nicht immer alles so schnell und reibungslos klappt wie Sie es von Europa gewohnt sind – in Peru ticken die Uhren anders. Wenn Sie nun noch ein paar Brocken Spanisch lernen und die Bevölkerung nicht als „Indios" bezeichnen, was diese als Beleidigung versteht, so wird man Ihnen überall freundlich und aufgeschlossen begegnen.

Kommunikation

Post

Eine Karte oder ein Brief per Luftpost nach Europa kostet 6,50 bzw. 10,20 Soles und benötigt etwa 10 Tage. Da es in Peru keine Briefkästen gibt, müssen Karten und Briefe direkt bei der Post (Serpost) oder im Hotel abgegeben werden.

Internet und Telefon

Überall in Peru gibt es jede Menge preiswerter Internet-Cafés, in denen man eMails schreiben kann. Sogenannte „Locutorios" verfügen über Fernsprecher, wo die Minute ins deutsche Festnetz zwischen 0,50 und 1 Sol kostet. Die Vorwahl für Peru von Deutschland ist 0051 (die anschließende „0" vor der Stadt-Vorwahl entfällt). Die Vorwahl für Deutschland aus Peru ist 0049 (die anschließende „0" vor der Stadt-Vorwahl entfällt).

Maßeinheiten

In Peru gilt das metrische System. Kraftstoff wird in Gallonen (etwa 3,8 Liter) verkauft. Die Gewichtsmenge *libra* entspricht etwa 450 Gramm.

Naturschutz

Alle wilden Tiere und Pflanzen sind in Peru gesetzlich geschützt, dürfen weder beschafft noch gekauft werden. Die Ausfuhr von Fellen und Federn wilder Tiere sowie geschützter Pflanzen und Samen ist verboten.

Reisen im Land

Mietwagen

In allen größeren Städten Perus sowie über das Internet können bei den bekannten internationalen Mietwagenfirmen Autos gemietet werden. Für Überandfahrten sollten Wagen mit Allradantrieb gewählt werden. Die Verkehrsvorschriften in Peru gleichen im Wesentlichen den unsrigen – Fahrstil und Auslegung der Regeln sind jedoch oft anders, wobei die Devise „der Stärkere hat Vorfahrt" gilt und die Hupe ein stets eingesetztes Hilfsmittel ist um sich Recht zu verschaffen. Perus Hauptverkehrsstraßen sind asphaltiert, weisen jedoch (besonders in den Großstädten) oft zahlreiche Schlaglöcher auf oder können im Hochland durch Erdrutsche blockiert sein.

Mit dem Bus

Einfache bis bequeme Busse verbinden fast alle peruanischen Städte miteinander. Wegen der großen Entfernungen sind etwas teurere, dafür aber auch mehr Komfort bietende Gesellschaften zu empfehlen, wie z.B. *Cruz del Sur* (Verbindungen und Reservierung unter www.cruzdelsur.com.pe) oder Oltursa (www.oltursa.pe)

Mit dem Flugzeug

Um Zeit zu sparen, bieten sich vor allem bei langen Distanzen Flüge an. Sämtliche Verkehrs- und Flugverbindungen zwischen allen wichtigen Orten Perus können unter www.traficoperu.com eingesehen werden. Fluggesellschaften für nationale Verbindungen sind:

LATAM (www.latam.com),
StarPeru (www.starperu.pe), und
TACA (www.taca.com)

Billiganbieter wie SkyAirline
(www.skyairline.com) und
Viva Air Peru (www.vivaair)

bieten ebenfalls nationale Verbindungen zu den wichtigsten touristischen Zielorten.

Mit der Bahn

Perus Eisenbahn überwindet Pässe von bis zu 4781 Meter, z.B. auf der Strecke Lima – Galera – La Oroya – Huancayo. Damit verfügt das Land über die zweithöchste Bahnstrecke der Welt. Auf den landschaftlich reizvollen Strecken Arequipa – Puno – La Raya (4313 m) – Cusco und Cusco – Machu Picchu verkehren spezielle Touristenzüge.

Reisezeit

Peru kann rund ums Jahr besucht werden. Für die Andenregion ist die ideale Reisezeit April bis Oktober, wobei es in der Hauptreisezeit Juli bis September an den wichtigsten Sehenswürdigkeiten sehr voll wird. Für die Küste sind November bis März ideal. Im Amazonastiefland ist von November bis April mit den meisten Niederschlägen zu rechnen, was kein Nachteil sein muss, denn dann sind die Flüsse voller Wasser und erleichtern das Erkunden des Primär- und Sekundärwaldes per Kleinbooten. Allerdings muss man sich während der Regenzeit darauf gefasst machen, dass Erdrutsche die Straßen versperren.

Restaurants

Die in diesem Reiseführer empfohlenen Restaurants zeichnen sich durch ihre schmackhafte Küche und ihr typisch peruanisches Ambiente aus – doch Änderungen können vorkommen. Normalerweise sind auf den meisten Rechnungen bereits 18% Steuern enthalten, doch bessere Hotels und Restaurants geben ihre Preise oft ohne Steuer an. Daneben sind in guten Restaurants zusätzlich zehn Prozent Bedienungsaufschlag üblich. Als Trinkgeld werden etwa fünf Prozent der Rechnung erwartet, etwas mehr, wenn kein Bedienungsaufschlag verlangt wird.

Sicherheit

Die weitaus größte Gefahr dürfte in Peru von Taschendieben drohen. Sie arbeiten bevorzugt im Gedränge und mit Ablenkungsmanövern. Deshalb nicht nur auf Märkten, bei Festen und in überfüllten Stadtbussen auf der Hut sein, sondern auch dann, wenn man „versehentlich" angerempelt oder in ein Gespräch verwickelt wird. Beliebt ist auch der Trick, mit einer Rasierklinge Handtaschen oder Rucksäcke aufzuschlitzen. Bei Einbruch der Dunkelheit sollte man dunkle und einsame Straßen meiden. Im Notfall kann man sich an das Beschwerdebüro für Touristen wenden, an das INDECOPI, Tel. 0800-42579. Diese gebührenfreie Hotline ist immer besetzt und der Operator spricht außer Spanisch auch Englisch. Um seine Dokumente ersetzt zu bekommen, benötigt man ein Polizeiprotokoll, wobei die Aufgabe der Anzeige langwierig sein kann.

❶ Scannen Sie Ihre wichtigsten Dokumente farbig ein und hinterlegen Sie diese in Ihrem Mailordner. So haben Sie im Notfall Zugriff auf Kopien.

Souvenirs

Peru ist ein wahres Paradies für Andenkensammler. Die Vielfalt des Kunsthandwerkes *(artesanías)* auf Märkten und in Läden ist unüberschaubar (s.S. 57). Auf den Märkten können Sie kräftig handeln. Sehr hochwertige und moderne Kleidung aus feinster (Baby-)Alpakawolle bietet unter anderem Kuna (https://kunastores.com) in seinen Filialen in Lima, Arequipa und Cusco an. Es handelt sich um den einzigen offiziellen Anbieter von Bekleidung aus Vicuñawolle.

Sprache

Die Landessprache von Peru und Bolivien ist Spanisch, im Anhang finden Sie eine Sprachhilfe. Daneben wird in weiten Teilen des Hochlandes *Quechua* (s.S. 153) gesprochen. Zum schnellen Erlernen der Grundkenntnisse beider Sprachen sind die Reise Know-How „Kauderwelsch"-Bände „Spanisch für Peru" und „Quechua für Peru" zu empfehlen.

Strom

Die Spannung beträgt in Peru 220 V (60 Hz), in Iquitos 100 V (50 Hz). In Bolivien gleichfalls 220 V, in La Paz auch 110 V. Hotels haben im Bad oft nur Steckdosen für Flachstecker. Zwischenadapter sind auf den Flughäfen Europas und in besseren Hotels an der Rezeption erhältlich.

Taxi

Taxis haben in Peru keine Taxameter, so dass der Preis Verhandlungssache ist und unbedingt vor Abfahrt geklärt werden sollte. Erkundigen Sie sich vorher im Hotel, was eine Fahrt maximal kosten sollte. In letzter Zeit haben sich, vor allem in Lima und Arequipa, Überfälle durch Taxifahrer gehäuft. Deshalb sollte man keinen Wagen an der Straße anhalten, sondern sich über das Hotel oder Restaurant einen Wagen der Taxizentralen rufen lassen. Diese registrierten Taxis gelten als sicher. Alternativ laden Sie sich eine App aufs Smartphone, funktioniert in Lima und Arequipa.

Touranbieter

Viele Reiseveranstalter für süd- bzw. lateinamerikanische Länder haben sich zur Arbeitsgemeinschaft (ARGE) zusammengeschlossen:

Arbeitsgemeinschaft Lateinamerika, An der Ruhbank 26, D-61138 Niederdorfelden, Tel. 06101-987712, www.lateinamerika.org

Beachten Sie am Buchende die Reiseveranstalter-Anzeigen. Touranbieter vor Ort stehen jeweils im Serviceteil einer Stadt. Wer lokale Reiseagenturen bevorzugt, sollte diese schon vor der Abreise kontaktieren, denn mit etwas mehr zeitlichem Vorlauf können die Anbieter günstigere Preise mit Hotels und Fluggesellschaften aushandeln.

Trekking

Peru ist ein wahres Paradies für Bergsteiger und Trekker. Die bekannteste Wanderstrecke ist dabei der legendäre Inkaweg nach Machu Picchu. Daneben bieten die Cordillera Vilcabamba, ebenfalls bei Machu Picchu, und die Cordillera Blanca (Region Huaraz) wunderschöne Trekkingrouten.

Durch die Hochlage der Täler ergeben sich eine ganze Reihe leichter Vier- und Fünftausender, die man mit genügend Kondition und Trittsicherheit in einer Tagestour bewältigen kann. Ein Mindestmaß an bergsteigerischer Erfahrung gehört aber immer dazu. Der Buchhandel bietet spezielle Trekking-Literatur an.

Unterkunft

Die in diesem Buch empfohlenen Unterkünfte entsprechen mittlerem bis gehobenem Standard. Alle Hotels verfügen über Zimmer mit privatem Bad, in der günstigen Kategorie jedoch nicht immer über Klimaanlage oder Heizung. Meistens sind Restaurants angeschlossen, in denen neben der traditionellen peruanischen Küche auch internationale Gerichte serviert werden. Die Preise für die Hotels haben wir in US-Dollar oder der Landeswährung Soles angegeben, sie schließen in aller Regel das Frühstück mit ein (durch ein F nach der Angabe DZ gekennzeichnet). Oft beinhaltet der Übernachtungstarif in einfacheren Unterkünften kein Frühstück, im Luxussegment manchmal auch Halbpension (HP) oder Vollpension (VP). Es kann sowohl in Soles als auch in Dollar bezahlt werden, wobei sich die Tarife nach dem aktuellen Wechselkurs richten.

Zeitdifferenz

Der Zeitunterschied zwischen **Peru** und Deutschland bzw. zur **mitteleuropäische Zeit (MEZ)** beträgt **minus 6 Stunden** (in unserer Sommerzeit **7 Stunden**). In **Bolivien** beträgt die Zeitdifferenz zu Deutschland **minus fünf** bzw. **sechs Stunden**.

Zoll

Nach den deutschen Zollbestimmungen dürfen aus Nicht-EU-Ländern 200 Zigaretten oder 50 Zigarren, ein Liter Spirituosen oder zwei Liter Wein oder Sekt, 500 g Röstkaffee, 50 g Parfüm und Souvenirs bis zu einem Warenwert von 430 Euro zollfrei eingeführt werden. Die Einfuhr von Coca-Tee oder Coca-Bonbons ist nach den geltenden Bestimmungen des deutschen Betäubungsmittelgesetzes verboten und strafbar. Weitere Zollinformationen auf www.zoll.de.

Land und Leute

Zahlen und Fakten

Peru ist mit einer Fläche von 1.285.216 Quadratkilometern etwa viermal so groß wie Deutschland. Im Norden grenzt es an Ecuador und Kolumbien, im Osten an Brasilien und im Süden an Bolivien und Chile. Hauptstadt ist Lima an der Pazifikküste, wo inklusive der Vorstädte rund ein Drittel der etwa 33 Millionen Einwohner Perus leben. Knapp die Hälfte der Bevölkerung Perus sind *Indígena* (nicht: „Indios"), Angehörige der ursprünglichen Volksgruppen, im Andenhochland vorherrschend *Quechua*. Etwa ein Drittel der Peruaner sind *Mestizen* aus der europäisch-indigenen Vermischung, während die *Criollos,* die reinblütigen Nachfahren der Spanier, einen Anteil von etwa zehn Prozent stellen. Daneben gibt es noch die Minderheiten der Chinesen, Japaner und Schwarzen mit etwa zwei Prozent.

Landes- und Amtssprache ist das südamerikanische Spanisch, das *Castellano.* Die alte Sprache der Inka, *Quechua,* wird heute noch von knapp der Hälfte der Peruaner im Hochland gesprochen (Wortbeispiele s.S. 153). In der Gegend um den Titicacasee wird Aymara gesprochen, weitere indigene Idiome kommen im Tiefland vor. Etwa 85 Prozent der Bevölkerung bekennt sich zum katholischen Glauben, der sich jedoch stark mit den alten Religionen vermischt hat. In den vergangenen Jahren gewannen in einigen Regionen evangelikale Kirchen einen starken Einfluss, mancherorts sind sie dabei, der katholischen Kirche den Rang abzulaufen.

Landesnatur

Peru prägen drei signifikant unterschiedliche Landschaftsräume: **Costa** (Küste), **Sierra** (Andenhochland) und **Selva** (Amazonastiefland). Ein schmaler, wüstenartiger Küstenstreifen zieht sich über 3000 Kilometer am Pazifik entlang, der vor allem von April bis November trostlos ist, wenn die *garúa,* der Küstennebel, alles in depressives Grau hüllt. Verantwortlich dafür ist der Humboldtstrom, der als kalte Meeresströmung von

Landschaftsraum Selva (Amazonasbecken)

Quito
Coca
KOLUMBIEN
ECUADOR
Río Napo
Guayaquil
Manaus (Br.)
Iquitos
C
Amazonas
Tumbes
Leticia (Kol.)
Tabatinga
(Bras.)
Talara
Río Marañón
Piura
Jaén
A
Río Ucayali
Rioja
Chachapoyas
Moyobamba
Yurimaguas
Túcume
Sicán
Tarapoto
BRASILIEN
Chiclayo
Kuélap
Sipán
Juanjui
Cajamarca
Chan
Chan
Río Huallaga
Cruzeiro do Sul
Tocache
Trujillo
Moche
Pucallpa
B
Chimbote
Huascarán
Nat.-Pk.
Tingo María
Huaraz
Casma
Sechín
Chavín
Huánuco
Flugverbindungen
Cerro de Pasco
Río Urubamba
Lago Junín
u.a. StarPeru
Manu-Nationalpark
1
La Oroya
Río Apurímac
D
Río Manu
Huancayo
Manu
Lima
Pachacamac
2
Shintuya
Huancavelica
Puerto
Maldonado
Schiffs-
Hauptverbindungen
A Yurimaguas – Iquitos
B Pucallpa – Iquitos
C Iquitos – Tabatinga (Br.)
D Shintuya – Manú
E Puno – Copacabana – (Bol.) – Huatajata (Bol.)
Machu
Picchu
Ollantaytambo
Ayacucho
3
Cusco
Pisco
Paracas
Andahuaylas
Abancay
Ica
4
BOLIVIEN
Nazca-
Geoglyphen
Nasca
Colca
Canyon
Juliaca
Sillustani
Copa-
cabana
E
5
Puno
Río Colca
Volcán
Misti
Titicaca-
see
La Paz
Arequipa
Tiwanaku
Mollendo
Moquegua
Bahn-Hauptverbindungen
1 Lima – La Oroya – Cerro de Pasco / Huancayo
2 Huancayo – Huancavelica (in Betrieb)
3 Poroy – Machupicchu – (Quillabamba)
4 Cusco – Juliaca – Puno (Lokalzüge eingestellt)
5 Juliaca – Arequipa nur teurer Touristenzug, Start in Cusco, s. www.perurail.com
Ilo
Tacna
Arica
PERUS TOURISTENZIELE
FLUG-, BAHN- U. SCHIFFSVERBINDUNGEN
0
200 km
©RKH VERLAG HERMANN
CHILE

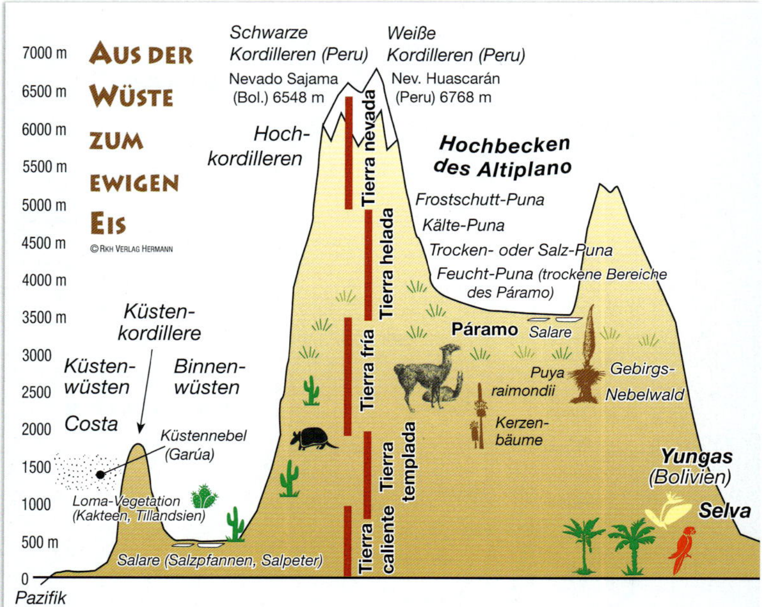

Die **thermische Höhenstufengliederung** und die damit verbundene Staffelung ihrer Vegetationszonen in den südamerikanischen Andenländern geht auf den deutschen Naturforscher *Alexander von Humboldt* zurück. Er übernahm 1817 als wissenschaftliche Begriffe die alten **»tierra«** (»Land«)-Bezeichnungen der Spanier, die diese schon früher zur Unterscheidung der Höhenstufen und des Klimas verwendet hatten.

Die Höhenangaben in Metern der vertikalen Bereiche der Tierras sind jedoch nicht absolut, sie variieren vielmehr je nach Exposition, Land und geografischer Breitenlage.

Höhen, ca.	Bezeichnung	Charakteristika	Vegetation	Anbau
ab 5000 m	**Tierra nevada** (»Schneeland«)	Ewiges Eis		
bis 5000 m 3500 m	**Tierra helada** (»eisiges Land«) **Puna -** Stufen (s.o) (trocken) **Páramo** (feucht)	Frost- und Schneestufen, extreme Temperaturschwankungen zwischen Tag u. Nacht »Höhensteppe« Höhengrasfluren	Flechten, Hartpolsterpflanzen Gräser *(ichu)*, Schopfpflanzen *(Puya raimondii)*	Ackerbau nicht mehr möglich Hochweiden Weidewirtschaft
bis 3500 m 2000 m	**Tierra fría** (»kaltes Land«)	Kalte Höhenstufen	Nebelwald	Mais, Weizen, Gerste, Kartoffl.
bis 2000 m 800 m	**Tierra templada** (»gemäßigtes L.«)	Gemäßigt temperierte Höhenstufe	Bergwald	Bananen, Kaffee, Zuckerrohr
bis 1000 m Meereshöhe	**Tierra caliente** (»heißes Land«)	Ständig heiße Tieflandregion	Tiefland-Regenwald; Loma-Vgt.	Kakao, Tabak

Cordillera-Landschaft in Nordperu mit Yareta, immergrünen Polsterpflanzen

Süden nach Norden an Perus Küste entlang fließt und die warme Pazifikluft abkühlt, die dann zu Nebel kondensiert.

Obgleich Peru meist als Andenstaat bezeichnet wird, nimmt die Sierra tatsächlich nur etwa ein Drittel der Landesfläche ein. Die Anden, das längste Kettengebirge der Welt, ziehen sich von Patagonien bis hinauf nach Venezuela, mit Gipfeln über 6000 Metern. Der höchste Berg Perus ist der 6768 Meter hohe *Nevado Huascarán*. Zwischen den östlichen und westlichen Andenketten, den *Kordilleren,* erstreckt sich das Hochlandbecken des *Altiplano* mit einer Durchschnittshöhe von etwa 3500 Metern. Hier lebt der Großteil der andinen Bevölkerung.

An ihrem Ostrand fallen die Anden über Bergnebelwälder in das Tiefland des Amazonas ab. Mit etwa drei Fünftel der Landesfläche nimmt die Selva („Urwald“) den weitaus größten Teil Perus ein. In dem riesigen Gebiet lebt aber lediglich ein Zehntel der peruanischen Bevölkerung, es gibt nur wenige Straßen. Haupttransportwege sind die großen Flüsse, wie z.B. der *Río Ucayali* und der *Río Marañón,* beide vereinigen sich bei *Iquitos zum Amazonas.* Die *Selva* wird von unermesslichen Regenwäldern geprägt, wobei heute der sekundäre Regenwald immer mehr überwiegt, der nach der Abholzung und Brandrodung des Urwalds entstanden ist.

Mit dem Zug nach Huancayo

Wasserschweine (Capybaras)

Riesenotter

Baumsteigerfrosch

Tier- und Pflanzenwelt

Fauna

In der **Sierra** haben zahllose Kleinkamel-Arten ihren Lebensraum. Ob es sich dabei um ein *Lama*, *Alpaka* oder gar ein *Vicuña* handelt, ist für den Laien nicht immer gleich zu erkennen (Exkurs s.S. 191). Wo Lamas leben, tummeln sich auch die possierlichen *Vizcachas* (Hasenmäuse), die zur Familie der Chinchillas gehören. Die kleinen, grauen oder beigefarbenen Tierchen sehen ähnlich wie unsere Murmeltiere aus und werden bis zu 60 cm groß. Ihre samtweichen Felle sind begehrt.

Andengänse schnattern durch kristallklare Luft und locken Andenfüchse an. In diesen hoch gelegenen Regionen leben auch *Tarukas* (Andenhirsche), die in entlegenen Gebieten von vereinzelten *Pumas* (Berglöwen) bedroht werden. Außerdem gibt es zahlreiche Fledermäuse. *Kondore* sieht man nur selten aus nächster Nähe, sie haben sich tief in die Berge zurückgezogen. Diese mächtigen Vögel zählen mit bis zu 3,20 Metern Flügelspannweite zu den größten überhaupt (s.S. 104). Von den mit Panzern aus Hornplatten geschützten *Gürteltieren* gibt es in Südamerika weit über ein Dutzend Arten. Das größte ist das rund einen Meter lange Riesengürteltier.

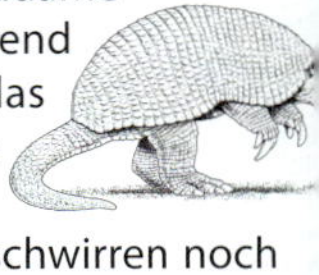

Im **Bergnebelwald** schwirren noch sehr viele bunte *Kolibris*, in den hohen Andenregionen auch Riesenkolibris. Ab und zu schleicht ein *Brillenbär* oder *Bergtapir* durchs Unterholz, und dazwischen die *Wollhaarbeutelratte*, eine Art

Opossum. Im Nebelwald kann auch das Wappentier Perus, der *Tunqui* bzw. Anden-Klippenvogel oder *Roter Felsenhahn* beobachtet werden. Felsenhähne sind Schmuckvögel mit helmartigem Scheitelkamm, die in felsreichen Bergwäldern auf dem Boden leben.

Auch in der **Selva** begegnet man einer Fülle von Vogelarten, die bekanntesten sind *Papageien, Aras, Tukane* und *Stärlinge,* deren Nester keulenförmig an den Bäumen hängen. Und zwischendrin tummeln sich über 3000 farbenprächtige Schmetterlingsarten, schleichen die letzten *Jaguare* und *Ozelote* auf Beute durch die „Grüne Hölle".

Ab und zu hört man auch das dumpfe „uum" des seltenen *Hokkohuhnes,* das in über 50 Arten in Süd- und Mittelamerika vorkommt. Als Waldbewohner lebt der Hokko auf Bäumen, ernährt sich von Blättern und Früchten und wird etwa so groß wie eine Truthenne. Er ist an seinem kurzen Schnabel mit eierartigem Aufsatz zu erkennen.

Der bedeutendste von über 1500 Süßwasserfischarten ist der *Paiche.* Der fischfressende Knochenzüngler mit seinen mosaikartigen Schuppen kann etwa drei Meter lang und 300 Pfund schwer werden und gilt als größter Süßwasserfisch der Welt. Der Paiche kommt etwa alle 12 Minuten zum Atemholen an die Wasseroberfläche und kann somit gut beobachtet werden. Diese Fische waren einst die wichtigste Nahrungsquelle im Amazonasgebiet, heute stehen sie in Peru unter Naturschutz und werden für den menschlichen Verzehr gezüchtet. Berühmt-berüchtigt sind die *Pirañas,* die bis zu 60 cm lang werden. Es gibt unzählige Arten, doch nur wenige sind angriffslustig.

Andere Flussbewohner sind die *Mohren- und Brillenkaimane.* Unter Verletzung des Artenschutzabkommens werden beide Arten allmählich ausgerottet. Auch die berühmten *Riesenotter,* die legendären *Flussdelfine* sowie die *Manatee* (Flusskühe) sind inzwischen selten geworden. In und an den Flüssen Westamazoniens jagt die *Anakonda* kleinere Säugetiere und gehört mit bis zu neun Metern zur größten Art der nichtgiftigen Riesenschlangen. Der Regenwald ist Habitat für *Leguane, Faultiere, Giftschlangen,* mit den Meerschweinchen verwandte *Wasserschweine (Capybara), Nabelschweine (Pekaris),* verschiedene *Affenarten* und *Schildkröten.*

Alpaka-Herde

An der **Costa** trifft man riesige Kolonien von Seevögeln, darunter *Meerespelikane,* den *Guano-Kormoran* und den *Peruanischen Tölpel,* die den Guano-Mist produzieren, einen ausgezeichneten Dünger.

Bemerkenswert ist der Fischreichtum in den peruanischen Küstengewässern. Im kalten, aber nährstoffreichen Wasser des Pazifik-Humboldtstroms leben gewaltige Schwärme von *Sardinen,* Rohstoff der Fisch- und Fischmehlindustrie. Mittlerweile ist durch übermäßigen Fang das biologische Gleichgewicht gestört, was zur Verminderung aller Fischarten und auch der Seevögel führte. Auf den vorgelagerten Küsteninseln teilen sich *Pinguine, Seelöwen* und ab und zu auch *Pelikane* die begehrten Trockenplätze an der Sonne.

Flora

Obwohl die **Sierra** auf den ersten Blick karg und trostlos wirkt, wird das Landschaftsbild von zahlreichen Pflanzenarten geprägt. In den Hochtälern ist der aus Australien eingeführte *Eukalyptusbaum* dominierend, unsere Laub- und Nadelbäume sind weitgehend unbekannt. Ursprünglich bildeten die langsam wachsenden *Queñua-Bäume* die am höchsten gelegenen Waldbestände der Erde, heute werden sie vorrangig zur Wiederaufforstung eingesetzt. Der peruanisch-bolivianische *Chinchona-Baum* lieferte „Chinarinde" bzw. Chinin, früher das einzige Mittel gegen Malaria. Angebaut werden in andinen Höhen Getreide, 35 verschiedene Arten *Mais* und insbesondere die *Kartoffel*, die hier ihren Ursprung hat und in mehreren hundert Sorten vorkommt. In letzter Zeit werden wieder verstärkt die alten, genügsamen Getreidearten *Amarant, Cañihua* und *Quinoa* angebaut, die nach der Inkazeit fast in Vergessenheit geraten waren. Das Mehl der eiweißreichen Quinoa wird zum Brotbacken verwendet. Je höher die Lage, desto karger die Vegetation. In der *Puna* wächst ab 4000 Meter nur noch das harte, spitze Büschelgras *Ichu* und eine Moosart, *Yareta.* In einigen Gegenden ist die vom Aussterben bedrohte, über 10 Meter hohe Riesenbromelie *Puya raimondii*, eine Ananaspflanze, zu sehen. Sie kommt bis zu einer Höhe von 4200 Metern vor. Auffallend ist ihr bis zu

Ichu, Büschelgras

Puya Raimondii

Blühende Cantuta

Immer günstig: Bananen, Papayas, Avocados

sechs Meter hoher Blütenstiel. Bis an die Schneegrenze auf 5000 Meter ist das „Edelweiß der Anden" mit seinen Wollblättern zu finden.

Wesentlich tiefer können im **Bergnebelwald** wunderschöne Säulen- und Gliederkakteen, Bromelien und Orchideen bewundert werden. Hier wächst auch die peruanische Nationalblume *Cantuta/Kantuta,* deren weiße, gelbe oder rosarote Blüten wie Kelche am Stengel hängen. An den Ostabhängen der Anden zum Regenwald hinab gedeihen nahezu alle tropischen Früchte sowie Tee, Kaffee, Reis und der *Cocastrauch* (s.S. 52). In der **Selva** wachsen die für die Ernährung der Ureinwohner wichtige *Yuca,* eine Maniokart, und die Knollenfrucht *Oca.* Vor kurzem wurde hier auch die *Camu Camu* entdeckt, eine Urwaldfrucht, die von allen bekannten Pflanzen den höchsten Vitamin-C-Gehalt weltweit aufweist. Im Gebiet der großen Flussläufe kommt der wichtige *Kautschukbaum* vor.

In der fast vegetationslosen **Costa** wächst an den wenigen feuchten Stellen Schilfrohr, das für die Hütten der Elendsviertel der Küstenstädte als Baumaterial dient. Durch künstliche Bewässerung sind große Oasen entstanden, wo neben Reis und Mais auch Zuckerrohr und Baumwolle angebaut werden, außerdem Gemüse und Früchte wie *Mango, Papaya, Pepinillo, Chirimoya, Avocado* oder die orangefarbene Passionsfrucht mit lilafarbenem Fruchtfleisch, *Grenadilla.*

Medizinalpflanzen

Peru gilt, was seine Vielfalt an medizinisch wirksamen Pflanzen angeht, als eines der reichsten Länder der Welt. Im Amazonasgebiet werden wirksame Heilpflanzen gegen Krebs, AIDS und andere schwere Krankheiten vermutet. Das Wissen um die Heilwirkung von Blättern, Rinden und Wurzeln wird von den Ureinwohnern im Tiefland seit Jahrtausenden von Generation zu Generation weitergegeben und ist inzwischen in das Visier der internationalen Pharmakonzerne gelangt. Bislang wurden erst wenige Pflanzen wissenschaftlich untersucht, doch bereits die Ergebnisse aus der Analyse einer einzigen Pflanze, der Katzenkralle, *Uña de Gato,* werden als sensationell bezeichnet: Sie liefert über zehn verschiedene medizinische Wirkstoffe für verschiedene Therapieansätze.

Auch in den Anden gibt es Pflanzen, deren medizinische Wirkung verblüffend ist: Die *Maca-Wurzel* wächst als „Vitaminbombe" in 3500 bis 4500 Meter Höhe und gilt als „heilende Kraft" gegen Stress, Unfruchtbarkeit und andere Leiden. Schon bei den Inka war sie ein vitalisierendes Kulturgut. Als „Ginseng der Anden" wird Maca in Form von Pillen, Pulver und Bonbons weltweit exportiert.

Naturschutzgebiete

Etwa fünf Prozent der Landesfläche Perus wurden unter Naturschutz gestellt. Die bekanntesten Schutzgebiete sind der *Machu Picchu Santuario Histórico* mit dem Inkapfad, der das Gebiet der Cordillera Blanca umfassende *Parque Nacional Huascarán* sowie der im südlichen Tiefland gelegene *Parque Nacional Manu* mit seiner außergewöhnlichen Artenvielfalt.

Um den Schutz der Tier- und Pflanzenwelt Perus bemühen sich etliche Naturschutz-Organisationen, wie beispielsweise *Rainforest Expeditions* www.perunature.com.

Klima

In einem Land mit so großen geografischen Unterschieden wie Peru ist das Klima sehr gegensätzlich. Da Peru dicht unterhalb des Äquators liegt, unterscheiden sich die Jahreszeiten weniger durch starke Temperaturschwankungen als durch Regen- und Trockenzeit.

Die **Küste** liegt im peruanischen Winter von Ende April bis November unter

El Niño

Seinen Namen „der Junge" verdankt das Klimaphänomen **El Niño** peruanischen Fischern wegen seines meist vorweihnachtlichen Auftritts. Gute Gaben sind von diesem „Christuskind" jedoch nicht zu erwarten: Das noch weitgehend unerforschte, nichtzyklische Phänomen veränderter Strömungen im äquatorialen Pazifik tritt durchschnittlich etwa alle vier Jahre in unterschiedlich starker Ausprägung auf. El Niño kehrt die starken Monsunregen Südostasiens in ihrer Richtung um, die sich dann taifunartig über die sonst trockenen Westküsten Südamerikas ergießen. Verheerende Überschwemmun-gen sind die Folge, später gefolgt von „La Niña", der kalten Schwester des Christuskindes, die anhaltende Dürre – auch in anderen Weltgegenden – und niedrige Temperaturen bringt.

Dieses Wetterphänomen gibt es seit Jahrtausenden, und es wird vermutet, dass besonders heftige Überschwemmungen in Nordperu ganzen Kulturen ein Ende bereiteten. Möglicherweise trägt zurzeit die allgemeine Klimaerwärmung dazu bei, den Vorgang zu verstärken. Die durch El Niño 1997/98 verursachten außergewöhnlich heftigen Regenfälle kosteten allein in Peru 21.700 Menschen das Leben und richteten Schäden in Höhe von 35 Millionen US-Dollar an. An der Nordküste entstand für ein Jahr mitten in der Wüste ein riesiger See. 2017 wurden die gesamte Nordregion sowie Teile der Südküste erneut in Mitleidenschaft gezogen.

einer tiefen Wolkendecke mit ständigem Nebel, der *garúa*. Von Dezember bis April ist es hier mit Temperaturen zwischen 22 und 32 °C bei relativ hoher Luftfeuchtigkeit angenehm warm und sonnig, im Monat Februar teilweise sehr heiß.

In den **Anden** erreicht das Thermometer bis in Höhenlagen von 3500 Metern ganzjährig Temperaturen um die 20 °C, in größeren Höhen wird es entsprechend kühler. Dabei ist es in der **Anden-Regenzeit von Dezember bis April** nachts bei weitem nicht so kalt wie in den trockenen Monaten von Juni bis Oktober.

Das Klima im **Amazonastiefland** bestimmen ganzjährig Temperaturen zwischen 20 und 32 °C bei hoher bis sehr hoher Luftfeuchtigkeit. Regenzeit ist im Amazonastiefland von November bis April, doch nachmittägliche Regengüsse kann es das ganze Jahr geben.

Schwankender Grund

Peru befindet sich auf unsicherem Boden, es gehört zu den erdbebenreichsten Gebieten der Welt. Die Beben werden durch das Aufeinandertreffen der Amerikanischen mit der Pazifischen Platte verursacht und führen in der Sierra und an den Küsten immer wieder zu großen Zerstörungen. Städte wie Lima und Arequipa mussten mehrmals wieder aufgebaut werden. Eines der schlimmsten Erdbeben ereignete sich 1970, damals starben 70.000 Menschen. Zuletzt erschütterte 2007 ein Erdbeben mit der Stärke von 7,8 die Gegend um Pisco und forderte über 540 Todesopfer. 85 Prozent der Stadt wurden flachgerüttelt, und auch das nahe gelegene Ica und umliegende Dörfer wurden schwer getroffen, selbst in Lima spürte man die Erschütterung noch stark.

Peruanerinnen im Hochland

Geschichte

Die einschneidendste Zäsur in Perus Geschichte war die Ankunft der Europäer. Im Bild rechts wird der spanische Eroberer Pizarro (Bildmitte) von einer großen Schar Einheimischer empfangen, als er an der peruanischen Nordküste bei Tumbes 1526 zum ersten Mal an Land geht (Stich von Theodore de Bry). Links: Pizarro mit Miteroberer Diego de Almagro (li.), wie die beiden Konquistadoren vom Zeichner Huamán Poma de Ayala gesehen wurden (ca. 1615).

Überblick

Erste Besiedelung

40.000 – 10.000 v.Chr.	Einwanderung aus Asien über die Beringstraße auf den amerikanischen Doppelkontinent
6000 – 3000 v. Chr.	Beginn des Ackerbaus, Domestizierung von Lamas und Alpakas

Altperuanische Kulturen

um 2600 v.Chr.	*Caral* bei Supe, nördlich von Lima, älteste Stadt Amerikas
1800–500	*Sechín,* Casma, Nordküste, Wandreliefs
1000–200	*Chavín-Kultur,* bei Huaraz, Textil- und Metallverarbeitung
700 – 200	*Paracas-Kultur,* Halbinsel Paracas, Web-/Keramikkunst, Trepanationen
1000 v.Chr. 1000 n.Chr.	*Tiwanaku,* Titicacasee, Baukunst, Steinmetzfertigkeiten
200 – 600	*Nazca,* Südküste, Geoglyphen
200 – 800	*Mochica,* bei Trujillo, Lehmpyramiden
600 – 1200	*Wari,* bei Ayacucho, Knotenschnüre
800 – 1100	*Sicán,* bei Trujillo, Goldschmiedekunst
1000 – 1450	*Chimú,* Nordküste, Chan Chan, Tumi-Messer

Die Inka

Um 1200 *Manco Capac* gründet in Cusco *Tawantinsuyu,* das Reich der Inka

1438–71 Regentschaft des ersten geschichtlichen Inka-Herrschers *Pachacuti Inca Yupanqui,* Einführung von Sonnenreligion und Staatssprache Quechua

1493–1527 *Huayna Capac;* Ausdehnung des Reiches von Chile bis Kolumbien

1537–32 Bruderkrieg zwischen *Atahualpa* und *Huáscar*

Spanische Eroberung

1532 Landung der Spanier in Tumbes, Nordperu

Gefangennahme des Inca Atahualpa durch die Spanier in Cajamarca

1533 Ermordung Atahualpas, Eroberung Cuscos

1536 Inka-Aufstand unter Manco Inca, Belagerung von Cusco

1541 Ermordung Pizarros in Lima

1543 Gründung des Vizekönigreichs Peru

1572 Hinrichtung Túpac Amarus, des letzten Inca

Francisco Pizarro

Túpac Amaru, Sohn des Manco Inca (links am Bildrand), wird wegen eines angeblichen Aufstandes 1572 in Cusco hingerichtet.

Koloniale Herrschaft

1570 Einführung der Inquisition

1780/81 Aufstand unter *Túpac Amaru II.*

1809 Erste Unabhängigkeitsbestrebungen

Der Weg in die Neuzeit

1821 Unabhängigkeitserklärung Perus durch San Martín

1879–1884 Salpeterkrieg zwischen Chile, Peru u. Bolivien

1941/42 Peru annektiert nach einem Grenzkonflikt mit Ecuador riesige Amazonasgebiete

1980 Beginn der Aktivitäten der Guerillabewegung *Sendero Luminoso* („Leuchtender Pfad")

1990 Wahl von Alberto Fujimori zum Präsidenten

1992 Zerschlagung des Sendero Luminoso, Festnahme des Führers A. Guzmán

2000 Nach Wahlbetrug setzt sich Fujimori nach Japan ab

2001 Alejandro Toledo wird neuer Präsident Perus

2003 Nach einer Streik- und Protestwelle wird Beatriz Merino erste Ministerpräsidentin Perus

2004 Toledos Ohnmacht, die Lebensverhältnisse der unterprivilegierten Bevölkerungsschicht zu verbesseren, führen zu Unruhen, Streiks und Protesten

2006 Alan García wird nach 1985 erneut Präsident; er gewinnt nach einer Stichwahl nur knapp gegen den linksradikalen Ollanta Humala

2007 Alberto Fujimori wird von Chile an Peru ausgeliefert

2009 Alberto Fujimori wird zu 25 Jahren Haft verurteilt

2011 Ollanta Humala wird neuer Präsident Perus

2012 Präsident Humala hat mit lang andauernden Lehrer-, Mediziner- und Bergarbeiteraufständen zu kämpfen.

2013 In Cajamarca und anderen Regionen des Landes mehren sich teils gewalttätige Proteste gegen den Bergbau, der zunehmend das Wasser verschmutzt.

2014 Der internationale Schiedsgerichtshof in Den Haag zieht die Meeresgrenzen im Süden Perus neu, Peru erhält 50.000 Quadratseemeilen und damit Fischereigründe dazu.

2015 Präsident Humala nimmt den Kampf gegen die steigende Bandenkriminalität auf, die ehemaligen Präsidenten García und Toledo bereiten sich neben Keiko Fujimori auf die Wahlen vor.

2016 Pedro Pablo Kuczynski wird neuer Präsident und gewinnt knapp gegen die erneut antretende Keiko Fujimori.

2017 Kuczynski wird den Erwartungen seiner Wählerschaft nicht gerecht; über Monate andauernde Lehrerstreiks lähmen das Land. Kurz vor Weihnachten entgeht er knapp einer Amtsenthebung, an Heiligabend begnadigt er den ehemaligen Präsidenten Fujimori und entfacht damit eine Protestwelle, die auch 2018 noch anhält.

2018 Anfang des Jahres reist Papst Franziskus nach Chile und Peru und plädiert für mehr soziale Gerechtigkeit und politische Stabilität – eine Forderung, die viele Peruaner unterstützen.

Nach einem zweiten eingeleiteten Misstrauensvotum tritt der Präsident Ende März zurück. Nachfolger wird sein erster Vizepräsident Martin Vizcarra.

2019 Erneut beginnt ein Jahr mit Demonstrationen. Auf der einen Seite solidarisieren sich die Peruaner für stärkere Strafen bei Frauenmorden, auf der anderen Seite wird gegen Generalstaatsanwalt Chavárry auf die Straße gegangen. Präsident Vizcarra erklärt den Notstand in der Staatsanwaltschaft. In der Osterwoche ergehen Haftbefehle gegen die ehemaligen Präsidenten Toledo, Garcia und Kuczynski.

Altperuanische Kulturen und Kulturstätten
© RKH Verlag Hermann
0
200 km
N
Ecuador
Kolumbien
Brasilien
Bolivien
Chile
Amazonas
Tumbes
Chimú-Ausdehnung
Iquitos
Río Marañón
Río Huallaga
R. Ucayali
Piura
Mochica-Gebiet
Chavín-Gebiet
Chachapoyas
Kuélap
Revash
Túcume
Sicán
Chiclayo
Sipán
Cajamarca
Gran Pajatén
Chan Chan
Trujillo
Moche
Pucallpa
Chimbote
R. Santa
Wilka-wain
Huaraz
Chavín de Huántar
Huánuco
Casma
Sechín
Recuay
Paramonga
Chancay
Santa Rosa de Ocopa
Pacha-cámac
Lima
Huan-cayo
R. Mantaro
R. Apurímac
Urubamba
Ayacucho
Vilcabamba
Machu Picchu
Choquequirao
Puerto Maldonado
Pisco
Tambo Colorado
Paracas
Ica
Abancay
Cusco
Templo de Viracocha
Nazca-Geoglyphen
Nazca
Nazca-Gebiet
Ausdehnung des Wari-Reichs
Río Colca
Sillustani
Puno
Titicaca-See
Arequipa
La Paz
Tiwanaku
Tiwanaku-Gebiet
Tacna
11 Paracas-Kultur ca. 700 v.Chr. – 200 n.Chr.
12 Nazca-Kultur u. Einflusssphäre ca. 200 v.Chr. – 800 n.Chr.
13 Chincha-Föderation der Pisca, Ica u. Nazca, ca. 800 – 1400 n.Chr.
14 Wari (Huari)-Kultur u. Wari-Reich ca. 600 – 1200 n.Chr.
15 Inka-Kultur ca. 1200 – 1572
16 Chanca-Kultur ca. 1000 – 1500 n.Chr.
17 Colla-Kultur ca. 1000 – 1500 n.Chr.
18 Tiwanaku-Kultur u. Einflusssphäre ca. 1000 v.Chr. – 1000 n.Chr.
1 Vicús-Kultur ca. 460 – 100 v.Chr.
2 Chachapoya-Kultur ca. 500 – 1470 n.Chr.
3 Chimú-Kultur und Einflusssphäre (Hauptstadt Chan Chan) ca. 1000 – 1450 n.Chr.
4 Mochica-Kultur und Einflusssphäre ca. 100 – 800 n.Chr.
5 Sechín-Kultur ca. 1800 v.Chr. – 500 v.Chr.
6 Recuay-Kultur ca. 200 v.Chr. – 700 n.Chr.
7 Chavín-Kultur u. Einflusssp. ca. 1000 v.Chr. – 200 v.Chr.
8 Kotosh-Kultur und Einflusssphäre (ca. 2000 v.Ch. – 1500 v.Chr.)
9 Chancay-Kultur ca. 1000 – 1500 n.Chr.
10 Chincha- u. Cuismancu-Kulturen, ca. 800 – 1400 n.Chr.

Altperuanische Kulturen

Beim Stichwort „Peru" fallen den meisten als erstes die Inka ein. Doch schon lange vor ihnen entwickelten sich in Peru Hochkulturen, deren geschichtliche Zeugnisse bis heute überdauert haben. Fast jedes Jahr machen Archäologen neue beeindruckende Funde: 2007 wurde beispielsweise an der Nordküste ein 4000 Jahre alter Tempel entdeckt, 2008 am Titicacasee den mit 4000 Jahren ältesten Goldschmuck des Kontinents und 2013 nördlich von Lima ein reich ausgestattetes Grab dreier Königinnen der Wari.

Caral

Während rund 3000 v. Chr. die ägyptische Kultur mit den Pyramiden entstand, entwickelte sich fast zeitgleich in Peru das älteste Gemeinwesen Amerikas, **Caral** (s.S. 210). Über diese erst 2001 nördlich von Lima bei Supe entdeckte Stätte und die Caral-Kultur ist bislang nur wenig bekannt. Fest steht, dass mit ihr die bislang älteste Stadtanlage des gesamten amerikanischen Kontinents entdeckt wurde. Ihr präziser Entwurf zeugt davon, dass ihre Bewohner über Kenntnisse der Geometrie, Arithmetik und Astronomie verfügten. Gefunden wurden Opfergaben, Gefäße, Textilien und Musikinstrumente. Reste von Früchten und Schnecken aus dem Amazonasgebiet lassen darauf schließen, dass Caral über die Anden hinweg Handel trieb. Im Jahr 2009 wurde Caral von der UNESCO zum Weltkulturerbe erklärt.

Sechín

Die wahrscheinlich aus Caral hervorgegangene **Sechín**-Kultur entwickelte sich 1800–500 v. Chr. etwas weiter nördlich im *Casma-Tal*. Hier wurde ein gewaltiges Kultzentrum mit ausgedehnten Terrassen und Zeremonialplätzen gefunden. Kampfszenen mit Kriegern wurden reliefartig in Steinplatten gemeißelt.

Chavín

Von 1000–200 v. Chr. entstand im nördlichen Hochland bei Huaraz die **Chavín-Kultur,** in deren Mittelpunkt die kultische Verehrung von Mischwesen, wie etwa einer Raubvogelgottheit, stand. Charakteristisch für den Chavín-Reliefstil sind menschliche und tierische Darstellungen mit kurvigen und linearen Elementen. Der Chavín-Kultur, die sich von der Küste bis ins Tiefland des Amazonas ausbreitete, wird auch die Erfindung der Textil- und Metallverarbeitung zugerechnet.

Chavín-Relief

Paracas-Kultur

Südlich von Lima entwickelte sich um 700 v. Chr. die **Paracas-Kultur** auf der gleichnamigen Halbinsel. Hier wurden Hunderte Gräber mit Mumien gefunden, daneben Schmuck, Keramiken und fein gewebte Totentücher *(mantos)* als wertvolle Grabbeigaben. Die Methode der Mumifizierung ist bis heute rätselhaft. Viele dieser Mumien weisen Schädeldeformierungen und Trepanationen, Anbohrungen des Schädels, auf (s.S. 81).

Tiwanaku

Zwischen der Paracas-Kultur und **Tiwanaku** südlich des Titicacasees bestanden kulturelle Beziehungen. Die auf 1000 v. Chr. bis 1000 n. Chr. datierte Tiwanaku-Kultur schuf mit ihren monolithischen Figuren und dem „Sonnentor" stumme Zeugen einer großartigen Baukunst. Der Einflussbereich Tiwanakus erstreckte sich rund um den Titicacasee bis hinab zur Küste. Ungeklärt ist, ob es auch ein politisches Tiwanaku-Reich gegeben hat.

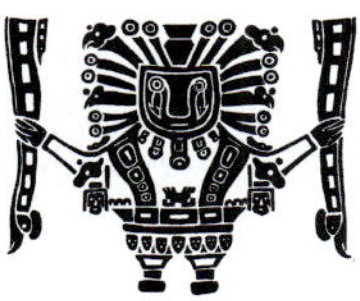

Nazca

Die auf 200 bis 600 n. Chr. datierte **Nazca-Kultur** in Perus südlicher Küstenwüste wird oft als Fortsetzung der Paracas-Kultur interpretiert. Sie hinterließ außerordentlich interessante Zeugnisse: Die Nazca-Geoglyphen (Bodenzeichnungen), stilisierte Abbilder von Tieren und Pflanzen (s.S. 87) sowie geometrische Figuren. Typisch für die farbenfreudige Nazca-Keramik sind Tonkrüge mit doppeltem Ausguss und komplexen zoomorphen Darstellungen.

Mochica

Etwa zur gleichen Zeit entfalteten sich im Norden Perus die **Mochica** (auch Moche). Sie bauten in der Küstenwüste ein gigantisches System von Bewässerungskanälen, das noch heute genutzt wird. Aus Lehmziegeln schufen sie die größten Pyramiden Südamerikas. Berühmt waren sie für ihre hohe Kunst der Metallverarbeitung. Außergewöhnlich sind auch ihre plastisch gestalteten und teils szenisch bemalten rotbraunen und cremefarbenen Tongefäße.

Wari (Huari)

Um 600 v. Chr. entwickelte sich im Hochland bei Ayacucho die Kultur der **Wari** (Huari), in der sich viele Elemente aus Tiwanaku finden. Die Wari errichteten erste Verwaltungszentren, verbanden Städte und militärische Stützpunkte durch ein Straßennetz und erfanden ein System, um mittels Knotenschnüren Statistiken zu führen – Kulturleistungen, von denen später die Inka profitierten und die von ihnen weiter entwickelt wurden.

Sicán

Die auf 800 bis 1100 n. Chr. datierte **Sicán-Kultur** ist wahrscheinlich die Folgekultur der Mochica. Der bedeutendste Fund aus dieser Zeit ist das *Grab des Herrschers von Sipán* bei Chiclayo. Die Grabbeigaben zeugen von einer außerordentlich hoch entwickelten Goldschmiedekunst.

Chimú

Auf den Überresten der Moche-Kultur entstand zwischen 1000 und 1450 n. Chr. das Küstenreich der **Chimú.** Die von ihnen errichtete Stadt Chan Chan war mit mehr als 100.000 Einwohnern damals eine der größten Städte der Welt. Aus der Chimú-Kultur stammen die berühmten *Tumi,* halbmondförmige Zeremonialmesser.

Karte S. 39

Die Inka

Rätselhafte Herkunft

Um die Herkunft der Inka ranken sich viele Sagen. Eine Version erzählt, dass aus einer Höhle bei Cusco vier Brüder und vier Schwestern erschienen. Drei der Brüder wurden zu Stein verwandelt. Der übrig gebliebene, *Manco Capac*, erwählte die mutigste seiner Schwestern, *Mama Ocllo*, zur Frau und gründete die spätere Hauptstadt Cusco. Nach dem Inka-Chronisten *Garcilaso de la Vega* hingegen schickte einst der Sonnengott Inti seine beiden Kinder Manco Capac und Mama Ocllo auf die Erde (s.S. 106). Von der Sonneninsel (Isla del Sol) im Titicacasee machten sie sich auf den Weg und gründeten Cusco, wo Manco Capac der erste Inca wurde.

Manco Cápac, der Gründer der Inka-Dynastie

Urmutter Mama Occlo (nach Huamán Pomola d.Ä.)

Göttliche Herrscher und Staatssystem

Der Titelname „Inca" stand einst nur dem Herrschergeschlecht zu und wurde erst später auf das ganze Volk übertragen. Vom einfachen Volk wurde der Inca als direkter Nachfahre der Götter hoch verehrt. Um das göttliche Blut nicht zu „verwässern", war es Sitte, dass der Inca eine Halbschwester heiratete. Der Adel und die oberen Staatsbeamten waren weitläufig mit dem Inca verwandt und vereinten in sich die gesamte Macht. Sie verfügten über viele Privilegien. So waren sie z.B. von Feldarbeit und Militärdienst befreit und durften mehrere Frauen haben. Nur sie trugen Kleidung aus kostbarer Vicuña-Wolle und Schmuck, allein ihnen war der Genuss der Cocablätter erlaubt.

Das Reich der Inka, *Tawantinsuyu*, setzte sich aus den vier Landesteilen *Chinchaysuyu* (nördlich), *Contisuyu* (westlich), *Antisuyu* (östlich) und *Collasuyu* (südlich) zusammen, die in verschiedene Provinzen gegliedert waren. Über jeden Landesteil herrschte ein „Vizekönig", den Provinzen standen Gouverneure vor. Angehörige des gemeinen Volkes lebten in weit verzweigten Familienverbänden, in *ayllus*, der kleinsten sozialen Einheit, die von einem Familienpatriarchen, dem *puric*, geführt wurde. Den Ayllu-Gemeinschaften gehörte der Ackerboden, die Bauern bearbeiteten gemeinsam die Felder und teilten die Erträge unter sich auf. Ein bestimmter Flächenanteil stand dem Inca und den Priestern zu. Das System der Ayllu ist bis heute die Grundlage für die kollektive Landwirtschaft. Außerdem musste jeder Untertan einen Arbeitsdienst leisten, die *mita*, damit das Straßennetz unterhalten oder von den Adeligen benötigte Stoffe gewebt werden konnten. Kranken, Witwen und Behinderten wurden Nahrungsmittel und Kleidung zur Verfügung gestellt, im ganzen Reich gab es Speicher mit Getreide für Notzeiten.

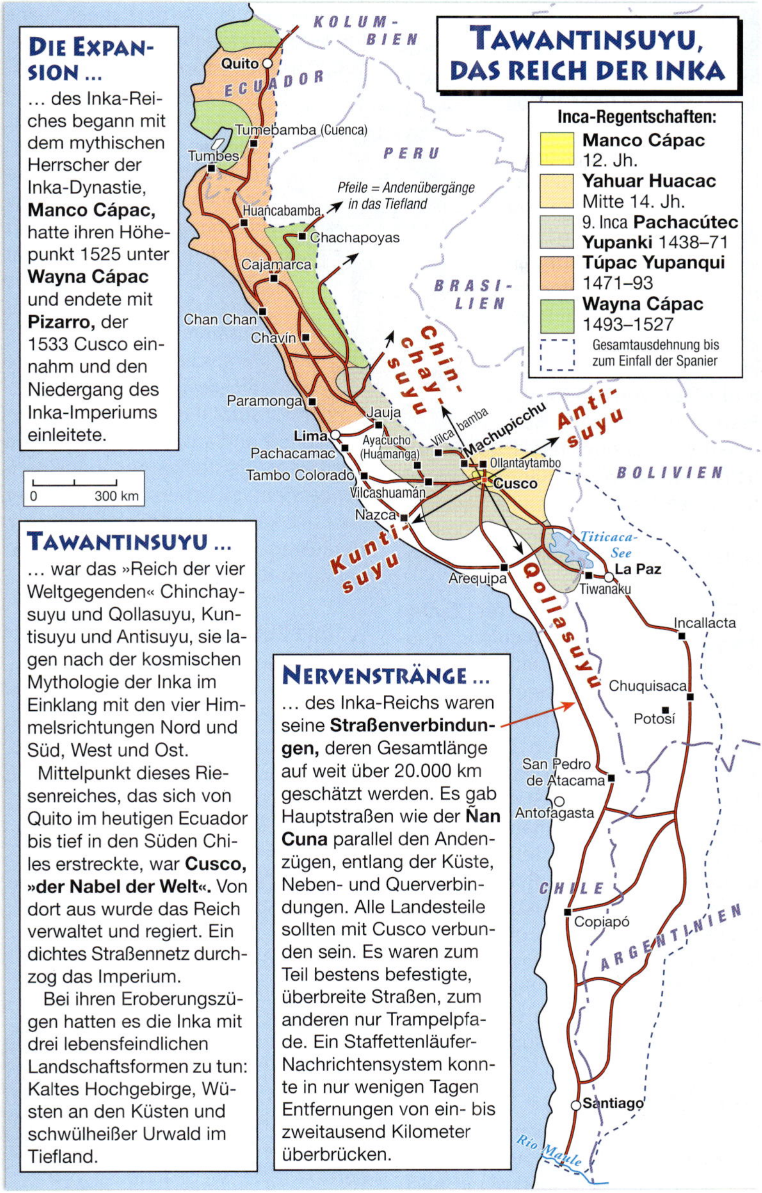

Die Expansion ...

... des Inka-Reiches begann mit dem mythischen Herrscher der Inka-Dynastie, **Manco Cápac,** hatte ihren Höhepunkt 1525 unter **Wayna Cápac** und endete mit **Pizarro,** der 1533 Cusco einnahm und den Niedergang des Inka-Imperiums einleitete.

Tawantinsuyu ...

... war das »Reich der vier Weltgegenden« Chinchaysuyu und Qollasuyu, Kuntisuyu und Antisuyu, sie lagen nach der kosmischen Mythologie der Inka im Einklang mit den vier Himmelsrichtungen Nord und Süd, West und Ost.

Mittelpunkt dieses Riesenreiches, das sich von Quito im heutigen Ecuador bis tief in den Süden Chiles erstreckte, war **Cusco, »der Nabel der Welt«.** Von dort aus wurde das Reich verwaltet und regiert. Ein dichtes Straßennetz durchzog das Imperium.

Bei ihren Eroberungszügen hatten es die Inka mit drei lebensfeindlichen Landschaftsformen zu tun: Kaltes Hochgebirge, Wüsten an den Küsten und schwülheißer Urwald im Tiefland.

Nervenstränge ...

... des Inka-Reichs waren seine **Straßenverbindungen,** deren Gesamtlänge auf weit über 20.000 km geschätzt werden. Es gab Hauptstraßen wie der **Ñan Cuna** parallel den Andenzügen, entlang der Küste, Neben- und Querverbindungen. Alle Landesteile sollten mit Cusco verbunden sein. Es waren zum Teil bestens befestigte, überbreite Straßen, zum anderen nur Trampelpfade. Ein Staffettenläufer-Nachrichtensystem konnte in nur wenigen Tagen Entfernungen von ein- bis zweitausend Kilometer überbrücken.

Strategen ...

Schlagadern des Inkareichs waren seine Straßenverbindungen mit einer Gesamtlänge von über 20.000 Kilometern, im Zentrum dieses Netzes lag Cusco. Die Hauptstraßen verliefen an der Küste und längs der Anden, dazwischen gab es viele Querverbindungen und Nebenwege. Stafettenläufer, zum Schweigen verpflichtete *chasqui,* waren in kleinen Hütten stationiert und eilten von Station zu Station um wichtige Botschaften zu übermitteln. Diese Stationen lagen nur wenige Kilometer voneinander entfernt, so dass eine Nachricht über eine Distanz von bis zu 400 Kilometer an einem Tag weitergeleitet werden konnte.

Chasqui

Kommunikationsmittel für Zahlen waren *quipus,* Knotenschnüre, und *tocapus,* eine Bildzeichenschrift aus rechteckigen und quadratischen Zeichen (s.S. 155). Für Notfälle gab es das System der Lauffeuer: Vor jeder der Stationen stand ein feuerbereiter Holzhaufen, dessen Rauch von der nächsten Hütte aus sichtbar war, wo daraufhin wiederum ein Feuer entzündet wurde. So erreichte die Nachricht drohenden Unheils in Kürze das ganze Reich, und ohne Einzelheiten zu kennen, wurde das Heer mobilisiert und machte sich sofort in Richtung der Alarmmeldung auf.

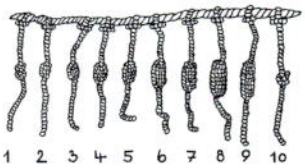

... Techniker

Die von den Inka errichteten Mauern lassen bis heute den Betrachter staunen, zumal sie weder Metallwerkzeuge noch Zugtiere kannten. Wie die riesigen Steine fugenlos und erdbebensicher aneinander gefügt wurden, ist auch noch nach heutigen Gesichtspunkten eine technische Meisterleistung. Die gewaltigen Blöcke wurden mit harten Hammersteinen behauen. Doch wie sie ohne Rad transportiert wurden, ist bis heute nicht geklärt, ebensowenig, wie die schweren Steine fugenlos zusammengefügt wurden. Möglicherweise wurden die Blöcke nebeneinander gesetzt, ihre Berührungspunkte markiert und anschließend so lange bearbeitet, bis sie haargenau ineinander passten – zwischen die Steinquader lässt sich keine Messerklinge schieben. Herausragend war auch die Brückenbaukunst der Inka (s.S. 188).

... und Künstler

Die Inka-Kunst war schlicht und nüchtern, ohne große Verspieltheit. Teilweise übernahmen die Inka ganze Stilausprägungen besiegter Kulturen, wie etwa den Chimú-Stil. Ihre künstlerischen Arbeiten dienten in erster Linie der Verherrlichung des Staates mit seinem Herrscher und zeremoniellen Zwecken. Paradebeispiele für Zeremonialgefäße im klassischen Inkastil sind die großbauchigen Inka-Amphoren mit schmalem Hals, seitlichen Griffen und konischem Boden, genannt *aríbalos.* Gefäße und Becher, *keros,* wurden aus sehr hartem Holz hergestellt und mit Wachsfarben bemalt oder mit herausgeschnitztzten Motiven dekorativ verziert. Die *tejídos,* Webwaren

aus feiner Vicuña- und Alpakawolle, zeichneten sich durch schöne Farben und Ornamente aus (s.S. 171).

Die Goldschmiedekunst der Inka geht vor allem auf die Chimú zurück, die ihr hohes Können nach Cusco mitbrachten. In den Tempeln und Palästen gab es große Goldschätze. Charakteristisch sind Lama- und Menschenfiguren aus Gold und Silber, Kultgegenstände waren außerdem oft mit kostbaren Steinen besetzt. Dabei hatte Gold, das die Inka „Schweiß der Sonne" nannten, für sie keinen monetären, sondern nur dekorativen Wert, nachdem es in eine ansprechende Form gebracht worden war.

Staatsreligion war die Verehrung des Sonnengottes **Inti** und seiner Frau, der Mondgöttin **Quilla.** Daneben wurde dem Schöpfergott Wiracocha und der Erdgöttin Pachamama gehuldigt (s.S. 54). Bedeutsam war der *huaca*-Kult (huaca = heilig), der sich mit dem Ahnenkult verband. Als *huaca* wurden nicht nur die Verstorbenen und ihre Gräber angesehen, sondern auch Quellen, Höhlen oder speziell geformte Steine. Eine große Rolle spielten außerdem die *apus,* Berggeister, denen ähnlich wie der Erdgöttin Opfergaben dargebracht wurden.

Der Aufstieg zur Macht

Ursprünglich umfasste der Machtbereich der Inka nur die Gegend um Cusco, doch innerhalb einer verhältnismäßig kurzen Zeit, von 1230 bis 1527, entstand ein riesiges Reich, genannt *Tawantinsuyu.* Die Expansion wurde geschickt vorangetrieben: Sollte dem Inkareich ein neues Gebiet einverleibt werden, so wurde die fremde Provinz zunächst nicht bekämpft, sondern dem Regenten Abgesandte geschickt, die die Vorteile der Unterwerfung aufzeigten. Geschenke wurden verteilt, wirtschaftliche Hilfe in Form von Rohstoffen versprochen. Stimmte der Herrscher zu, so wurde er als Statthalter der neuen Provinz des Inkareiches eingesetzt. Weigerte er sich, so wurde sein Land mit militärischen Mitteln erobert. Dabei kam die Organisationsstruktur der Streitkräfte zum Tragen: Durch das hervorragende Nachrichtensystem und die Registrierung der Bevölkerung konnten in kürzester Zeit Bauern zwangsrekrutiert werden. Alle zehn Kilometer waren *tambos* errichtet worden, Vorratslager, die die Versorgung der Truppen gewährleisteten.

Inka-Dynastie

Der Überlieferung nach hatte das Inkareich bis zum Einfall der Spanier 1532 dreizehn Herrscher. Nur über die letzten fünf gibt es nachweislich Zeugnisse, die früheren Regenten waren halb geschichtliche, halb mythische Gestalten. Der 9. Inca, **Pachacútec Yupanqui,** ist der erste, dessen Herrschaft historisch belegt ist. In seiner Regentschaft von 1438 bis 1471 verbesserte er die wirtschaftlichen Verhältnisse im Reich, indem er den Zeitpunkt für die Aussaat nach dem Stand der Gestirne bestimmen ließ. Unter ihm wurde der Sonnenkult

Pachacútec Inca Yupanqui

Staatsreligion und Quechua Staatssprache (s.S. 153). Sein Sohn **Inca Túpac Yupanqui** besiegte den letzten Herrscher des Chimú-Reiches und konnte so das Inka-Imperium erheblich vergrößern. Er rüstete eine Flotte von Flößen aus, und es ist nicht auszuschließen, dass günstige Meeresströmungen lange Reisen zu Pazifikinseln ermöglichten. Unter **Huayna Capac** erreichte das Inkareich seine größte Ausdehnung, es erstreckte sich von der Mitte des heutigen Chile bis zur Südgrenze Kolumbiens. Mittelpunkt war Cusco, der „Nabel der Welt". Er verlegte seine Residenz nach Tomebamba, dem heutigen Cuenca in Ecuador, um von hier aus Feldzüge in den an Bodenschätzen reichen Norden zu unternehmen.

In den letzten Jahren seines Lebens erreichte ihn noch die Meldung von der Ankunft „bärtiger weißer Männer", so wie es einst die Schöpfergottheit Wiracocha vorausgesagt hatte – Pizarro war mit seiner zerlumpten Truppe von nur wenigen Mann 1527 erstmals in Nordperu an Land gegangen. Huayna Capac hatte noch vor seinem Tod entschieden, das Reich unter seinen Söhnen aufzuteilen: **Huáscar** sollte Cusco bekommen, **Atahualpa** den Norden des Reiches. Doch beide beanspruchten die Herrschaft über das gesamte Reich, es kam zum Bruderkrieg, den der kriegserfahrene Atahualpa gewann. Im Siegestriumph übersah Atahualpa die Gefahr durch die Spanier, die im April 1532 unter der Führung Pizarros zurückgekehrt und bei Tumbes an Land gegangen waren.

Atahualpa

Die Eroberung durch die Spanier

... es sind bärtige, sehr schöne und weiße Leute; sie essen aus silbernen Tellern, und sogar die Schafe, große Schafe, von denen sie getragen werden, besitzen silbernes Schuhwerk. Sie feuern Blitz und Donner ab wie der Himmel. Du kannst dir selber ausrechnen, dass Leute dieser Art, die so leben und sich so verhalten, Wiraqochas (Götter) sein müssen ...

Aus dem Bericht von Titu Kusi Yupanqui, Sohn des Manco Inca an den spanischen König, 1570

Die Gefangennahme Atahualpas

Francisco Pizarro fand auf seinem Marsch von der Küste ins Hochland überall verwüstete Felder und leere Dörfer vor, die der gerade beendete Bruderkrieg hinterlassen hatte. Mit seiner nicht einmal 200 Mann starken Truppe erreichte er **Cajamarca** und stationierte seine Soldaten in den leer stehenden Häusern um den Hauptplatz der Stadt. Am nächsten Tag schritt Atahualpa, reich geschmückt und von seiner Garde begleitet, in Cajamarca ein. Der Dominikanervater Vicente de Valverde trat vor und sagte dem Inca, er bringe die Botschaft Gottes und überreichte ihm eine Bibel. Atahualpa bewunderte den Einband, hielt das Buch an sein Ohr, warf es jedoch, als er nichts hörte, achtlos zu Boden. Dieses „Sakrileg" diente den Spaniern als Vorwand für das nun folgende Gemetzel. Mit dem Schlachtruf „Santiago" rief Pizarro die in den umliegenden Häusern wartenden Soldaten aus ihrem Versteck. Die völlig überraschte Garde Atahualpas wurde in kürzester Zeit vernichtend geschlagen, nicht einer überlebte. Atahualpa selbst wurde gefangen genommen.

Fatalerweise hielt Atahualpa die Spanier nur für Schatzräuber und bot ihnen im Tausch gegen seine Freiheit einen Raum von 88 Kubikmetern voller Gold an, ein Handel, auf den Pizarro zum Schein einging. Tag und Nacht schleppten die Inka goldene Kunstwerke herbei, die die Spanier an Ort und Stelle einschmolzen. Aus der Haft heraus regierte Atahualpa sein Reich weiter und ließ seinen Bruder Huáscar töten. Nachdem jedoch ein General der Inka gefoltert worden war, dämmerte es Atahualpa, dass es ein Fehler gewesen war, sich auf den Handel mit den Fremden einzulassen und beorderte Truppen nach Cajamarca. Der in Panik geratene Pizarro ließ Atahualpa daraufhin hinrichten. Da die Inka glaubten, dass sie nur mit unversehrtem Körper ins Jenseits eingehen könnten, war für sie die Vernichtung ihres Leibes schlimmer als der Tod selbst. So ließ sich Atahualpa kurz vor seinem Tod taufen, um dem Scheiterhaufen zu entgehen, was ihn jedoch nicht vor dem spanischen Würgeeisen, der Garotte, rettete.

Pizarro kniet vor Atahualpa

Atahualpa in spanischer Gefangenschaft

Die Belagerung Cuscos

... wenn wir sie gleichzeitig überfallen, werden wir sie rasch vernichten, ohne auch nur einen einzigen am Leben zu lassen und uns diesen Alptraum vom Leibe schaffen. Dann werden wir uns unseres Lebens erfreuen können.

Aus dem Bericht von Titu Kusi Yupanqui, Sohn des Manco Inca an den spanischen König, 1570

Das nun führerlose Volk der Inka leistete keinen nennenswerten Widerstand. In Cusco wurden die Spanier von den Anhängern *Huáscars* sogar freundlich empfangen, hatten die Fremden doch den Widersacher Atahualpa getötet. Pizarro setzte den jüngsten Bruder Atahualpas, den gerade zwanzig Jahre alten Prinzen *Manco Inca* als Marionettenherrscher ein um seine Macht zu festigen. Hemmungslos machten sich die Spanier daran, das prächtige Cusco zu plündern. Heimlich mobilisierte jedoch Manco Inca Krieger und legte Waffenlager an.

Nachdem ihm die Flucht aus Cusco gelungen war, zog er 1536 mit seinem Heer gegen die Stadt, die er über acht Monate belagerte. Zur gleichen Zeit brachen überall im Land Aufstände aus, auch das erst kurz zuvor gegründete Lima wurde angegriffen. Die Spanier forderten eiligst frische Truppen aus Mittelamerika an um die Aufstände niederzuschlagen. Schließlich gab Manco

Karte S. 39

Inca den Belagerungsring wegen der herannahenden Pflanzzeit auf.

Manco Inca zog sich nach *Vilcabamba* zurück, von wo aus er und später sein Sohn **Titu Kusi Yupanqui** immer wieder spanische Truppenteile überfiel und über den Rest des Inkareiches herrschte. 1567 drangen die Spanier auch in diese letzte Bastion der Inka vor. Nach dem plötzlichen Tod von Titu Kusi Yupanqui 1571 übernahm sein Bruder *Túpac Amaru* das Reich. Mit seinem Fall wurde 1572 der letzte Inka-Regent von den Spaniern in Cusco hingerichtet. Unterdessen hatten die Spanier untereinander erbittert über die Verteilung der erbeuteten Reichtümer und um die Macht gestritten. Pizarro ließ seinen alten Kampfgefährten Almagro 1538 hinrichten, dessen Anhänger wiederum ermordeten Pizarro in seinem Palast in Lima 1541.

Koloniale Herrschaft

Die folgenden Jahre waren geprägt von der eisernen Hand der Spanier, die das Land ausbeuteten. *Francisco de Toledo,* erster Vizekönig über Peru, das damals ganz Spanisch-Südamerika mit Ausnahme Venezuelas umfasste, führte das System der *encomienda* ein, wonach die Bevölkerung den neuen Herrschern Tribut in Form von Arbeitskraft und Abgaben zu leisten hatte. Dabei machten sich die Spanier das überlieferte System der Gemeinschaftsarbeit *mita* zunutze. Als Gegenleistung übernahm der *encomendero* die „Verantwortung" für das Seelenheil seiner „Untergebenen" und sorgte für ihre „religiöse Unterweisung". Hemmungslos plünderten die Spanier die Reichtümer des Landes. So groß war ihre Gier nach Gold, dass die Inka sich fragten, ob die Fremden sich davon ernährten.

Perukarte von 1635 (von Willem Blaeu, Atlas Novus). Karten wurden damals nach Osten zum Sonnenaufgang hin ausgerichtet.

Nachdem alle Tempel und Paläste geplündert worden waren, machten sich die Spanier an die Ausbeutung der Bodenschätze, in großem Stil wurde die Bevölkerung zur Fronarbeit in Quecksilberminen (Huancavelica) und in Silberbergwerke gezwungen (die ergiebigsten waren die von Potosí, heute Bolivien). Die gnadenlose Ausbeutung forderte Millionen von Menschenleben, und gleichzeitig bemühte man sich darum, das indigene Bewusstsein auszulöschen: Die Quechua-Sprache, die inkaische Kleidung und die alten Bräuche wurden verboten und die katholische Kirche versuchte den alten Glauben auszurotten.

Fortwährende Aufstände

Es kam immer wieder zu kleineren Aufständen. 1780 konnte *José Gabriel Condorcanqui (Túpac Amaru II.,* ein Nachfahre des letzten Inca Túpac Amaru), das Volk zu einem Generalangriff auf die Spanier mobilisieren. Er prangerte die elenden Lebensbedingungen der Menschen an und forderte die Abschaffung der Zwangsarbeit. Mit einem gewaltigen

Heer gelang es ihm Cusco zu erobern, bis die Aufstände niedergeschlagen wurden. Immerhin veranlasste dies den Vizekönig zu einigen Reformen. Die grausame Hinrichtung des vom Volk verehrten Túpac Amaru II. machte ihn zum Märtyrer der Befreiungsbewegung, und bis heute ist er vor der Geschichte und im kollektiven Bewusstsein der Peruaner der größte indigene Befreiungsheld der Anden.

Túpac Amaru II

Vor dem Hintergrund der Französischen Revolution und der Unabhängigkeit Nordamerikas traten auch immer mehr *criollos,* die Spanischstämmigen, für die Unabhängigkeit vom Mutterland ein. Unter Führung des Argentiniers *José de San Martín* kämpften die Rebellen gegen die Royalisten. 1821 rief der General die Unabhängigkeit Perus aus, die mit Hilfe des venezolanischen Freiheitskämpfers *Simón Bolívar* gefestigt wurde. Anerkannt wurde sie von Spanien allerdings erst 1879.

Der Weg in die Neuzeit

Nach den Wirren des Befreiungskrieges versank das verwüstete Land im Chaos. Zwischen 1825 und 1865 hatte Peru nicht weniger als 35 Präsidenten, die sich einer nach dem anderen an die Macht putschten. Die Entdeckung des Guanos als weltbester natürlicher Dünger machte Peru reich, mit den Erlösen wurde der Bau der Eisenbahntrassen finanziert. Die reichen Salpetervorkommen im Süden Perus – damals unentbehrlich für die Herstellung von Schießpulver – führten 1879 zum „Salpeterkrieg" zwischen Chile, Peru und Bolivien, den die Chilenen 1884 für sich entscheiden konnten. Peru verlor die Provinzen Arica, Tacna und Tarapaca, abermals stürzte das Land ins wirtschaftliche Chaos.

Im 20. Jahrhundert war Peru geprägt von Grenzkonflikten mit Ecuador, der Willkür der Weltmarktpreise für Rohstoffe, Landflucht, galoppierender Inflation, Militärjuntas und der wachsenden Abhängigkeit von den USA. Korrupte Regierungen, Wahlfälschungen und die zunehmende Verarmung breiter Bevölkerungsschichten begünstigten die Bildung von Terrororganisationen. Neben dem *Sendero Luminoso,* dem „Leuchtenden Pfad" (s.S. 204), machte auch der MRTA (Movimiento Revolucionario Túpac Amaru) mit Terroraktionen von sich reden.

Der japanischstämmige Präsident *Alberto Fujimori* führte 1990 ein hartes Sparprogramm ein und liberalisierte die Wirtschaft. Es gelang ihm, das Land zu einer gewissen Stabilität zu führen, gleichzeitig wurden jedoch die Menschenrechte eingeschränkt. Als Fujimori die Verfassung aushebelte und 2000 abermals als Präsidentschaftskandidat antrat, kam es zu Massenprotesten. Nach der offenkundigen Wahlfälschung und der Enthüllung von Korruptionsaffären setzte sich Fujimori nach Japan ab. Mit Alejandro Toledo wurde 2001 zum ersten Mal ein Präsident gewählt, der von der Hochlandbevölkerung abstammt.

Aber sowohl 2003 als auch 2004 gab es landesweite Streiks und Protestaktionen, denn Toledo konnte die Lebensverhältnisse im Land nicht wie versprochen verbessern. Zu seinem Nachfolger wurde 2006 der Sozialdemokrat Alan García gewählt, der bereits von 1985 bis 1990 Präsident des Landes war. Seine erste Amtszeit war vom wirtschaftlichen Niedergang des Landes mit bis zu 3000 Prozent Inflation, ausufernder Guerilla-Gewalt durch den Sendero Luminoso und Korruptionsaffären gekennzeichnet. Er versprach jedoch, aus seinen Fehlern in der Vergangenheit gelernt zu haben und fuhr während seiner Amtszeit einen eisernen Sparkurs, der in weiten Teilen zu Lasten der ländlichen, indigenen Bevölkerung ging.

Bei der Neuwahl zum Präsidentenamt 2011 traten in der Stichwahl der Linksnationalist Ollanta Humala, der die ländlichen Indígena repräsentierte, und die Tochter von Alberto Fujimori, Keiko, die die Interessen der bürgerlichen Mitte vertrat, gegeneinander an. Humala gewann die Wahl äußerst knapp mit 51,45 Prozent und versprach den sozialen Wandel. Eines seiner Hauptanliegen war es, die Infrastruktur in den ländlichen Gebieten zu verbessern und die Einnahmen aus dem derzeit boomenden Bergbau zur Armutsbekämpfung zu verwenden. Doch gerade der Bergbau machte ihm auch 2015 Sorgen: in Cajamarca und anderswo halten die Proteste gegen die Minen, die das Wasser verseuchen, und der Minenarbeiter an. Ein noch dringenderes Thema ist jedoch die zunehmende Kriminalität.

2016 wird Pedro Pablo Kuczynski („PPK") neuer Präsident, auch er setzte sich knapp gegen Keiko Fujimori durch. Lehrerstreiks und allgemeine Unzufriedenheit prägen seine Amtszeit, als er Ende des Jahres 2017 nur knapp einem Amtsenthebungsverfahren entgeht. Er kann es nur durch Verhandlungen mit der Partei der Fujimoristen und der am Weihnachtsabend verkündeten Begnadigung Alberto Fujimoris abwenden, doch ist es nur eine Frage der Zeit bis er abdankt. Im März 2018 überlässt er die Regierungsgeschäfte seinem Vizepräsidenten Martin Vizcarra, der von nun an mit der überhand nehmenden Korruption zu kämpfen hat.

Ostern 2019 zieht die Staatsanwaltschaft alle Register: Alan Garcia soll wegen Unterschlagung und Geldwäsche in Untersuchungshaft, entzieht sich der Justiz jedoch durch Selbstmord. Gleichzeitig wird Pedro Pablo Kuczynski zu Untersuchungshaft verurteilt, erleidet aber einem Herzinfarkt und wird interniert. Weitere „hohe Tiere" der Politik wurden und werden wegen Korruption inhaftiert, etwa 2018 Keiko Fujimori oder 2019 Susana Villaran, die ehemalige Oberbürgermeisterin von Lima.

Protestmarsch in Lima

Deutsche in Peru

Familien Gildemeister und Dammert, um 1900

Zu behaupten, dass deutsche Einwanderer und Forscher Peru wesentlich geprägt haben, wäre zweifellos übertrieben. Dennoch gibt es eine ganze Reihe deutscher Pioniere, Abenteurer und Wissenschaftler, deren Namen heute noch oft fallen.

Unter den ersten deutschen **Einwanderern** im 16. Jahrhundert war *Bartel Blumen,* seine Nachfahren sind heute unter den Namen *Bartolomé Flores* in Peru und Bolivien weit verbreitet. Es folgten seit 1612 deutsche Jesuitenmissionare, dann Handwerker und Bergleute. Der Bremer *Hans Gildemeister* wanderte 1848 nach Peru aus, eröffnete die Firma Juan Gildemeister und handelte mit Erdöl, Fischmehl, Nahrungsmittel, Bergbau, Eisenbahn, Baumwolle und Zucker. Begünstigt durch das neue Einwanderungsgesetz von 1849 kamen zwischen 1850 und 1853 mehr als 1000 Deutsche nach Peru, darunter viele Bergleute, Bauern, Schmiede, Müller und Zimmermänner. Sehr viele jedoch starben danach an tropischen Krankheiten.

Ein besonders ehrgeiziges Siedlungsprojekt wurde 1852 *Damian Freiherr von Schuetz-Holzhausen* übertragen: Er sollte eine deutsche Kolonie im Amazonasgebiet am Marañón gründen. In Tirol, Bayern und im Rheinland wurden Handwerker und Bauern angeworben, die unter entbehrungsreichen Bedingungen ihren Weg in den Urwald fanden. Von den insgesamt 600 Auswanderern schaffte es jedoch nur rund die Hälfte bis zum Ziel. Die Pioniere gründeten an den unzugänglichen Ausläufern der Anden 1857 die Kolonie **Pozuzo,** und waren für hundert Jahre fast vergessen. Abgeschnitten vom Rest Perus bauten sie Holzhäuser im Alpenstil, sprachen Tiroler Dialekt, trugen die alte Tracht und schufen sich eine eigene Welt. Erst mit dem Bau einer Straße 1975 zog die peruanische Wirklichkeit in das Dorf. Doch die Nachfahren der Einwanderer pflegen ihre Wurzeln: An Festtagen wird in Dirndl und Lederhose Reigen getanzt, in der Schule Deutsch gelehrt und selbst die Papageien sprechen ein paar Brocken der hier fremden Sprache. Auch die Verbindung in die alte Heimat wurde wieder aufgenommen. Aus Tirol kommen die finanziellen Mittel für deutsche Bücher, ein Einwanderungsmuseum und den Kulturverein.

Haus im Tiroler Stil, 1921 in Pozuzo

Der berühmteste deutsche Forscher, der nach Peru kam, war sicherlich **Alexander von Humboldt,** der 1802 den Küstenstreifen bereiste. Der kalte *Humboldtstrom* trägt seinen Namen.

Die ersten deutschen Wissenschaftler und Abenteurer gelangten schon einige Jahre früher in damals entlegene Gegenden Perus, wie etwa *Taddäus Haenke,* der ab 1790 zu verschiedenen Expeditionen durch die Anden aufbrach und die erste Karte des Vulkans *Misti* anlegte. Er stellte seine Erkenntnisse über die Salpeterverwendung der peruanischen Regierung zur Verfügung und war damit Mitbegründer des späteren Salpeterbooms. Sein bedeutendstes Werk ist die berühmte *Geografía del Perú.*

Baron *Fuerchtegott Leberecht von Nordenflycht* führte 1791 die deutsche Bergbaumission an und gründete das erste mineralogische Labor in Lima, Vorläufer der *Escuela de Mineralogía*, der Bergbauschule Perus. Auch das erste umfassende Kartenmaterial Perus geht auf einen Deutschen zurück:

Oberst Baron von Althaus kartografierte von 1819 bis 1836 das Land. Der Forscher *Eduard Poeppig* erkundete von 1829 bis 1831 das Huallaga-Gebiet und fuhr mit einem Floß den Amazonas hinab. Künstlerische Impulse kamen aus Augsburg. Der Maler *Johann Moritz Rugendas* kam 1842 für zwei Jahre nach Lima und beeinflusste die peruanische Landschaftsmalerei. Dem Ingenieur *Friedrich Blume* verdankt Peru die 1872 von ihm erbauten Bahnstrecken von Lima nach Chancay und von Mollendo nach Arequipa. Ein leidenschaftlicher Sammler war der Schiffsingenieur *Heinrich Brüning,* der ab 1875 50 Jahre lang Stein-, Metall- und Webarbeiten sowie Keramiken peruanischer Kulturen zusammentrug und sie in Lambayeque im *Museo Bruening* präsentierte. Peru erwarb 1921 das Museum und brachte einige der 5000 Exponate nach Lima.

Gleich zwei Mal erhielten Deutsche für ihre Verdienste die höchste Auszeichnung, die Peru zu vergeben hat: Der Archäologe *Max Uhle* lebte von 1896 bis 1942 in Peru und grub bei Lima die Reste von *Pachacamac* aus. Damit setzte er wichtige Impulse für die weitere archäologische Erforschung des Landes und gilt als „Vater der peruanischen Archäologie". Die deutsche Mathematikerin und Geografin *Maria Reiche* (1903–1998) widmete ihr Leben der Erforschung der rätselhaften Geoglyphen (Wüstenbilder) von Nazca. Wie Max Uhle wurde sie dafür mit dem Sonnenorden ausgezeichnet.

Brüning (rechts im Bild) mit Huaqueros, 1899

Peruanerin in traditioneller Kleidung bei der Ernte, Colca Canyon

Leben in Peru

Wirtschaft und soziale Lage

Peru ist ein Schwellenland, auch wenn etwa die Hälfte der Bevölkerung in absoluter Armut lebt. Doch dem Land ist es in den letzten Jahren besser als anderen südamerikanischen Staaten gelungen, die Armut zu reduzieren. War die Inflationsrate in früheren Jahren oft exorbitant hoch, liegt sie gegenwärtig bei rund zweieinhalb Prozent und ist damit im Vergleich zu anderen Ländern Südamerikas sehr niedrig. Gleichzeitig konnte der Verfall der Reallöhne gestoppt werden, der Mindestlohn beträgt rund 250 Euro pro Monat, das durchschnittliche Jahreseinkommen liegt bei rund 5.300 Euro.

Die offizielle Arbeitslosigkeit liegt bei knapp acht Prozent, dürfte aber weitaus höher sein. Schätzungen gehen davon aus, dass nur ein gutes Zehntel der arbeitsfähigen Bevölkerung adäquat beschäftigt ist.

Rund zehn Millionen Peruaner leiden an den Folgen von Trinkwassermangel und schlechter Ernährung, nirgendwo in Südamerika sterben daran so viele Kleinkinder wie in Peru. Obwohl in Peru für alle Kinder Schulpflicht besteht, gehen nur drei Viertel der Kinder zu Schule, ein Teil der Bevölkerung sind immer noch Analphabeten.

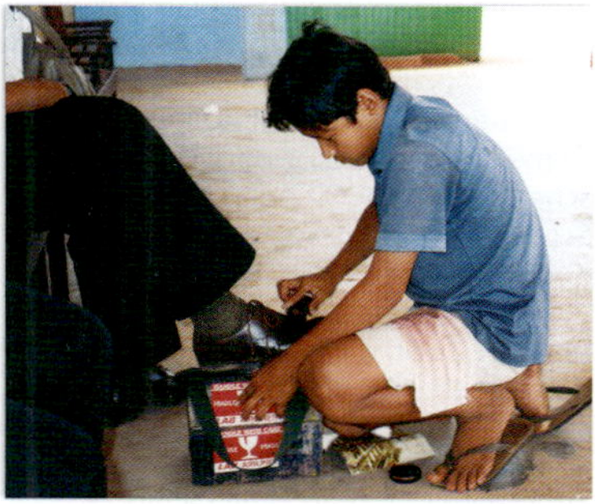

Junger Schuhputzer

Kinderarbeit in Peru

Bei uns ist man sich darüber einig, dass Kinder nicht arbeiten, sondern zur Schule gehen und spielen sollten. Doch in Peru sind viele Familien auf die Arbeit ihrer Kinder angewiesen. Ein Projekt macht aus der Not eine Tugend.

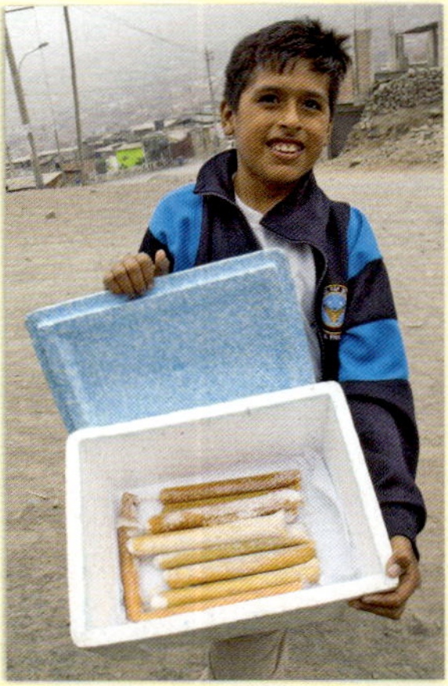

Wassereis im Bauchladen

Angestrengt runzelt David die Stirn und rechnet seine Rate aus. Umgerechnet drei Euro und 75 Cent muss er zurückzahlen. Der Elfjährige hat bei einer lokalen Partnerorganisation der Kindernothilfe einen Kredit aufgenommen um sein eigenes Geschäft zu gründen. Er ist einer der unzähligen *ambulantes,* fliegenden Händlern, die in Lima an jeder Ampel und jeder Straßenecke Softdrinks, Bonbons oder Kekse verkaufen. Zwei Jahre Erfahrung als Eisverkäufer hat David bereits. Jetzt will er sich selbständig machen und sein Glück mit selbstgemachtem Eis versuchen.

Um sein Darlehen von 40 Euro zu bekommen, musste David einen Geschäftsplan vorlegen: Geschäftsidee, Marktstudie, Kostenrechnung. Darüber beriet er sich mit Lady. Die ist 13, hat bereits sechs Jahre Erfahrung im Straßenverkauf und entscheidet als Juniorconsultant über die Kreditvergabe mit. Eis zu verkaufen hält Lady für eine profitable Sache – für den Sommer. Für die kühle Jahreszeit rät sie David, zusätzlich Kekse in sein Sortiment aufzunehmen. Gemeinsam überlegen sie, an welcher Straßenecke es wenig Konkurrenz gibt, wo man am günstigsten kleine Plastiktüten bekommt, in die das Eis abgefüllt wird, und wie man es am besten präsentiert.

Lady leitet die Ortsgruppe der „Bewegung der arbeitenden Kinder und Jugendlichen Perus", kurz NAT's. „Wir treten für unser Recht auf Arbeit ein", erklärt die junge Präsidentin selbstbewusst. „Und wir verlangen, von unseren Eltern nicht ausgebeutet zu werden". Darunter versteht sie, nicht mehr als vier bis sechs Stunden pro Tag arbeiten zu müssen, damit genug Zeit für die Schule bleibt. Doch dass sie und ihre Kameraden arbeiten müssen, um zum Unterhalt ihrer Familien beizutragen, stellt sie nicht in Frage, genauso wenig wie die Kindernothilfe. Doch die Organisation will sicherstellen, dass diese Arbeit unter möglichst guten Bedingungen stattfindet und dass die Kinder dabei Fähigkeiten erlernen, die ihnen später nutzen.

David hat einen Finanzplan aufgestellt und die Kosten für das Geschäft sorgfältig kalkuliert: Tütchen, Säfte, die Abgabe an den Nachbarn, in dessen Kühlschrank er sein Eis gefriert. Auch seine Lebenshaltungskosten sind aufgeführt: Jeweils 80 Cent für Frühstück und Abendessen – ein Mittagessen ist nicht vorgesehen. Die Ausgaben für eine Hose, ein Hemd und Sandalen pro Jahr, umgelegt auf die Wochen. Schulsachen. Und die Extrawünsche: Kaugummi, Orangen, Cola. Und natürlich die Raten für den Kredit. In regelmäßigen Schulungen lernt David auch sicheres Auftreten und Strategien, mit denen er sich einen Kundenstamm aufbauen kann.

Bis vor einem Jahr wurde den Kindern ihr Startkapital geschenkt. Doch das hat sich nicht bewährt. Zu oft forderten die Eltern das Geld ein, um es in Bier umzusetzen. Gemeinsam mit den Kindern wurde entschieden, nur noch Darlehen zu vergeben. Die Rückzahlung klappt bislang reibungslos, vielleicht auch, weil die Kinder merken, dass man sie ernst nimmt, ihnen etwas zutraut. David jedenfalls präsentiert stolz das passend abgezählte Geld für seine erste Rückzahlung. Zufrieden betrachtet er die Unterschrift in seinem kleinen Kreditheft. „Wenn das so weiterläuft, dann hab' ich irgendwann meinen eigenen Laden". [KN]

Wirtschaftsgüter

Peru ist ein an Bodenschätzen reiches Land – und hat damit die Auswirkungen der globalen Krise besonders deutlich zu spüren bekommen, denn die Preise für Eisen, Silber, Gold, Kupfer, Zink und Blei sind enorm gesunken. Zusammen mit der Ausfuhr von Erdöl machen die Bergbauprodukte nur noch rund ein Zehntel des Bruttoinlandsprodukts aus. Nach wie vor sind auch Fischereiprodukte ein wichtiger Exportzweig, sie machen rund 20% der Ausfuhren Perus aus.

Die Bedeutung der Industrie steigt ständig, während die der Landwirtschaft sinkt. Auch wenn mehr als ein Drittel der Arbeitskräfte Perus in der Landwirtschaft beschäftigt sind, macht sie nur 13% des Bruttoinlandsprodukts aus. Agrarexportprodukte sind vor allem Kaffee, Zucker und Baumwolle.

Der Tourismus wird als Wirtschaftsfaktor immer wichtiger. Laut MINCETUR besuchten 2016 mehr als vier Millionen Touristen aus dem Ausland Peru.

Worfeln von Getreide auf dem Altiplano

Viele Arbeitskräfte finden auf dem informellen Sektor (Straßenhandel, Schmuggel, Cocaproduktion, Dienstleistungen) ein karges Auskommen, die Schattenwirtschaft Perus soll nach Schätzungen 30% des Bruttoinlandproduktes betragen. Einen wichtigen Beitrag für die Wirtschaft des Landes leisten auch die Überweisungen der Auslandsperuaner. Angesichts der Dauerkrise zieht es vor allem junge Menschen in die USA oder in reichere Länder Südamerikas, obwohl diese Tendenz durch die weltweite Krise seit 2010 nachlässt.

Kulturschaffende im modernen Peru

Peru brachte eine ganze Reihe weltweit anerkannter Schriftsteller hervor. *Mario Vargas Llosa* beschäftigt sich seit den 1960er Jahren in zahlreichen Werken mit der Gesellschaft seines Landes und wurde 2010 mit dem Literaturnobelpreis ausgezeichnet. Ein anderer international bekannter Autor ist *Alfred Bryce Echenique,* der in Deutschland mit dem Gesellschaftsroman „Eine Welt für Julius" bekannt wurde.

In den letzten Jahren machen vermehrt junge Regisseure international auf sich aufmerksam. „Im Oktober werden Wunder war" oder „No se lo digas a nadie" sind zwei der Werke des neuen peruanischen Films, die auch in Europa bei Filmfestivals ausgezeichnet wurden. Viele der jüngeren Filme wie „Eine Perle der Ewigkeit" (La teta asustada) von Claudia Llosa, der Tochter von Mario Vargas Llosa, setzen sich mit den noch heute spürbaren Folgen des Bürgerkriegs in den 1980er Jahren auseinander. Letzter erhielt 2010 sogar eine Oscar-Nominierung.

Coca und Kokain

Verkauf von Coca-Blättern

Peru ist neben Bolivien einer der Hauptlieferanten von Cocablättern, der Grundlage des Kokains. Seit vielen Jahren versuchen deshalb die USA, durch wirtschaftlichen Druck den Export von Coca zu unterbinden. Doch der Anbau des Strauchgewächses ist in beiden Andenländern uraltes Erbe. Im Inkareich galt die Pflanze als heiliges, göttliches Geschenk. Cocablätter wurden bei religiösen Ritualen, als Glücksbringer, Grabbeigaben und bei medizinischen Behandlungen verwendet.

In vielen Regionen Perus und Boliviens gehen vor allem die Minenarbeiter und Bauern noch heute dieser Tradition nach. Um die Wirkstoffe der Cocablätter freizusetzen, werden sie mit Kalk und Pflanzenasche gekaut. Das Gemisch entfaltet eine stimulierende und schmerzstillende Wirkung; Kälteempfinden, Hunger und Durst werden vermindert. Ein Tee aus Coca-Blättern kann die Beschwerden der Höhenkrankheit lindern. Und auch ganz andere Produkte lassen sich aus Coca herstellen: Seife, Shampoo, Zahnpasta und sinnigerweise auch Kaugummi.

Die anspruchslose Pflanze gedeiht auf 600 bis 1800 Metern und bringt auch auf kargem Boden drei bis vier Ernten pro Jahr. Von den jährlich rund 300.000 Tonnen geernteten Cocablättern wird etwa ein Sechstel auf traditionelle Weise konsumiert, zu kleinen Teilen wandern die Blätter auch in die Pharmaindustrie und in die Cola-Getränkeunternehmen. Der weitaus größte Teil der Cocaernte dient jedoch als Grundlage für Kokain. In Tausenden versteckter kleiner Dschungellabors werden die Blätter in einem aufwendigen chemischen Verfahren zu Cocapaste verarbeitet, wobei für ein Kilogramm Kokainbase 600 kg Cocablätter benötigt werden. Kleine Flugzeuge, die von versteckten Dschungelpisten starten, fliegen die lukrative Fracht meist nach Kolumbien aus, wo sie zu reinem Kokainpulver weiterverarbeitet in die USA und nach Europa geschmuggelt wird.

Die peruanische Armee rückt auf Druck der USA hin immer wieder aus, um Cocafelder zu vernichten, und durch ländliche Hilfsprogramme sollen die Bauern ermuntert werden, statt Cocasträuchern verstärkt Palmherzen, Bananen oder Kaffee anzubauen. Doch solange den *campesinos* der Verkauf eines Sacks Cocablätter ein Mehrfaches des Erlöses anderer Produkte bringt, wird sich nur wenig ändern, zumal die Weltmarktpreise für landwirtschaftliche Produkte seit Jahren immer weiter sinken. Außerdem scheint es oft so, als würde der peruanische Staat nur halbherzig gegen die Coca zu Felde ziehen – kein Wunder, die Cocaproduktion ist ein bedeutender wirtschaftlicher Faktor, auch wenn sie in keiner Bilanz auftaucht. [KN]

Das Leben der andinen Bevölkerung

Bis heute lebt die bäuerliche Andenbevölkerung Perus in weit verzweigten Familienverbänden und solidarischen Dorfgemeinschaften *(comunidades indígenas)*. Es ist die Fortführung der zur Zeit der Inka üblichen *ayllu*. Alle anfallenden Arbeiten und Aufgaben werden nach wie vor durch gegenseitige Hilfe der Familienmitglieder bewältigt. Nur durch die Anstrengung eines ganzen Dorfes können die auf Terrassen dem Berg abgetrotzten Felder erhalten und die Erzeugnisse über oft weite Strecken zum Markt transportiert werden. Durch diesen überlieferten Gemeinsinn konnten kulturelle Werte und das traditionelle Leben im Andenhochland bis heute bewahrt werden, und nur so können die Campesino-Familien in der rauhen Bergwelt der Anden bestehen.

Zunehmend erinnert sich die indigene Bevölkerung auch wieder an jahrtausendealte Landwirtschaftsbräuche. Einige davon klingen für uns merkwürdig, etwa das Saatgut als Mitglied der Familie zu betrachten oder die Kartoffel mit einem Kuss zu begrüßen, wenn man sie aus der Erde gegraben hat. Andere überlieferte landwirtschaftliche Methoden sind ebenso erfolgreich wie einfach: Parzellen in unterschiedlicher Höhe anlegen, so dass bei einem Unwetter nicht die gesamte Ernte verloren geht und um Zugriff auf die in unterschiedlicher Höhe wachsenden landwirtschaftlichen Produkte zu haben. Oder wärmespeichernde Wände, die die Pflanzen nachts vor der Kälte schützen.

Traditionell typisches Material zum Bau der einfachen Häuser ist *Adobe*, lufttrocknete Lehmziegel. Die Dächer werden mit dem harten *Ichu*-Büschelgras gedeckt. Bis heute sind viele Dörfer weder an die Strom- noch an die Wasserversorgung angeschlossen. Bei den Trachten hat jede Gegend ihren eigenen Stil. Fast überall sieht man Ponchos, Zipfelmützen oder bei den Frauen die aus England stammenden Melonenhüte und das Rückentragetuch, die *manta*, in der wie seit ewigen Zeiten schwere Lasten und Kleinkinder getragen werden.

Altiplanodorf – Adobelehmziegel liegen zum Trocknen in der Sonne

Vermischung der Religionen

Mit den spanischen Konquistadoren kam auch die katholische Kirche ins Land und mit der territorialen Eroberung des Inkareiches fand zugleich die geistige Unterwerfung statt. Doch der mit Gewalt aufgezwungene christliche Glaube vermochte nicht, die ältere kosmo-religiöse Welt der Urbevölkerung auszulöschen. Zahlreiche prähispanische Glaubenselemente und Göttervorstellungen fanden Eingang in den andinen Katholizismus. Entstanden ist ein christlich-animistischer Mischglaube (Synkretismus), in dem oft noch Magie und Geistergläubigkeit eine Rolle spielen. Im Mittelpunkt des Alltagsglaubens stehen die Patronatsfesttage der Kirchenheiligen, die aber meist eine Doppelbedeutung haben, während christlicher Feste und Feiern werden gleichzeitig alte Rituale und Opfer zelebriert.

Heiler und Schamanen

In allen altamerikanischen Kulturen hatten Priester, Heiler und Schamanen eine hohe Machtstellung inne. Sie allein wussten um die Geheimnisse über Religion, Wissenschaft und Heilkunde, sie bildeten die Brücke zur Welt der Götter und Geister, und noch heute werden sie in Peru um Rat gefragt. Peruanische *curanderos* sind hauptsächlich indigener Abstammung und bewahren das uralte, überlieferte medizinische Wissen ihrer Region. Je nach Wissen und Können bewegen sie sich im weiten Feld zwischen ärztlicher Kunst, spirituell-magischen Ritualen, Magie und medizinisch wirksamen Heilpraktiken. Immer wieder werden Patienten von Schulmedizinern, die mit ihrem Latein am Ende sind, an *curanderos* überwiesen, und oft gelingt diesen die Heilung.

Pachamama

Ob die Ernte gut ausfällt, die Viehzucht gelingt und die Familie gesund bleibt, hängt vom Segen *Pachamamas,* der Erdgöttin, ab. Dieser Glaube ist in der andinen Bevölkerung bis heute erhalten geblieben. Bevor ein Bauer das Feld bestellt, bittet er mit traditionellen Riten und Opfergaben die Mutter Erde um Verzeihung für die Verletzungen, die er ihr zufügen wird. In aufwendigen Zeremonien gehen die Bauern mit Fackeln eine ganze Nacht auf ihrem Feld herum, streuen Cocablätter aus, vergraben Lamaföten und verbrennen das, was sie sich an materiellen Gütern wünschen, in Form von Miniaturen aus Zucker oder Wachs. Die Gaben sind Ausdruck höchster Achtung und gleichzeitig ein Handel: Soll Pachamama ihren Segen geben, so muss gut für sie gesorgt werden, denn die Götter sind nicht gnädig, sondern gerecht. Dabei sind über die Jahrhunderte Pachamama und die Jesusmutter miteinander verschmolzen. So heißt es im Glaubensbekenntnis der Aymara: „Ich glaube an Maria, die die Mutter aller Menschen ist, was auch für Pachamama gilt." [KN]

Zeremonie für Pachamama am Titicacasee auf der Isla del Sol/Bolivien

Ausgelassene Feste

Egal zu welcher Jahreszeit, irgendein Fest findet immer in einem der Dörfer des Hochlandes statt. Vor allem rund um den Titicacasee wird fast jede Woche gefeiert. Mögen diese Festtage auch zu Ehren eines katholischen Heiligen abgehalten werden, so schimmert doch immer auch der tief in der Bevölkerung verwurzelte Glaube an die alten Götter durch. Prunkvolle Prozessionen bahnen sich ihren Weg durch die vollen Straßen, vorneweg wird eine Heiligenstatue getragen, begleitet von Musik und Tänzern in traditionellen, farbenfrohen Trachten. Es gibt reichlich zu Essen, und das in Strömen fließende Bier lässt für ein paar Stunden die Härte des Alltags vergessen.Die wichtigsten Feste orientieren sich am andinen Jahreszyklus, wie etwa das *Paucarwaray* (Blumenfest) am 20. März, das *Inti Raymi* (Sonnwende am 21. Juni, s.S. 161), das viertägige *Coya Raymi* (Mondfest) am 22. September und das *Qhapaj Raymi,* ein großes Fest zur Wintersonnwende am 21. Dezember.

Auch christliche Feiertage werden in Peru begangen. Die Spanier brachten die *Semana Santa,* die Karwoche, mit nach Südamerika und nirgendwo sonst auf dem Kontinent wird sie so inbrünstig gefeiert wie in Peru und dort besonders in Ayacucho. Über zehn Tage hinweg zelebrieren die Menschen die Passion Christi, sein Begräbnis und seine glorreiche Auferstehung. Stundenlange Prozessionen durch die Straßen, schwermütige Marschmusik, die einem fast das Herz zerreißt, schwarz gekleidete Menschen demütig verhüllt, eine magische Vermischung von christlichen und heidnischen Bräuchen, aber auch süße Leckereien, ausgelassene Feste und prächtige Feuerwerke kennzeichnen die mystische Stimmung während der Karwoche. Ebenso verbreitet wird Karneval gefeiert, und zwar mit Mehl- und Wasserbomben, die vor allem gerne auf ahnungslose Touristen geworfen werden.

Ein bizarres Spektakel ist am Novemberanfang Allerheiligen: Dann finden auf allen Friedhöfen ausgelassene Partys statt, bei denen Angehörige an den Gräbern ihrer Verstorbenen fröhlich tanzen,

Marinera (Cueca) – Tanz beim Fest Inti Raymi, Saqsaywamán

Fest der Virgen del Carmen in Pisac

Zampoñas – Panflöten

Einer der unzähligen authentischen Tänze Perus

beten und viel Alkohol trinken. Damit der Tote auch etwas von dem Fest hat, wird oft ein Trichter auf Höhe des Kopfes in das Grab gesteckt, durch den der Verstorbene reichlich mit Bier versorgt wird. Dazu wandern Musiker über die Friedhöfe, die für ein paar Münzen das Lieblingslied des Verstorbenen spielen.

Musik und Tänze

Die melancholische Flöten- und Charango-Musik der Anden hat eine lange Tradition. Der *Yavari* stammt aus der Inka-Zeit, wo er insbesondere zu Vermählungen und rituellen Anlässen angestimmt wurde. Die gesungene Lyrik drückt Melancholie, Schmerz und Trauer aus. Das wohl bekannteste Stück, *El cóndor pasa,* erzählt die Geschichte vom Aufstand Túpac Amarus II. gegen die Spanier. Gespielt wird diese Musik mit der Panflöte und dem Charango, einer mandolinenartigen kleinen Gitarre, deren Resonanzkörper oft der Panzer eines Gürteltieres ist. Dazu wird die *Tinya,* eine kleine Andentrommel, geschlagen. Ebenso alte Wurzeln hat der ungleich fröhlichere *Huayno*, der typische Tanz des peruanischen Hochlandes. Mit heftigem Fußstampfen wird er bei allen festlichen Anlässen getanzt. Begleitet werden die Tänzer von den für europäische Ohren reichlich schräg tönenden Blechbläsergruppen, den *Bandas,* die bei keinem Fest in den Anden fehlen dürfen. Die aufregendsten Tänzer finden sich aus Huancavelica ein. Mit einer spektakulären Choreografie begeistern die Scherentänzer *(Danza de tijeras)* bei ihrer Akrobatik, die als Verbindungsglied zwischen der Erdmutter und Publikum gelten.

An der Küste begeistern vor allem der knisternde Paartanz *Marinera* als auch der *Festejo* als Erbe der afrikanischen

Sklaven, wobei letzterer mit Gitarre, *Cajon* (peruanische Kistentrommel) und *Quijada* (Instrument aus den Backenknochen von Eseln) und rhythmischem Händeklatschen begleitet wird.

Sakrale Baukunst und Malerei

In fast allen Kirchen Perus sind deutlich Merkmale andinen Ursprungs zu sehen, angefangen bei den von den Inka geschaffenen Tempeln, auf deren zerstörten Resten die Spanier ihre Kirchen und Kapellen errichteten, bis hin zur fantasievollen Innenausgestaltung durch indigene Künstler. Typisch sind kunstvolle Schnitzereien und Gemälde mit Elementen prähispanischer Religionen und Lebenswelten, wie Raubkatzen, Affen, Vögel oder Blumen. Als *estilo mestizo* bezeichnet man die Vermischung von spanischem (Hoch-)Barock mit indigener Formensprache, deutlich bei den barocken Kirchen Cuscos, Punos und Arequipas zu sehen. Auch in der Malerei entwickelte sich eine eigenständige Darstellungsweise, charakteristisch dafür ist der Stil der *Escuela Cusqueña* (s.S. 153).

Traditionelles Kunsthandwerk

Artesanías in ihrer ganzen Vielfalt werden auf jedem Markt angeboten: Farbenfrohes, traditionelles Kunsthandwerk, das Muster und Design längst vergessener Kulturen wieder aufgreift. Alleine die Bandbreite der Textilien, die im Hochland angeboten werden, ist unüberschaubar. Berühmt sind die feinen Alpakapullover. Aus der Wolle der Tiere werden auch Decken, Ponchos, Wandbehänge und Mützen gefertigt, kunterbunte Stofftragetücher, Taschen und Rucksäcke für Touristen. Daneben liegen Zylinderhüte, Keramiken, Aschenbecher, Zuckerdosen, Vasen, alles bemalt mit den typischen Ornamenten der Anden. Auch Lama- und Alpakafelle sowie Silberschmuck gibt es fast überall zu kaufen. In der Gegend um Huancayo sind außerdem geschnitzte Kalebassen zu finden, in Lima gibt es gehämmerte Lederwaren.

Eine Besonderheit sind die *retablos* aus der Gegend um Ayacucho, verzierte Kästchen, in deren Innern kleine Figuren aus Ton, Holz oder Pappmaché ausgelassene Feste feiern oder arbeiten. Und

Kirche Santo Domingo in Arequipa

Buntes zwischen Kitsch und Kunst

wen etwas bedrückt, der mag vielleicht nach den Sorgenpüppchen Ausschau halten. Ihnen erzählt man seine Sorgen, auf dass man sie loswerde. Im Tiefland finden sich fein gearbeitete Keramiken und Webereien der Shipibo und Naturketten aus Kernen und Samen. Doch natürlich ist auch Peru nicht vom Kitsch verschont geblieben: Den Tumi, das Ritualmesser der Chimú, gibt es als Flaschenöffner, und mit den Geoglyphen von Nazca wird so ziemlich alles verziert, was sich nicht dagegen wehren kann.

Auf dunklen Kanälen gelangen auch immer wieder antike Stücke, die von Schatzgräbern geraubt wurden (s.S. 220) in den Handel. Deren Ausfuhr ist ebenso verboten wie die von Fellen und Federn bedrohter Tierarten. Ganz abgesehen davon, dass es am Zoll großen Ärger gibt, wenn man mit derartigen Dingen erwischt wird, sollte man schon aus grundsätzlichen Überlegungen heraus die Finger von solchen Mitbringseln lassen.

Kulinarisches

Traditionelle Essen …

Die peruanische Küche basiert vielfach auf traditionellen Rezepten aus der Inkazeit, manche Gerichte sind noch älter. Deshalb trägt die Küche Perus viel zur nationalen Identität bei und wurde zum nationalen Kulturerbe erklärt. Perus wohl erfolgreichster Exportschlager aller Zeiten ist die Kartoffel, die im 17. Jahrhundert die Ernährung in Europa grundlegend veränderte. Die Kartoffel als das wahre Gold der Inka zu bezeichnen, scheint nicht übertrieben, denn heute übersteigt der Wert der jährlichen Weltkartoffelernte bei weitem den der Gold- und Silberbarren, die aus dem Reich der

Cuyes – Meerschweinchen

Peru ist das Stammland des Meerschweinchens, das nach seinen Lauten *cuy* (gesprochen „kui") genannt wird. Seit 5000 Jahren werden diese Nager in den Anden als Haustiere gehalten, wobei die ursprüngliche Art noch am Titicacasee zu sehen ist. Die Inka züchteten sie in besonderen Gehegen und verbesserten die Rassen, so dass sie wertvolle Fleischlieferanten waren. Sie dienten ebenfalls als Opfertiere bei rituellen Handlungen – so lesen Schamanen auch heute noch aus einem schwarzen Meerschweinchen Krankheiten – und als Spieltiere für die Kinder. In Andendörfern halten sich auch heute noch viele bäuerliche Familien im hinteren Teil der Küche Meerschweinchen als lebenden Frischfleischvorrat, für viele Indígena ist Cuy die Hauptquelle tierischen Proteins. In Peru landen jährlich schätzungsweise über 50 Millionen der im Geschmack eher neutral oder Kaninchen ähnelnden Meerschweinchen als Braten im Ofen oder als frittierte Version in der Pfanne, einige Restaurants haben sich ganz darauf spezialisiert. Dabei kommt meist pro Person ein ganzes Tier – mit oder ohne Kopf – auf den Tisch. Unterschiedliche Zubereitungen finden Sie in den verschiedenen Regionen Perus. *Cuy chactado* als leicht in der Pfanne frittiertes Tier aus Arequipa ist dabei etwas saftiger als die *Cuy al horno* (Meerschweinchen aus dem Ofen) oder *Cuy al palo* (Meerschweinchen vom Spieß)-Versionen aus Cusco. [SW]

Schweinefleisch mit gekochtem Mais, chicharrón con mote

Gut und günstig essen auf den peruanischen Märkten

Inka nach Spanien gelangten. Im Hochland gibt es die weltweit größte Vielfalt mit vielen Hundert Sorten in unterschiedlichen Geschmacksrichtungen, die, so scheint es manchmal, in ebenso vielen Varianten zubereitet werden.Das wichtigste Grundnahrungsmittel in den Anden ist jedoch der **Mais,** den übrigens bereits die Inka zu Popcorn verarbeiteten. Überall in Peru wird er in kleinen Garküchen am Straßenrand zusammen mit einem Stück salzigem Hochlandkäse als *choclo con queso* angeboten. Anticuchos, Spieße mit dünnen Rinderherzscheiben, mariniert in Essig und Bier und über einem Holzkohlefeuer gegrillt, werden gerne als Vorspeise gereicht. Auf den Speisekarten der Restaurants finden sich Meerschweinchenbraten, Alpaka-Steaks und *Cabrito al horno,* gebackenes Zicklein. Lecker sind auch gefüllte Avocados *(palta rellena).*

Fast alle Gerichte und Soßen *(salsas)* werden mit *aji* zubereitet, der orangefarbenen oder roten (dann schärferen) peruanischen Chilischote, die hauptsächlich in der nördlichen Küstenregion angebaut wird. Sie steht mit Zwiebeln und Limettensaft angemacht auch immer zusätzlich zum Nachwürzen bereit

Quinoa-Feld

Früchte in Hülle und Fülle

Orangenschälgerät zum Saftpressen

– ein scharfes Vergnügen, auf das die meisten Europäer verzichten.

Die altüberlieferten Getreidearten Perus wie *Quinoa* waren fast in Vergessenheit geraten. Das sehr proteinhaltige Getreide diente schon den Stafettenläufern der Inka als Proviant. Erst seit neuester Zeit wird es wieder angebaut und zum Brotbacken verwendet oder als schmackhafte Suppe gereicht. Eine Spezialität an der Küste ist *Cebiche,* rohe Fischstücke in Limettensaft mit Zwiebeln und Aji, während in den Urwaldgebieten *Tacacho,* „Urwaldknödel" aus Kochbananen, Speck und Maniok gegessen werden. Und überall im Land gibt es tropische Früchte zu kaufen, die frisch oder zu Säften gepresst, köstlich schmecken.

... und eigenwillige Durstlöscher

Peru ist eines der wenigen Länder dieser Welt, in dem nicht Coca-Cola, sondern eine nationale Brause die Nase vorn hat: **Inca Kola.** Das nach aufgelösten Gummibärchen schmeckende giftgelbe Gebräu gilt als Kultgetränk der Peruaner. Heute wird es, sehr zu ihrem Leidwesen, unter der Fahne von Coca-Cola produziert. Den Traubenschnaps **Pisco** gibt es in den verschiedensten Sorten und Varianten, ausgefallen gut schmeckt er als *Pisco Sour,* das peruanische Nationalgetränk (s.S. 80). Ein ganz besonderes Getränk ist **Chicha,** säuerlich schmeckendes Maisbier, dessen traditionelle Herstellung nicht jedermanns Sache ist: Man setzte Mais an und kaute ihn, durch den Speichel setzt die alkoholische Gärung ein. Diese andine Bierbraukunst stammt aus der Wari-Kultur und ist mindestens 1400 Jahre alt. In Hotels und Restaurants wird heute nur noch industriell erzeugte Chicha serviert, doch auf dem Land wird nach wie vor das traditionell hergestellte Gebräu angeboten. Der Mais wird aber nicht mehr gekaut, sondern mit Zucker versetzt. Rote Plastiktüten an langen Stangen vor den Hütten zeigen an, dass hier frische *Chicha de jora* zu haben ist. Bis heute ist es Brauch, den ersten Schluck auf den Boden zu schütten, um Pachamama für ihre Großzügigkeit zu danken. Ein erfrischendes, süßes Getränk aus blauem Mais mit Ananas, Limettensaft sowie Zimt und Nelken ist **Chicha morada,** die stets frisch zubereitet getrunken wird.

Reiseteil

1 Lima – Stadt voller Widersprüche

Lima ist eine moderne Stadt mit einer halben Million Einwohner und liegt auf einer grünen Ebene am Fuße der Bergwüste. Sie ist in ihrer Architektur und vor allem in ihren öffentlichen Gärten und Anlagen eine der schönsten Hauptstädte der Welt, ein Stück moderne Riviera oder Kalifornien, mit einem Schuss altspanischer Architektur versetzt.

Thor Heyerdahl: Kon-Tiki, 1949

Seit Thor Heyerdahl Mitte des letzten Jahrhunderts diese Zeilen schrieb, hat sich die Stadt enorm verändert. Wie viele andere Großstädte Südamerikas ist auch Lima mit seinen rund 11 Millionen Einwohnern ein gewaltig großer Ballungsraum mit allen Problemen urbaner Giganten. Eine Stadt voller Gegensätze und Widersprüche: Grau vom Staub der Wüste, umschlossen von elenden Siedlungen, im Zentrum historische Bauten der Kolonialzeit und vornehme Viertel, die alle Annehmlichkeiten des Lebens bieten. Die meisten Limeños verbindet eine ausgeprägte Hassliebe zu Perus Hauptstadt.

Lima verfügt über herausragende Museen, die als die umfangreichsten und besten ganz Südamerikas gelten. Keiner, der die Kulturen und Geschichte des Landes genauer verstehen will, sollte sich den Besuch des Museums für Archäologie, Anthropologie und Geschichte Perus *(Museo Nacional de Arqueología, Antropología e Historia del Peru)* oder des Museo Larco (Privatmuseum mit Gold- und Silberschmuck sowie Keramiken) entgehen lassen.

Lima, Miraflores, Blick auf den Parque Salazar mit Einkaufszentrum Larcomar

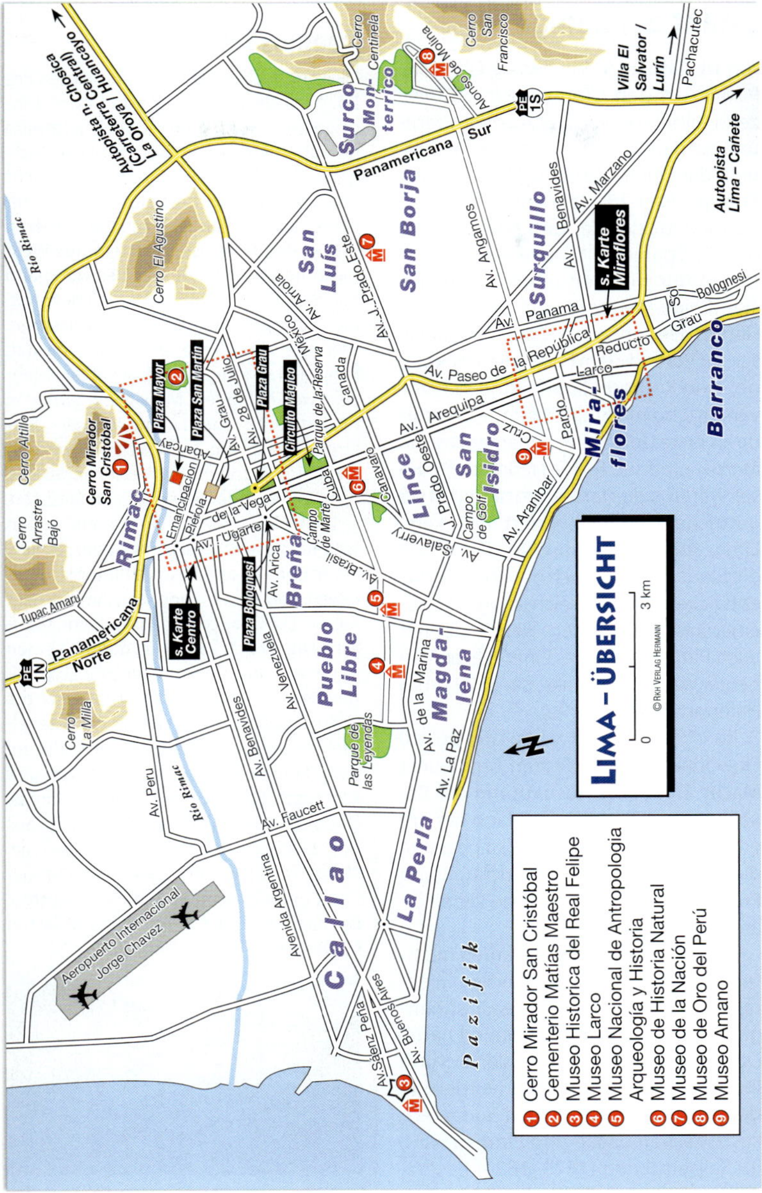
LIMA – ÜBERSICHT
0
3 km
© RKH VERLAG HERMANN
1 Cerro Mirador San Cristóbal
2 Cementerio Matías Maestro
3 Museo Historica del Real Felipe
4 Museo Larco
5 Museo Nacional de Antropologia Arqueología y Historia
6 Museo de Historia Natural
7 Museo de la Nación
8 Museo de Oro del Perú
9 Museo Amano
Autopista n. Chosica (Carretera Central) La Oroya / Huancayo
Autopista Lima - Cañete
Villa El Salvator / Lurín
Panamericana Norte
Panamericana Sur
PE 1N
PE 1S
Rio Rimac
Cerro El Agustino
Cerro Altillo
Cerro Arrastre Bajó
Cerro La Milla
Cerro Centinela
Cerro San Francisco
Cerro Mirador San Cristóbal
Plaza Mayor
Plaza San Martín
Plaza Grau
Plaza Bolognesi
Circuito Mágico
s. Karte Centro
s. Karte Miraflores
Aeropuerto Internacional Jorge Chavez
Rimac
Callao
La Perla
Pueblo Libre
Magdalena
Breña
Lince
San Isidro
San Luís
San Borja
Surco
Monterrico
Surquillo
Miraflores
Barranco
Pazifik
Av. Tupac Amaru
Av. Peru
Av. Faucett
Avenida Argentina
Av. Venezuela
Av. Benavides
Av. Arica
Av. Brasil
Av. Salaverry
Av. de la Marina
Av. La Paz
Av. Sáenz Peña
Av. Buenos Aires
Av. Ugarte
Emancipacion
Pierola
Abancay
de la Vega
Av. Grau
Av. 28 de Julio
Parque de la Reserva
Campo de Marte
Parque de las Leyendas
Campo de Golf
Av. Cuba
Canavaro
Canada
Av. México
Av. Arriola
Av. J. Prado Este
J. Prado Oeste
Av. Arequipa
Av. Paseo de la República
Av. Angamos
Av. Benavides
Av. Marzano
Av. Aramburu
Av. Panama
Alonso de Molina
Pardo
Cruz
Larco
Reducto
Grau
Sol
Bolognesi
Pachacutec

„Stadt der Könige“

Am 18. Januar 1535 gründete Francisco Pizarro an den Ufern des Río Rímac, zehn Kilometer von der Küste entfernt und auf den Trümmern eines alten Tempels, die *Ciudad de los Reyes*, „Stadt der Könige“. Fast 280 Jahre lang sollte sie Hauptstadt des riesigen Reiches sein, das die Spanier in Südamerika eroberten. In nur wenigen Jahrzehnten entstand eine Metropole mit prunkvollen Gärten, Herrenhäusern nach andalusischem Vorbild, dem Palast der Vizekönige, eine Kathedrale und eine Wasserversorgung mit Steinröhren. 1551 wurde als erste Universität Südamerikas *San Marcos* eröffnet. Die Fassaden der Häuser waren ockerfarben, rosa und weiß gestrichen und verschönert mit Erkern. Lima, abgeleitet vom Wort *Rímac*, wie die Stadt bald nur noch genannt wurde, entwickelte sich zur reichsten ganz Südamerikas, was neben Handelsleuten auch Piraten anlockte. Einer dieser Freibeuter war Francis Drake, der 1579 Limas Hafenort Callao überfiel.

Im 17. Jahrhundert zählte Lima 26.000 Einwohner und strebte zum Zenit seiner Macht. Durch die Ausbeutung der Bevölkerung und durch den Raub der unermesslichen Schätze der Inka gelangte die Stadt zu immer mehr Reichtum und Pracht, während das restliche Land verarmte.

Der letzte spanische Vizekönig musste 1821 Lima verlassen, nachdem General José de San Martín die Unabhängigkeit Perus in Lima proklamiert hatte. Danach setzte die Modernisierung und Industrialisierung ein. 1851 wurde eine der ersten Eisenbahnlinien Südamerikas zwischen Callao und Lima gebaut, im Salpeterkrieg (1879–1884) besetzten die Chilenen die Stadt.

Pueblos Jóvenes

Die Landflucht ist seit den 50er Jahren des 20. Jahrhunderts eines von Perus dringendsten Problemen. Täglich kommen mit überladenen Bussen zahllose Indígena nach Lima, sie sind auf der Flucht vor der Armut und Arbeitslosigkeit ihrer Dörfer im Hochland. Sie tauchen unter in den vielen trostlosen Vierteln aus Wellblechhütten am Stadtrand, beschönigend *Pueblos jóvenes* („junge Dörfer“) genannt, die sich weit in die Wüste hineinziehen. Wer hier eine gemauerte Wand besitzt, kann sich schon glücklich schätzen. Mehr als zwei Millionen Menschen leben in diesen Slums, meist ohne Wasser- oder Stromversorgung. In Tankwagen wird oft nicht einmal trinkbares Wasser angekarrt, das die Bewohner teuer bezahlen müssen.

Die Hoffnungen auf ein besseres Leben sind für sie selbst aber meist vergeblich. Sie haben die alte Heimat hinter sich gelassen, damit ihre Kinder es einmal besser haben. Die Chance, in Lima auf eine staatliche Universität zu gehen, dadurch einen guten Abschluss und später einen bezahlten Beruf zu bekommen, motiviert die Eltern. Viele betätigen sich als Altmaterialsammler, fliegende Händler, Hilfskräfte auf dem Baugewerbe, sind Lastenträger und Karrenschieber auf den Märkten Limas. Doch der soziale Aufstieg, der Auszug aus den Elendsquartieren, gelingt fast nie. Meistens hausen die Zuwanderer über Generationen hinweg in den Elendshütten, die nach und nach zumindest mit festen Mauern versehen werden. [HH]

Lima wuchs weiter, bewahrte aber sein barockes Flair und war noch lange von ausgedehnten Plantagen umgeben. „Gartenstadt" wurde die Metropole bis ins 19. Jahrhundert genannt, eine Bezeichnung, die heute längst nicht mehr zutrifft.

Lima heute

Damals wie heute ist Lima mit dem Hafen Callao und dem Zugang zu den Anden ein Verkehrsknotenpunkt und wichtigstes Industrie- und Handelszentrum des Landes. Gleichzeitig ist die Stadt *der* Anziehungspunkt für Hoffnungslose. Ende der 1950er Jahre setzte die große Landflucht der indigenen Bevölkerung ein, die, auf der Suche nach einem Auskommen, nach Lima strömte. Zählte man 1940 noch 600.000 Einwohner, so sind es heute offiziell elf Millionen – wahrscheinlich aber eher mehr. Die Stadt platzt aus allen Nähten, die knatternden Motoren des mörderischen Verkehrs bilden eine ständige Lärmkulisse, sie droht an Auspuffgasen, Müll und ihren sozialen Problemen zu ersticken.

Stadt auf unruhigem Grund

Was Pizarro nicht wusste, als er Lima gründete, war, dass die Küstenoase mitten in einem Erdbebengebiet liegt. Seit seiner Gründung ist Lima von vielen heftigen Erdbeben erschüttert worden.

Die schwersten zerstörten 1687 und 1746 die Stadt nahezu völlig. Wie Kartenhäuser fielen die Bauten in sich zusammen, als sich die Erde mitten in der Nacht aufbäumte. Zurück blieben nur Ruinen.

Plaza San Martín

Doch jedes Mal wurde Lima wieder prächtiger aufgebaut und bewahrte seinen Ruf, das bedeutendste kolonialspanische Bau- und Kunstzentrum Südamerikas zu sein. Das letzte große Erdbeben war 1940 und beschädigte die Stadt abermals schwer. Doch das Geld für einen gleichermaßen prunkvollen Aufbau war nicht mehr vorhanden.

1970 erschütterte ein weiteres Erdbeben die Fundamente der stark angeschlagenen Stadt. Erst mit finanzieller Unterstützung der UNESCO, die 1991 das Altstadtzentrum Limas zum Weltkulturerbe erklärte, konnte ein Teil der alten Kolonialbauten restauriert und herausgeputzt werden. Mag Limas Altstadt auch schöner geworden sein, ein sicheres Pflaster ist sie nicht – nach Einbruch der Dunkelheit sollte man nicht mehr durch die Straßen gehen.

Stadtrundgang

Das koloniale Lima

Die meisten der hier beschriebenen öffentlichen Gebäude können täglich von 9 bis 18 Uhr besichtigt werden, viele der Kirchen jedoch sind zwischen 12 und 16 Uhr für Besucher geschlossen.

Rund um die Plaza Mayor

Die einstige Plaza de Armas wurde neu hergerichtet und ist der schönste Platz der Stadt. Heute wie damals ist sie das Herz Limas, hier finden vor der prächtigen Kulisse der historischen Gebäude Paraden, Umzüge und Prozessionen statt. Schmuckstück in der Platzmitte ist der reich verzierte Brunnen von 1651.

Catedral de Lima

An der Südostseite erhebt sich die **Catedral de Lima,** deren ursprünglicher Bau auf das Jahr 1555 zurückgeht. Ihr jetziges Aussehen hat sie nach dem Erdbeben von 1746 erhalten. Im Inneren ist vor allem das Chorgestühl aus dem 17. Jahrhundert sehenswert. In der ersten Seitenkapelle rechts kann die (angebliche) Mumie von Francisco Pizarro besichtigt werden. Vor der Kathedrale werden Devotionalien

Limas Plaza Mayor; rechts die Municipalidad, das Rathaus

Palacio del Arzobispo

La Catedral de Lima

verkauft: Kitschige Jesusfiguren und Marienbilder, die in keinem peruanischen Bus fehlen dürfen.

Palacio del Arzobispo

Neben der Kathedrale befindet sich der **Palacio del Arzobispo,** der bischöfliche Palast, eine fast originalgetreue Rekonstruktion aus dem Jahre 1924. Bemerkenswert sind seine *miradores,* die für das kolonialzeitliche Lima typischen und reichverzierten Erker in Holzbauweise. Von hier aus beobachteten die Damen der Gesellschaft das Leben auf der Straße ohne dabei selbst gesehen zu werden.

Palacio del Gobierno

Genau da, wo das Haus Pizarros stand, liegt der **Palacio del Gobierno.** Er wurde 1938/39 an der Stelle des ehemaligen Palastes von Pizarro im neoklassizistischen Stil erbaut. Sehenswert ist der „Goldene Saal", der ganz mit Blattgold ausgekleidet ist. Ein 1000 Kilogramm schwerer Kristalllüster und das aus Carrara-Marmor erbaute Treppenhaus sind weitere Glanzpunkte des prunkvollen Regierungspalastes. Das Schauspiel der Wachablösung der historisch gekleideten Ehrengarde mit vergoldeten Helmen erfolgt jeden Mittag um kurz vor 12 Uhr. Der Palacio del Gobierno ist Amts- und Wohnsitz des amtierenden Präsidenten und kann nur mit einer geführten Tour, unter Angabe der Passnummer und Anmeldung, besichtigt werden.

Municipalidad

Das Rathaus, die **Municipalidad,** wurde nach einer Feuersbrunst in den Vierzigern des letzten Jahrhunderts neu erbaut. Auch hier fallen die reich verzierten Holzerker auf. Nach wie vor spricht hier das Stadtoberhaupt von Lima bei wichtigen Anlässen vom Balkon zu den *Limeños.*

Neben dem Rathaus an der Westseite reihen sich harmonisch Gebäude mit eleganten Geschäften unter Arkaden. Namen wie *Portal de Escribanos* (Schreiber, Notar) und *Portal de Botoneros* (Knopfmacher) weisen auf deren frühere Bedeutung hin. Dazwischen erhebt sich ein andiner Basaltstein zur Erinnerung an *Taulichusco,* den letzten indigenen Führer.

Städte im Schachbrettmuster

Ein Erlass des spanischen Königs Philipp II. von 1573 verfügte, dass in den neuen spanischen Besitztümern in Süd- und Mittelamerika Stadtgründungen in quadratischem Grundriss mit sich rechtwinklig kreuzenden *calles* und *avenidas* auszuführen waren. Damit wollte man die chaotischen Zustände, die in vielen Städten des Mutterlandes mit engen und verwinkelten Gassen herrschten, vermeiden. Im Zentrum der Straßenareals befindet sich die *Plaza Mayor* oder *Plaza de Armas*, so genannt, weil dort früher die Waffen gelagert wurden. Um diesen Platz gruppieren sich die Bauwerke der weltlichen und kirchlichen Macht: Regierungs- bzw. Gouverneurspalast, Rathaus und die Kirche bzw. Kathedrale. Auch Lima ist nach diesem Grundmuster erbaut worden, das historische Stadtzentrum wird noch heute *Lima cuadrada* genannt. [KN]

Casa Aliaga

Noch heute gehört die **Casa Aliaga** den Nachkommen von Don Jerónimo de Aliaga, der als einer der dreizehn Kommandeure Pizarros das Vorrecht hatte, sein Haus um die Plaza Mayor zu bauen. Das sehr sehenswerte und vollständig erhaltene Kolonialhaus aus dem Jahre 1535 steht auf dem alten Heiligtum des Häuptlings *Taulichusco*.

Klöster und Kirchen

Convento San Francisco

Kirche und Kloster *(Convento)* San Francisco wurden 1546 gegründet und nach einem Erbeben von 1657 bis 1687 im Barockstil neu erbaut. Beide zählen zu den schönsten und größten Kolonialbauten Limas. Eine Legende rankt sich um ein Madonnenbild, das über der Kirchentür der zum Kloster gehörenden „Capilla de los Milagros" stand: Während des Erdbebens von 1630 soll es sich gegen den Hochaltar gewendet und mit gefalteten Händen Gnade für die Stadt erfleht und sie dadurch vor der vollkommenen Zerstörung errettet haben.

Berühmt ist das Kloster für seine Bibliothek mit unzähligen historischen Aufzeichnungen, unter ihnen auch Schriften aus der Zeit der Eroberung Perus. Der idyllische Innenhof ist vom Kreuzgang durch schmiedeeiserne Gitter getrennt. Importierte Kacheln aus Sevilla zeigen das Leben des heiligen Franziskus von Assisi. Die Klosterkirche widerstand dank ihrer bambusverstärkten Gewölbe bis heute jedem Erdbeben. Beeindruckend ist auch das Chorgestühl aus Zedernholz. Die geometrischen Muster an den Säulen des Klostergebäudes sind, ebenso wie die Holzkuppel, im spanisch-arabischen Mudéjar-Stil ausgeführt. Unter dem Kloster wurden 1951 unterirdische Gänge entdeckt, die in über 300 Jahre alte Katakomben führen. Bis 1808 wurden in ihnen über 70.000 Tote bestattet. Säuberlich wurden die Knochen der Verstorbenen, getrennt nach Schädeln, Oberschenkel- und Hüftknochen, in den Lagerplätzen gestapelt. Es ist ein etwas schauriges Erlebnis, durch diese Galerie des Todes zu laufen!

Patiogarten des Convento San Francisco

Convento Santo Domingo

Ebenfalls im Stadtzentrum liegt der **Convento Santo Domingo.** Der Innenraum des 1540 erbauten Klosters wurde im 18. Jahrhundert erneuert. Auffallend sind die neun Altäre in der Kirche, und bemerkenswert ist auch das aus Zedernholz geschnitzte Chorgestühl. Am rechten Seitenaltar stehen die Heiligenstatuen von San Martín de Porres und San Juan Macías sowie eine Alabasterstatue der Schutzheiligen Limas, *Santa Rosa,* die Papst Clemens IX. 1669 stiftete. Die sterblichen Überreste der drei Heiligen sind in einer Gruft des Klosters beigesetzt.

Iglesia San Pedro

Die 1638 von den Jesuiten vollendete, barocke **Iglesia San Pedro** widerstand allen Erdbeben und ist damit eine der besser erhaltenen Kolonialkirchen. Die drei Haupt- und zwei prunkvollen Seitenaltäre im reichen maurischen Stil sind in sehr gutem Zustand. Die Glocke von 1590, genannt *La Abuelita* („Das Großmütterchen"), läutete 1821 die Unabhängigkeitserklärung ein.

Iglesia y Convento La Merced

Noch bevor Pizarro Lima gründete, fand in der **Iglesia y Convento La Merced** bereits eine Messe statt. Das Kirchenbauwerk wurde immer wieder abgerissen oder durch Erdbeben stark beschädigt, so dass sich das Aussehen des Baus im Laufe der Zeit mehrmals veränderte. Am Hauptaltar steht die *Virgen de la Merced,* die Lima 1615 vor einem Überfall beschützt haben soll und heute als Patronin der Armee verehrt wird.

Iglesia Las Nazarenas

In der **Iglesia Las Nazarenas** wird der *Señor de los Milagros,* der „Herr der Wunder", als Patron von Lima verehrt, auch um dieses Gemälde aus dem 17. Jahrhundert rankt sich eine Legende: Das auf eine Lehmmauer von einem Sklaven gemalte Bild widerstand wie durch ein Wunder ein schweres Erdbeben und wurde so zum Gegenstand kultischer Verehrung. Ein ortsansässiger Priester fürchtete die „Konkurrenz" und erhielt die Erlaubnis, das Bild zerstören zu lassen. Doch wer immer sich in dieser Absicht dem Gemälde näherte, wich verwirrt zurück, so lange, bis die kirchlichen Würdenträger schließlich ihr Vorhaben aufgaben. Jedes Jahr wird am 18., 19. und 28. Oktober in großen Prozessionen eine Kopie des wundertätigen Christusbildes durch die Straßen Limas getragen, der Tausende in violette Gewänder gehüllte Männer und Frauen folgen.

Santuario de Santa Rosa

Zu Ehren der Heiligen Santa Rosa wurde die kleine Kirche **Santuario de Santa Rosa** gebaut, gleich neben dem Haus, in dem sie 1586 geboren wurde. Die Dominikanerin soll eine Christusfigur zum Weinen gebracht haben. Der Legende nach sang sie in ihrer selbst erbauten, abgeschiedenen Zelle zusammen mit einer Nachtigall zu Ehren Christi. Neben dieser Zelle findet sich ein Brunnen, in den sie den Schlüssel zu ihrem schweren Bußergewand warf – Pilger und Schüler tun es ihr heute gleich und werfen Zettel mit ihren Wünschen hinein.

Limas Zentralfriedhof

Der *Cementerio Matías Maestro,* Limas alter Zentralfriedhof, liegt im Stadtteil Colinas de Villa im Südwesten der Stadt. Er wurde 1808 eröffnet und ist mit seinen neogotischen und neoklassizistischen Mausoleen und Statuen sowie seinem wundersamen Durcheinander von Stilen eine außergewöhnliche Sehenswürdigkeit. Vor mehr als 100 Jahren gehörte es zum guten Ton, hier eine Grabstätte zu besitzen, und so liegen hier neben den Honoratioren der Stadt auch 34 peruanische Präsidenten, zahlreiche nationale Helden und der Knabe Ricardito, dem nachgesagt wird, dass er Wunder vollbringen konnte.

Herrschaftshäuser

Palacio Torre Tagle

Der **Palacio Torre Tagle** wurde 1735 für den Marquis de Torre Tagle erbaut, der Schatzmeister der spanischen Pazifikflotte war. Der schönste koloniale Profanbau Limas ist heute Sitz einer Abteilung des Außenministeriums. Die reich verzierte Fassade mit den typischen Holzerkern ist ebenso beeindruckend wie der prachtvolle Innenhof im arabisch-andalusischen Stil.

Casa de Oquendo oder Osambela

Ein weiteres altes Kolonialhaus ist die **Casa de Oquendo** oder **Osambela** mit einem schönen Innenhof, Kolonialmöbeln und wechselnden Kunstausstellungen. Vom Aussichtsturm beobachtete einst Don Martín de Osambela mit dem Fernglas die in Callao ankommenden Schiffe.

Puente de Piedra

Ein schöner Abstecher führt über den Río Rímac via dem *Puente de Piedra,* die älteste Brücke Limas, erbaut Anfang des 17. Jahrhunderts. Jenseits des meist trockenen Flusses liegt im Stadtteil Rímac an der

Plaza de Acho die Stierkampfarena und in der Calle Presas die *Quinta de Presa,* der Palast der Schauspielerin La Perricholi. Sie war im 18. Jahrhundert die Geliebte des spanischen Vizekönigs und sorgte für zahllose Skandale, denn trotz dieser halboffiziellen Verbindung wollte sie auf ihre Bühnenauftritte nicht verzichten.

Stadt der Museen

Keine andere Stadt in Südamerika bietet eine solche Vielfalt an Museen wie Lima. Sie liegen quer über die Stadt verstreut, und für jeden Geschmack ist etwas dabei. Hier nur eine kleine Auswahl:

Museo Oro del Perú

Das **Museo Oro del Perú,** Av. Alonso de la Molina 1100, Monterrico, tägl. 10.30–18 Uhr, ist neben dem Goldmuseum von Bogotá das reichste in Südamerika. Ausgestellt sind unvorstellbare Goldschätze der Chimú- und Inka-Kultur, Perlen, Smaragde und andere Edelsteine, Zeremonial- und Kultgegenstände, goldene Haarnadeln, Kämme, Ketten und Trinkgefäße sowie feine Silber- und Goldblättchen. Hier erhält man eine Ahnung vom einstigen Reichtum Altperus. Das Obergeschoss präsentiert eine der weltweit umfangreichsten Kleider- und Waffensammlungen (Museo Armas del Mundo). Leider wirkt diese Teilausstellung wenig strukturiert und nur wenige Stücke sind beschriftet. 33 Soles.

Museo Nacional de Arqueología, Antropología e Historia del Perú

Im **Museo Nacional de Arqueología, Antropología e Historia del Perú,** Plaza Bolívar, Pueblo Libre, Mo–So 8.45–17 Uhr, werden Exponate aus den Kulturen der Vorinkazeit von Chavín bis Chimú und auch der Inkazeit präsentiert. Das Museum platzt aus allen Nähten, und obwohl nur ein kleiner Teil der Kunstschätze gezeigt wird, ist ihre Fülle schwer überschaubar. Sehenswert sind vor allem die außergewöhnlich schönen Keramiken und Textilarbeiten der Pucara, Nazca und Inka, die Kunstschmiedearbeiten der Chavín und Mochica, Stoffe von Paracas, trepanierte Schädel (s.S. 71) sowie die Modelle von Ollantaytambo und Machu Picchu. 10 Soles.

Museo Larco

Das Privatmuseum des Archäologen **Rafael Larco Herrera,** Av. Bolívar 1515, Pueblo Libre, täglich 9–22 Uhr (Feiertage bis 18 Uhr), beherbergt über 50.000 Ausstellungsstücke, vorwiegend wertvolle Keramiken der Mochica-Kultur, daneben auch Mumien mit Grabbeigaben. Die *Sala de Tesoro* (Schatzkammer) zeigt einzigartige Kunstschmiedearbeiten, wie z.B. einen goldenen Brustpanzer eines Chimú-Häuptlings. In einem Nebentrakt werden Mochica-Keramiken mit erotischen Darstellungen gezeigt. 30 Soles.

Museo de Arte de Lima (MALI)

Neben kunstgeschichtlichen Gegenständen der Vorinka- und Inkazeit zeigt das **Museo de Arte de Lima (MALI),** Paseo Colón 125, Parque de la Exposición, Di–So 10–19, Sa bis 17 Uhr auch Exponate aus der Kolonialepoche und der Gegenwart. Beeindruckend sind vor allem

Lima - Miraflores
© Rkh Verlag Hermann
0 200 m
Hoteles y Hostales
1 Pirwa Hostel [B2]
2 Htl Doubletree El Pardo Hilton [B
3 Hostel Pariwana [C3]
4 Explorer's House [A3]
5 Loki Hostel [B3]
6 Hotel Antigua Miraflores [B
7 Hotel Las Palmas [B3]
8 Flying Dog Backpackers [C
9 Hotel Casa Andina [C3]
10 Hostal El Patio [C3]
11 Casa Bella Boutique Hotel [A3]
12 Che Lagarto Hoste [C3]l
13 Hostal Buena Vista [C3]
14 Albergue Turístico Juvenil [D4]
15 Hotel San Antonio Abad [D4]
16 B&B Albergue Verde [D4]
17 Hostal Friends House [B4]
18 Hostal The Place [C4]
19 Hotel Señorial [C5]
20 Bayview Hotel [C5]
21 Lima Wasi Hotel [C5]
22 Miraflores Park Hotel [C6]
Óvalo Gutiérrez
Huaca Pucllana
Museo Enrico Poli (Gold-Kunstschätze, 300 m)
Museo Amano (Präkol. Textilmuseum, 50 m)
Av. Angamos Oeste
Plaza República
Avenida Arequipa
(indigene Märkte)
Óvalo de Miraflores
Casa Museo Ricardo Palma
Av. José Pardo
Av. Palma
Metropolitano Estación Ricardo Palma
z. Hostal Torre Blanca 250 m
z. Inkawasi Backpacker Hostel 200 m
»Choco Museo«
»Choco Museo«
»Calle de las Pizzas«
Parque Central
Mirabus
Igl. Milagrosa
Municipalidad
Parque Kennedy
Plaza/Óvalo Bolognesi
Av. Benavides (Diagonal)
Av. Alfredo Benavides
Metropol. Est. Benavides
Vía Expresa Av. Paseo de la República
Parque Raimondi
Parque del Amor
Puente Villeno Rey
Circuito de Playas
Playa Waikiki
Playa Costa Verde
Oceano Pacífico
Rest. Rosa Náutica
Parque Salazar
LARCOMAR
Mariott
Avenida Larco
Metropol. Est. 28 de Julio
Parque M. Porras
Parque Armendariz
Quebrada de Armendariz
Museo de Arte Contemperáneo

schöne Werke der Malschule von Cusco aus dem 17. und 18. Jahrhundert. 30 Soles.

Museo de Arte Italiano

Das in einem schönen neoklassizistischen Gebäude untergebrachte **Museo de Arte Italiano,** Paseo de la República 250, Di–Fr 10–17 Uhr lohnt schon allein der Mosaike wegen einen Besuch. Ausgestellt werden hier italienische und andere europäische Gemälde. 6 Soles.

Museo del Tribunal de la Santa Inquisición

Ein schauriges Gefühl verspricht der Besuch des **Museo del Tribunal de la Santa Inquisición,** Plaza Bolívar, Mo–Fr 9–17 und Sa 9–12 Uhr. Über Jahrhunderte hinweg wurden hier angebliche Ketzer gefoltert und hingerichtet. In den hinteren Kammern gibt es Original-Folterinstrumente und nachgestellte Folterszenen mit Puppen. Einen ungleich schöneren Anblick bietet die Mahagoni-Holzdecke im Gerichtssaal. Spende erwünscht.

Das moderne Lima

Limas moderne Stadtteile **Miraflores, San Isidro** und **Barranco** bilden so etwas wie einen Gegenpol zur Altstadt. Hier wird der Smog durch den Wind des nahen Meeres etwas erträglicher, und läuft man an den Parks, Shopping-Centern und eleganten Villen vorbei, so könnte man sich auch in jeder westeuropäischen Großstadt wähnen. Doch die schönen alten Häuser aus dem 19. Jahrhundert werden nach und nach abgerissen und durch Hochhäuser ersetzt.

Miraflores

Das belebte Stadtviertel **Miraflores** ist mit seinen zahlreichen besseren Geschäften, Hotels und Restaurants das moderne Zentrum Limas. Hier befinden sich die Büros der meisten Fluggesellschaften und das immer gut besuchte Einkaufs- und Restaurantzentrum

Die Kolonialkirche Iglesia La Ermita in Barranco – links die Seufzerbrücke Puente de los Suspiros

Larcomar, das direkt in die Steilküste gebaut wurde. Vor allem, wenn man zuvor Dörfer im Hochland besucht hat oder durch eines der Elendsviertel Limas gefahren ist, wirkt das Einkaufszentrum Larcomar mit seinen Restaurants jeder Preisklasse und dem wunderschönen Blick auf das Meer wie ein Ort in einem anderen Land.

Barranco

Ein ebenfalls beliebter Vorort ist **Barranco,** in dem sich viele Künstler angesiedelt haben. Tagsüber liegen die eng verschachtelten Gassen mit malerischen Villen nahezu verträumt da, nachts trifft sich hier die *jeunesse doré* Limas in den zahlreichen Bars und *Peñas*. Von der Plaza Barranco führt die *Bajada,* ein steiler Weg, zum Meer hinunter. Westlich der Plaza liegt der romantische *Puente de los Suspiros* (Seufzerbrücke), ein Ort, an dem sich vor allem Verliebte treffen. Vom Mirador bietet sich ein beeindruckender Blick entlang der Steilküste auf die Costa Verde.

Circuito Mágico del Agua

Südlich des historischen Zentrums liegt im Parque de la Reserva der *Circuito Mágico del Agua*. In diesem angeblich weltgrößten Park für Wasserspiele „tanzen" Mi–So um 18.30, 20 u. 21.30 Uhr Wasserfontänen eine ausgeklügelte Choreographie zu Musik und bunten Laserstrahlen.

Service Lima

PromPeru: www.peru.info/. Info-Kioske von Miraflores u.a.: Parque Central (neben Parque Kennedy) und im Larcomar, 9–18 Uhr. Tel.-Vorwahl: 01

Ankunft

Der Flughafen Limas liegt 12 km außerhalb des Stadtzentrums, ein Taxi nach Miraflores sollte nicht mehr als 20 Euro kosten. Nutzen Sie am besten die offiziellen Taxis mit ihren ausgeschriebenen Tarifen.

Klima

Pizarros Chronisten vermerken über die Gründung der „Stadt der Könige" am Río Rímac ein „angenehmes und klares Klima". Kein Zweifel, Pizarro gründete die Stadt im Sommer, wenn bei Sonnenschein und 25 °C die nahen Badeorte zu einem Sprung in den Pazifischen Ozean einladen. Im peruanischen Winter, von April bis November, liegt Lima unter der *garúa,* ein dichter Nebelschleier. Das Quecksilber fällt dann auf 10 °C und die Sonne ist über Monate kaum zu sehen.

Verkehrsmittel
Taxi

Die einfachste und schnellste Art der Fortbewegung in Lima sind **Taxis.** Bestellen sollten Sie es entweder direkt an der Hotelrezeption oder im Restaurant beziehungsweise per App vom Smartphone (Uber, Beat). Ein Taxi von der Straße hat keinen Taxometer, Preise werden vor dem Einsteigen verhandelt. Die Kurzstrecke innerhalb eines Stadtviertels beträgt zwischen 6 und 8 Soles. Aus dem Zentrum in die südlich gelegenen Stadtteile Miraflores oder Barranco kostet eine Taxifahrt rund 15 Soles. Nach Einbruch der Dämmerung wird ein Aufschlag von 30%, nach Mitternacht von 50% erhoben. Fahrten vom **Flughafen** sollten mit sicheren Taxiunternehmen unternommen werden. Für eine Fahrt nach Miraflores sind momentan 60 Soles fällig. Alternativ fahren Sie mit den blauen Reisebussen von Airport Express Lima. 8 Haltestellen in Miraflores, Fahrpreis 8 US$.

Bus

Stadtbusse und Combis (meist japanische Kleinbusse) sind sehr billig, dafür ist man sehr lange und oft unbequem unterwegs. Da es sehr viele Kleinbusse gibt und diese in Konkurrenz um Passagiere stehen, werden oft waghalsige Fahrverhalten praktiziert. Es handelt sich um eine der unsichersten Varianten des öffentlichen Verkehrs. Die Vielzahl der Routen zu durchschauen ist für einen Kurzzeitbesucher außerdem meist unmöglich. Seit 2010 gibt es auf der Nord-Südverbindung durch Lima die **Buslinie Metropolitano** mit gasbetriebenen, modernen Bussen. Nur nutzbar mit einer speziellen Karte, die für 5 Soles gekauft werden muss und an den Haltestellen aufgeladen wird. Hier geht es zwischen Comas/Los Olivos und Chorillos zügig voran, mit Expreso-Bussen sogar noch schneller. Einheitspreis pro Fahrt.

Metro

Die **Metro de Lima Linea 1** (auch „Tren Urbano") verbindet als Hochbahn die südlichen Stadtteile Villa El Salvador und San Juan de Miraflores mit dem Zentrum. Eine Vernetzung von Metropolitano und Metro de Lima Linea 1 ist geplant.

Mietwagen

Einen Wagen mieten können Personen ab 25 Jahre, die bereits seit zwei Jahren die Fahrerlaubnis besitzen und eine Kreditkarte vorlegen können. Es sind meist japanische oder koreanische Wagen, die bei den gängigen Mietwagenfirmen (Avis, Budget, Hertz) gebucht werden können. Je nach geplanter Route sollte ein ein Geländewagen einem Pkw vorgezogen werden. Kosten: Je nach Fahrzeugmodell 40–150 US$ pro Tag plus Versicherung und Steuer sowie etwa 1 US$ je Kilometer.

Achtung: Neuerdings gibt es in Lima an bestimmten Tagen Fahrverbote, je nach gerader oder ungerader Endzahl des Nummernschilds.

Unterkunft

Hotel Inka Path, Jr. de la Union 654, Tel. 426-9302, www.hotelinkapath.com, Klappenkarte D3. Sehr sauberes, freundliches und zentral gelegenes Hotel, einige Zimmer mit Balkon zur Einkaufspassage. DZ/F 62 US$.

Hostal The Place, Av. La Paz 1090, Miraflores, Tel. 241-2852, www.theplace hostal.com.pe, Mirafloreskarte C4. Ruhiges, sauberes Hostal mit großem Frühstücksraum, Garten zum Entspannen und nur zwei Querstraßen von der Einkaufs- und Flaniermeile Av. Larco entfernt. DZ/F 190 Soles.

Hostal El Patio, Ernesto Diez Canesco 341-A, Miraflores, Tel 444-2107, www.hostalelpatio.net, Mirafloreskarte C3. Vor allem nett an diesem charmanten Hostal ist der sonnige Hof mit Blumenpracht und Springbrunnen. DZ/F ab 55 US$.

3 B Barranco's Bed&Breakfast, Jr. Centenario 130 (ca. 900 m nördlich des Zentrums Barrancos, eine westliche Nebenstraße der Av. Grau), Tel. 247-6915, www.3bhostal.com. Modernes Haus mit Verbindungen zur Kunstszene in Lima. DZ/F 77 US$.

Hotel Antigua Miraflores, Av. La Paz 463, Tel. 213-9739, www.casa-andina.com, Mirafloreskarte C3. Ein ausgesprochen edles und stilvolles Hotel mit Pool – nach einem Besuch in den Anden fast ein Kulturschock. DZ/F ab 151 US$ (Sonderangebote Online).

Hotel Sheraton Lima, Paseo de la Republica 170, Tel. 315-5000, www.sheraton.com/lima, Klappenkarte C5. Luxushotel in guter Ausgangslage für Besichtigungen der Altstadt. DZ/F ab 159 US$ (Online ab 110 US$).

Casa Andina Premium Miraflores, Av. La Paz 463, Tel. 213-9739, www.casa-andina.com. Ein ausgesprochen edles und stilvolles Hotel mit Pool – nach einem Besuch in den Anden fast ein Kulturschock. DZ/F ab 151 US$ (Sonderangebote Online).

Country Club Lima Hotel, Los Eucaliptos 590, Tel. 211-9001, www.hotelcountry.com. Grandioses Luxushotel mit historischem Ambiente, exquisite Wohlfühlzimmer, gutes Restaurant, eine der besten Adressen in Lima; mit angeschlossenem Golfplatz. DZ/F ab 259 US$.

Restaurants

In Lima dreht sich ein guter Teil der Gespräche ums Essen, und das aus gutem Grund: Die Stadt wurde wegen ihrer 29 Kochschulen und der Vielfalt ausgezeichneter Restaurants zur „kulinarischen Hauptstadt Lateinamerikas" gewählt. Die Spezialitäten Limas sind Cebiche und Gerichte aus frisch gefangenem Fisch und Meeresfrüchten. Daneben gibt es alles, was die peruanische, die spanisch-kreolische und die internationale Küche zu bieten hat. Im rustikalen *Canta Rana,* Genova 101, Barranco, treffen sich vor allem Einheimische bei schmackhaften Fischgerichten. Das *Cordano,* Carabaya/Ancash (beim Bahnhof, Stadtplan E2) ist die Kneipe mit dem ältesten Nostalgie-Ambiente Limas (1905), das Warten auf einen Platz lohnt; preiswerter Mittagstisch. Ebenfalls im Zentrum befindet sich das Touristenrestaurant *De César,* Jr. Ancash 300, direkt gegenüber der Kirche San Francisco. Sehr gute Meeresfrüchte, nur à la carte.

Im *Huaca Pucllana,* Borgoño, und im *Huaca Pucllana* in Miraflores gibt es neuperuanische Küche in modernem Ambiente und mit Blick auf archäologische Schätze. Für den kleinen Hunger zwischendurch empfiehlt sich im Parque Kennedy an einem der mobilen Essensstände scharfe Schinkensemmeln (butifarra) vom Feinsten zu probieren. In der Nähe ist auch die *Calle de las Pizzas* [Miraflores-Karte B3].

Eines der besten Restaurants der Stadt ist das *Rosa Nautica,* Espigon 4, Costa Verde, Tel. 447-0057, Mirafloreskarte A5. Hier werden bei wunderbarem Meerblick ein exzellentes Mittagsbüfett, Fisch und Mariscos sowie internationale Küche serviert. Peruanische Küche auf höchstem Niveau findet man bei *Astrid & Gaston*. Sehr schönes Ambiente in altem Kolonialhaus in San Isidro, Bar, unbedingt reservieren.

Unterhaltung

Die meisten Nachtclubs, Musikkneipen und Discos befinden sich in San Isidro, Miraflores und Barranco. Gleich mehrere Discos finden sich in Miraflores im **Larcomar.** Um den Parque Kennedy gibt es viele Cafés und Kneipen, wo am Wochenende auch Live-Musik gespielt wird. Der Dreh- und Angelpunkt des Nachtlebens in Barranco ist die **Plaza Barranco.**

Hervorragende Folkloreshows werden am Wochenende in den Peñas *Sachún Peña,* Av. Del Ejército 657 in Miraflores und in der *Asociación Las Brisas del Lago Titicaca,* Walkusky 168, aufgeführt. Unter der Woche bietet das *La Dama Juana* in Barranco eine abendliche Büfettshow mit traditionellen Tänzen.

Touranbieter

Inca Maya Tours, Tel. 979-776-636, www.inca-maya-tours.com. Die deutsche Inhaberin Katja Bastek bietet Kultur-, Natur- und Trekkingreisen für Individualkunden und kleine Gruppen durch Peru und Bolivien an. Auf Wunsch werden auch Reisen à la carte zusammengestellt.

Inkaland Tours, Calle Los Libertadores 445, San Isidro, Tel. 422-8540, www.inkalandtours.com. Veranstaltet sowohl Gruppenreisen als auch Privattouren, Stadtführungen und Trekking, deutschsprachig.

Mirabus, Caseta de Venta: Calle Martir José Olaya 1, Tel. 243-7629, Mo–So 9–19 Uhr, www.mirabusperu.com. Bei Stadtrundfahrten in einem offenen, doppelstöckigen Bus lässt sich Lima auf angenehme Art entdecken.

Einkaufen

Die klassischen Touristensouvenirs wie Chullos (Strickmützen), Ponchos und andere farbenfrohe Bekleidungsartikel gibt es preisgünstig auf den Touristenmärkten in Miraflores, in der Av. Petit Thouars (nördlich vom Parque Central). Wer hingegen Wert auf Qualität legt und einen echten Alpakapullover mit nach Hause nehmen will, der sollte in ein Geschäft der Kette *Kuna* gehen (u.a. in der Av. Larco 671, im Larcomar oder auf dem Flughafen). Echter Silberschmuck wird bei *Ilaria* gekauft (Av. Dos de Mayo 308, San Isidro oder im Larcomar) und wer Originelles von peruanischen Künstlern wünscht, der kann in Barranco bei *Dédalo Arte & Artesanía,* Saeñz Peña 295, reinschauen.

2 Auf der südlichen Panamericana

Vom Fuß bis zum Scheitel nacktes Gebirge. Nicht ein Baum, nicht ein Strauch, nicht ein Grashalm. Auch nicht der geringste Ansatz irgendwelcher Vegetation. Eine großartige Landschaft, die auf jedes Beiwerk, jeden Schmuck verzichtet, nur aus Linien, Formen und Farben besteht – Wüste und Gebirge. So muss wohl die Welt am ersten Tage der Schöpfung ausgesehen haben, als Erde und Wasser sich schieden: nacktes Gebirge, Wüste und Ozean. Und sonst nichts.

Siegfried von Vegesack: Südamerikanisches Mosaik, 1937

„Traumstraße der Welt" wird die Panamericana auch genannt. Auf kaum einem anderen Abschnitt ihrer insgesamt 25.750 Kilometer führt sie an so vielen unterschiedlichen Sehenswürdigkeiten vorbei wie im Süden Perus. Eine davon hat sie regelrecht durchschnitten: Die „Eidechse", eines der Wüstenbilder von Nazca. Viele weitere Geoglyphen, von zahllosen Seelöwen und Pinguinen bevölkerte Felseninseln und palmenbestandene Wüstenoasen – all dies und noch mehr ist an der 1000 Kilometer langen Strecke von Lima nach Arequipa zu sehen.

Heiß flimmert die Luft über dem Asphalt der Panamericana, schnurgerade zieht sie sich durch die Wüste und verliert sich irgendwo am Horizont. Staubwirbel tanzen, und manchmal versperren Sandwehen den Weg. Die Wüste hat viele Gesichter: Mal erscheint sie als steinige, mit Geröll bedeckte Einöde, mal schimmert sie in Farbnuancen von grau über braun bis rot. An den Steilküsten hingegen führt sie in wilden Kurven oft so knapp an den Klippen vorbei, dass beim Blick aus dem Autofenster nur der gegen die Felsen brandende Pazifik zu sehen ist.

Das Heiligtum von Pachacamac

Kaum liegen die Armutssiedlungen Limas hinter einem, erreicht man das Lurín-Tal, eine fruchtbare Gegend rund 30 Kilometer südlich von Lima. Hier liegen die Ruinen des Heiligtums von Pachacamac, seit dem 9. Jahrhundert ein Wallfahrtsort. Pilger reisten Hunderte von Kilometern, um hier das Orakel zu befragen. Die Inka eroberten im 15. Jahrhundert Pachacamac, übernahmen die Tempelanlagen und erweiterten sie um ein weiteres größeres Sonnenheiligtum in Form einer terrassenartig ansteigenden Pyramide. Die gemauerten Terrassen und Lehmwände sind noch recht gut erhalten. Von oben bietet

Lima - Nazca (ca. 450 km)

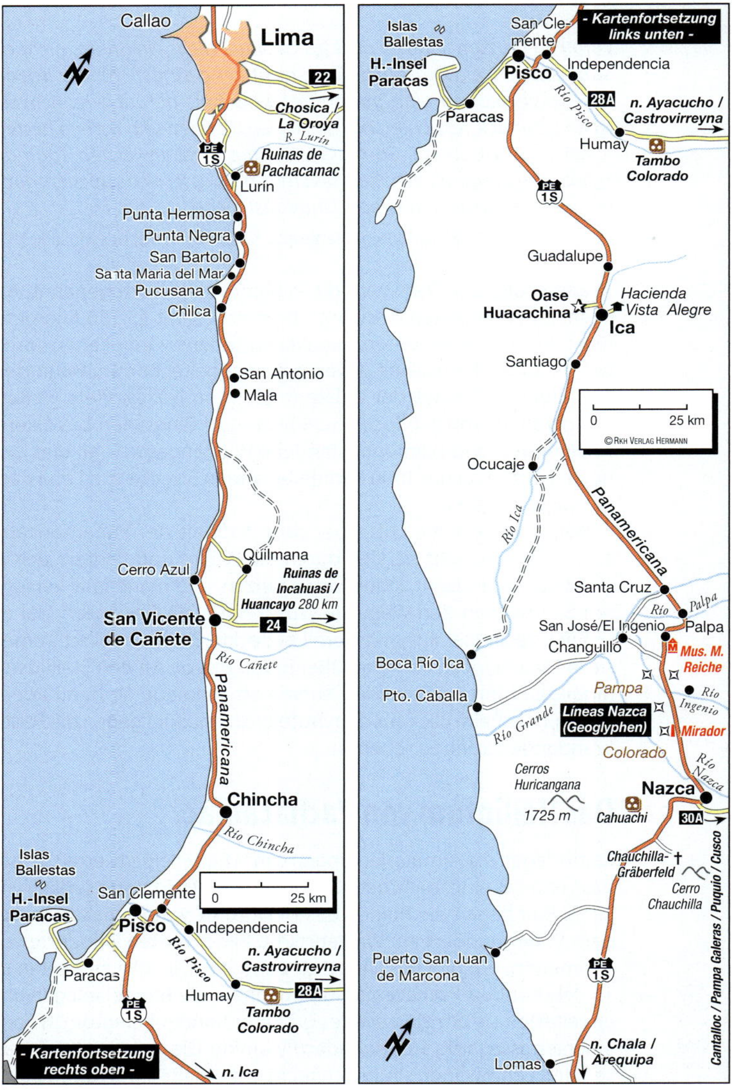

sich ein beeindruckender Blick über die zwischen den Anden und dem Pazifik liegende Ruinenstadt. Einzigartig für diesen Tempel ist, dass er nicht nach der Sonne, sondern nach dem Meer und den Bergen ausgerichtet wurde. Das Prunkstück des kleinen Museums ist eine fein gearbeitete Holzsäule. Die Vertiefungen der Figur waren einst mit Gold oder Silber ausgelegt. Außerdem werden Keramiken und Stoffe präsentiert.

Neben dem Museum steht ein halb unterirdischer und rekonstruierter Gebäudekomplex, die *Casa de las Mamaconas,* deren Bedeutung umstritten ist. Ob hier die ausgewählten Sonnenjungfrauen lebten oder ob der Komplex der Verehrung des Mondes diente, konnte bis heute nicht geklärt werden. Auf einem kleineren Hügel, auf dem der Pachacamac-Tempel stand, sind einige Terrassen mit Resten einer Bemalung gut erhalten. 15 Soles.

Pisco

Die Hafenstadt Pisco ist mit ihren rund 100.000 Einwohnern ein eher ruhiger Ort. Aus der Umgebung von Pisco kommt der gleichnamige Traubenschnaps, Hauptbestandteil des peruanischen Nationalgetränks *Pisco Sour.* Zum Ärger der Peruaner verkauft auch Chile unter dem Namen „Pisco" erfolgreich seinen Schnaps. Daraus entstand ein Streit, der mittlerweile die Politik beider Länder beschäftigt.

2007 wurde die Stadt zu 85 Prozent von einem schweren Erdbeben zerstört, alleine in Pisco starben dabei über 300 Menschen. Seither sind auch die ohnehin wenigen Sehenswürdigkeiten Piscos verschwunden.

Service Pisco

Unterkunft

Hotel Posada Hispana, Av. Bolognesi 236, Tel. 53-6363. Freundliche Posada mit hübschen Zimmern, preisgünstige Tourangebote. DZ/F ab 129 Soles.

Hinweis: Anstatt in Pisco lieber im nur wenig entfernten Paracas übernachten. Dort gibt es Hotels der Luxusklasse mit ausgedehnten Gartenanlagen, Pools und Zugang zum Meer, wie das Doubletree by Hilton Paracas Resort und Hotel Paracas Luxury Collection Resort oder andere Ketten wie Hacienda oder Aranwa. Herrlich zum Entspannen!

Acllahuasi („Haus der Sonnenjungfrauen") in Pachacamac

Restaurants

Neben Fisch gehören in Pisco (verbotenerweise) Schildkröten zu den Spezialitäten. Ausgezeichnete Fischgerichte bekommt man in den Straßen San Martín und Blvd Comercio. Atmosphärisch ansprechender lässt es sich am Malecón von Paracas mit Blick auf den Pazifik speisen.

Unterhaltung

Im *El As de Oros,* Av. San Martín 472, findet am Wochenende Disco statt. Gemütlich sitzen lässt es sich in der urigen Bar *Piave* an der Plaza de Armas.

Touranbieter

Die meisten Touranbieter sitzen in der Calle San Francisco und jeder wirbt mit dem besten Angebot zu den Islas Ballestas, wie etwa: *The Zarcillo Connections,* Calle Independencia A-10, Paracas/Pisco, Tel. 53-6636, www.zarcilloconnections.com oder *Ballestas Expedition Travel Agency,* Tel. 26-7636.

Tambo Colorado

Die Anlage von Tambo Colorado, 45 km südöstlich von Pisco, ist das beste Beispiel inkaischer Architektur an der Küste. Über die ehemalige Funktion der Ruinen sind sich die Gelehrten nicht einig. Der aus roten Adobeziegeln erbaute und mit gelben Fenstern geschmückte Gebäudekomplex könnte eine Stadtanlage mit Rast- und Lagerhäusern *(tambo)* und einem Sonnentempel gewesen sein. Andere sprechen von einer Festung. Kleines Museum und Eintritt.

Pisco Sour

1 Drittel Pisco

1 Drittel frisch gepresster Limettensaft

1 Drittel Zuckersirup (peruanisch-süß, kann auch etwas weniger sein)

1 Eiweiß, und ein bisschen gestoßenes Eis. Im Mixer 2 Minuten durchrühren und in Gläser füllen, nach Wunsch mit Zimt bestreuen oder zwei Tropfen Angostura beträufeln.

Tambo Colorado

3 Die Halbinsel Paracas und Nazca

Trepanationen

Viele der in Peru gefundenen Mumien weisen Schädelöffnungen auf, die als *Trepanationen* bezeichnet werden. Die Heilkundigen führten diese Operationen mit Hilfe von Bronzemeißeln durch, bohrten ovale, manchmal auch eckige Öffnungen in die Schädel. Die Operationen dienten Krankheitsbehandlungen, etwa bei Geschwülsten, und sollten wahrscheinlich verwirrte Patienten heilen. Hinterher wurden die Öffnungen mit Goldplättchen oder Kürbisschalen wieder verschlossen. Genauere Untersuchungen ergaben aber, dass mehr als die Hälfte der Trepanationen an bereits Verstorbenen durchgeführt wurden. Ob damit die Seele der Toten von Dämonen befreit werden sollte oder ob diese Eingriffe schlicht zu Übungszwecken durchgeführt wurden, ist ungeklärt. [KN]

Der peruanische Archäologe Julio C. Tello entdeckte 1927 auf der Halbinsel Paracas ein riesiges Gräberfeld mit in feinsten Tüchern eingewickelten Mumien, bei denen auch Gegenstände des täglichen Lebens wie Werkzeuge und Waffen, Schmuck und sogar Lebensmittel lagen. Daneben wurden auch alte Textilien gefunden, vor allem *mantos,* Grabtücher, über die die Experten wegen des außergewöhnlich feinen Gewebes und der dauerhaften Farben noch immer staunen. Einige dieser Stücke sind im Museo Nacional de Arqueología, Antropología e Historia del Perú oder dem Museo Amano in Lima zu sehen.

Bei vielen der Toten wurden am Schädel Trepanationen festgestellt. Andere Köpfe weisen Deformationen auf: Kleinkindern wurde der Kopf mit Bandagen fest abgebunden, so dass der Schädel in eine konische Form wuchs. Längliche Köpfe entsprachen dem Schönheitsideal und dokumentierten gleichzeitig die Standeszugehörigkeit.

El Candelabro (s.S. 83) – was stellt dieses Symbol dar, war es ein Zeichen für den Himmel?

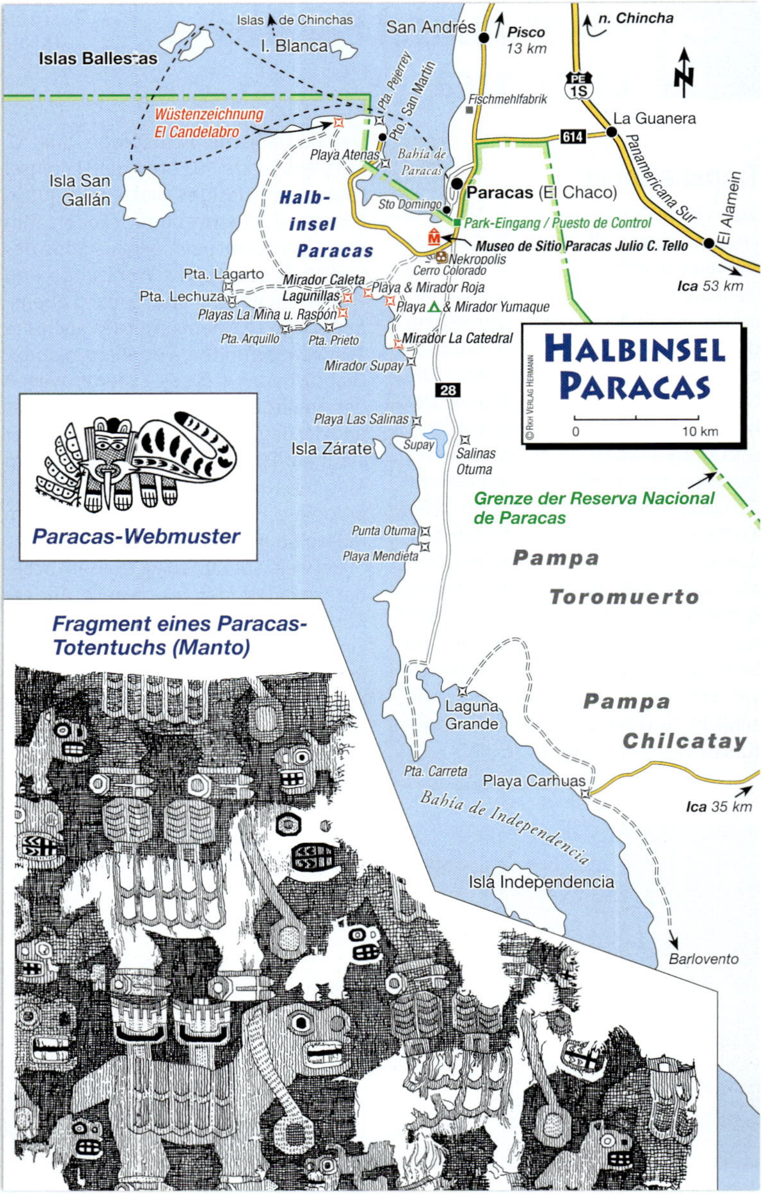
Halbinsel Paracas
©Rkh Verlag Hermann
0
10 km
Islas de Chinchas
I. Blanca
Islas Ballestas
San Andrés
Pisco
13 km
n. Chincha
PE 1S
Fischmehlfabrik
La Guanera
614
Panamericana Sur
El Alamein
Wüstenzeichnung El Candelabro
Pta. Pejerrey
Pto. San Martín
Playa Atenas
Bahía de Paracas
Isla San Gallán
Halb-insel Paracas
Sto Domingo
Paracas (El Chaco)
Park-Eingang / Puesto de Control
Museo de Sitio Paracas Julio C. Tello
Nekropolis
Cerro Colorado
Ica 53 km
Pta. Lagarto
Pta. Lechuza
Mirador Caleta Lagunillas
Playa & Mirador Roja
Playas La Mina u. Raspón
Playa & Mirador Yumaque
Pta. Arquillo
Pta. Prieto
Mirador La Catedral
Mirador Supay
28
Playa Las Salinas
Isla Zárate
Supay
Salinas Otuma
Grenze der Reserva Nacional de Paracas
Punta Otuma
Playa Mendieta
Pampa Toromuerto
Paracas-Webmuster
Fragment eines Paracas-Totentuchs (Manto)
Laguna Grande
Pampa Chilcatay
Pta. Carreta
Playa Carhuas
Ica 35 km
Bahía de Independencia
Isla Independencia
Barlovento

El Candelabro

Bis heute sind die Urheber des mächtigen *Candelabros* am Küstenhang von Paracas ungeklärt. Wie alt das in den Wüstenboden gekerbte Bild ist und wozu es gedient haben mag, ist bis heute rätselhaft. Vermutet wird, dass der 180 x 70 Meter große Dreizack Seefahrern und Fischern als Orientierungspunkt dienen sollte. Stilistische Ähnlichkeiten mit den Bodenzeichnungen von Nazca sind aber unverkennbar. Möglicherweise stellt das Zeichen auch einen Kandelaberkaktus dar, der den einstigen Bewohnern der Region wegen seiner halluzinogenen Wirkstoffe als heilig galt. Liebhaber von fantastischeren Theorien behaupten, der Dreizack gebe Hinweise auf einen versteckten Piratenschatz.

Die Islas Ballestas – Das kleine Galápagos

Die Klippen der wild zerklüfteten Inselgruppe *Islas Ballestas* sind die Heimat Zehntausender Seevögel. Tosend brechen sich die grünblauen Wellen des Pazifiks an den steil abfallenden Hängen. Hier nisten und misten Pelikane, Guanay, die filigranen Inkaseeschwalben, Guanotölpel, Bigua- und Buntscharben; im Sturzflug schießen sie in die See um Fische zu fangen. Auch Humboldt-Pinguine sind vertreten und Seelöwen machen sich in dem eiskalten, fischreichen Gewässer auf die Jagd. Dicht an dicht liegen sie auf den Klippen, aalen sich in der Sonne und schimpfen schrecklich auf die fotobewehrten Eindringlinge.

Seit 1975 bilden die Islas Ballestas und die Paracas-Halbinsel ein maritimterranes Naturschutzgebiet. Die Inseln dürfen nicht betreten werden, nur vom Boot aus lässt sich ihre Tierwelt betrachten. Von der Paracas-Halbinsel aus kann jedoch nach Süden ein Spaziergang auf die von Wind und Wellen geschaffene bizarre Felsformation *La Catedral* unternommen werden, die allerdings bei dem schweren Erdbeben 2007 in sich zusammenstürzte.

Guano

Die Exkremente der zahllosen Vögel auf den Islas Ballestas bescherte der Region Mitte des 19. Jahrhunderts einigen Reichtum. Guano von den Küsteninseln Perus gilt als der wertvollste natürliche Dünger der Welt. Der mineralienreiche Vogelmist wurde jedoch vom Kunstdünger verdrängt und wird heute nur noch in kleinen Mengen von Männern mit geruchsunempfindlichen Nasen eingesammelt. [KN]

Wo das Meer die Wüste küsst

Ica

Ica hat rund 285.000 Einwohner, ist die Hauptstadt des gleichnamigen Departamento und liegt inmitten der Wüste. Die Stadt gilt als einer der heißesten Orte Perus. Die Wüste ist hier keine steinige, trockene Ebene, sondern wartet mit Sanddünen auf, die der Sahara alle Ehre machen. Kein Wunder, dass in den Oasen afrikanische Dattelpalmen gedeihen. Erstaunlicherweise ist diese trockene Gegend Perus wichtigstes Weinanbaugebiet, und das Winzerfest im März der jährliche Höhepunkt Icas.

Die Stadt hat eine rebellische Vergangenheit: Nur mit Mühe gelang es den Spaniern im 16. Jahrhundert die widerspenstigen Einwohner zu unterwerfen – worauf sie heute noch stolz sind. Sehenswert ist an der Plaza de Armas die koloniale *Iglesia de la Merced* mit ihren kunstvoll geschnitzten Holzaltären. In einem Park döst die bereits 1558 erbaute Wallfahrtskirche *Iglesia del Señor de Luren* in der Glut der Wüstensonne, in ihr wird ein vom Meer angespültes Christusbild verwahrt. Hier finden in der Osterwoche und im Oktober die *Fiesta del Señor de Luren* mit eindrucksvollen nächtlichen Prozessionen statt.

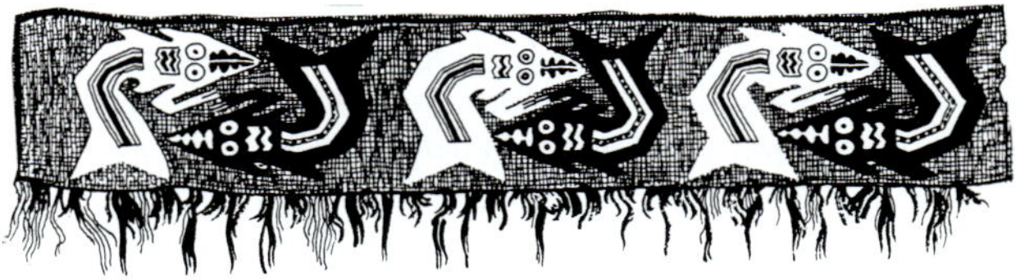

Webmuster mit Fischen eines Nazca-Baumwollgewebes

Das archäologische *Museo Regional* zeigt Stoffe mit Tiermotiven und Fabelwesen, Keramiken, Beuteköpfe, Mumien und deformierte und trepanierte Schädel der Paracas- und Nazca-Kultur. Sehenswert ist die bedeutende und übersichtlich präsentierte Sammlung an Knotenschnüren *(quipus)* der Inka-Epoche. Alle Exponate werden detailliert erklärt.

Umgeben von hohen Sanddünen: Die Huacachina-Oase

Huacachina-Oase

Orientalisch anmutende Gebäude zwischen Dattelpalmen inmitten hoher Sanddünen – wenn man es nicht besser wüsste, man wäre sicher, plötzlich nach Nordafrika versetzt worden zu sein.

Die Oase Huacachina ist wie ein Ort aus 1001 Nacht, ein herrlicher Platz zum Entspannen. Eine kleine, schwefelhaltige Lagune lud nicht nur zum Schwimmen ein, ihr wurde auch heilende Wirkung zugeschrieben, heute ist sie jedoch vom Austrocknen bedroht und alles andere als zum Baden einladend. Von den Dünen-Abhängen stürzen sich die Sandsurfer mit hohem Tempo auf ihren Boards in die Tiefe, Funsport vom Feinsten.

Während der Inkazeit war die Lagune ein heiliger Ort. Nach einer Legende verwandelten die Inka-Götter die Tränen einer Frau, die ihren verstorbenen Geliebten beweinte, zu dieser Lagune. Tatsächlich aber steht sie mit einem unterirdischen Fluss in Verbindung, der von den Anden herunterfließt.

Die Lagune hat in den letzten 30 Jahren die Hälfte ihres Wasservolumens verloren, was mit dem Absinken des Grundwasserspiegels durch einen erhöhten Wasserverbrauch der Bewohner von Ica zusammenhängt. Inzwischen wird mit zwei Pipelines für Wassernachschub gesorgt, so dass der Wasserspiegel einigermaßen gehalten werden kann.

Service Huacachina-Oase

Unterkunft

El Huacachinero Hotel & Restaurant, Av. Parotti s/n, Tel. 21-7435, www.elhuacachinero.com. Sauberes Hotel direkt an den Sanddünen, helle Zimmer, Fenster zum gepflegten Garten mit Pool und exzellentem Restaurant. DZ/F ab 80 US$.

Hostería Suiza, www.hosteriasuiza.com.pe. Letztes Haus auf der rechten Seite der Laguna, direkt an den Dünen. Schöner Garten, Rattan-Betten, sehr ruhig und sauber, großer Pool. DZ/F ab 90 US$.

Es werden Buggytouren durch die Dünen angeboten.

Der Bilderteppich von Palpa

Es war eine Sensation, als 2004 bei dem Städtchen Palpa, etwa auf halber Strecke zwischen Ica und Nazca, bis zu 40 Meter große Bodenzeichnungen entdeckt wurden. Bislang waren Archäologen davon ausgegangen, dass die Geoglyphen von Nazca absolut einzigartig seien. Doch die 78 Bodenzeichnungen, die auf einem Gebiet von 150 Quadratkilometern verteilt sind, sind sogar noch älter. Experten vermuten, dass sie aus der Paracas-Kultur stammen und zwischen 800 und 200 v. Chr. erschaffen wurden. Vögel, Affen und

Geoglyphen von Palpa

Katzen wurden dargestellt. Dominierend ist eine Figur, die als Hauptgottheit der Paracas-Kultur bekannt ist. Offenbar haben die Menschen jener Zeit Bildnisse ihrer Götter in Berghänge geritzt, um sie vom Tal aus im Blick zu haben. Die Berge mit den Erdzeichnungen könnten als Rituallandschaften gedient haben um von den Göttern Regen und Fruchtbarkeit zu erflehen.

Überflüge sind in Verbindung mit Flügen über die Linien von Nazca möglich.

Die geheimnisvolle Wüste von Nazca

Die Pampa von Nazca ist eine der trockensten Gegenden der Welt, eine Wüste, in der es nur einmal im Jahr für ein paar Minuten regnet. Dank dieser Trockenheit blieben die weltberühmten, rätselhaften Erdzeichnungen erhalten, die der Nazca-Kultur zugerechnet werden. Aus dieser Kultur stammt auch der Wüstenfriedhof von Chauchilla, auf dem zahlreiche gut erhaltene Mumien zu sehen sind.

Die Geoglyphen von Nazca

Die berühmten Geoglyphen in der Wüste von Nazca sind in ihren Ausmaßen von bis zu 300 Metern nur vom Flugzeug aus zu erkennen, und kaum ein Perureisender lässt sich den imponierenden Anblick der tief unter dem kleinen Flugzeug sichtbar werdenden Bilder entgehen. Die Zeichnungen und die zahllosen Linien, die sich irgendwo am Horizont verlieren, erstrecken sich auf einer Fläche von rund 700 Quadratkilometern. So gigantisch die Dimensionen auch sein mögen, die Furchen selber sind nur daumentief und etwa 20 Zentimeter breit. Durch Abtragen der oxydierten, eisenhaltigen, dunklen Bodenoberfläche kam die darunter liegende hellere, sandgelbe Schicht zum Vorschein. Mit dieser simplen Technik wurden

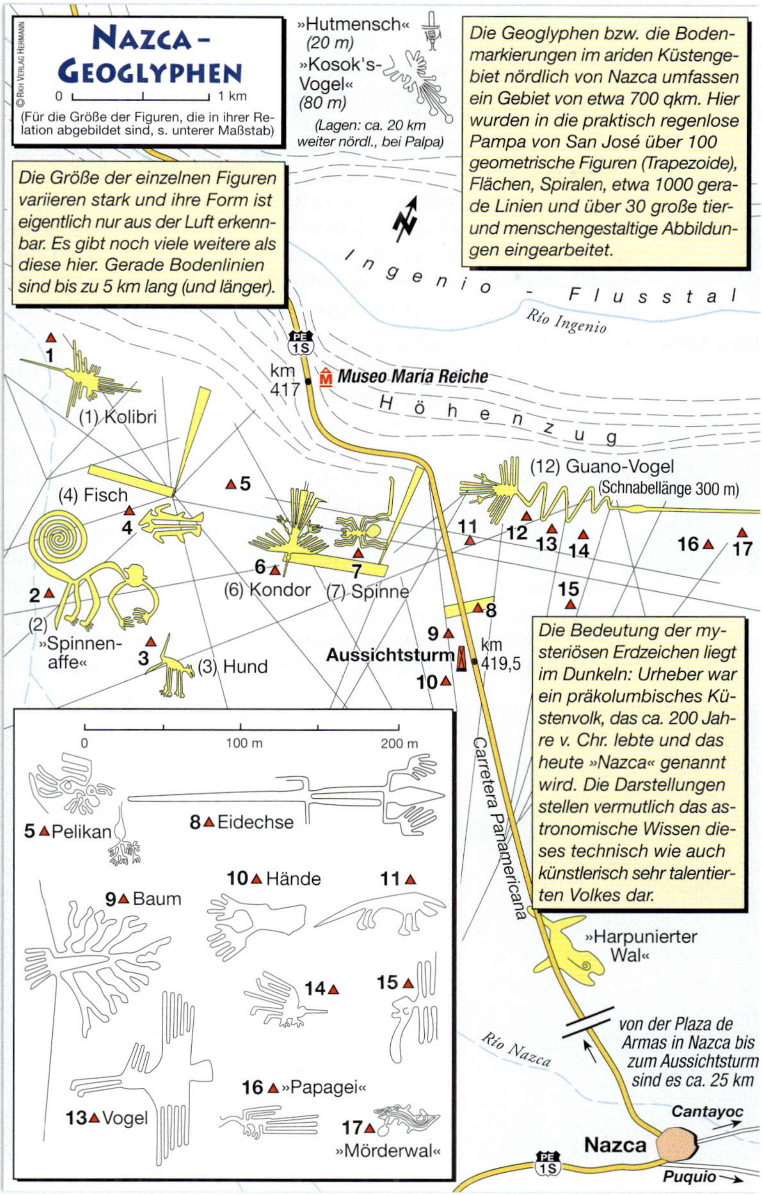
NAZCA-GEOGLYPHEN
0 1 km
(Für die Größe der Figuren, die in ihrer Relation abgebildet sind, s. unterer Maßstab)
©RKH VERLAG HERMANN
»Hutmensch« (20 m)
»Kosok's-Vogel« (80 m)
(Lagen: ca. 20 km weiter nördl., bei Palpa)
Die Geoglyphen bzw. die Bodenmarkierungen im ariden Küstengebiet nördlich von Nazca umfassen ein Gebiet von etwa 700 qkm. Hier wurden in die praktisch regenlose Pampa von San José über 100 geometrische Figuren (Trapezoide), Flächen, Spiralen, etwa 1000 gerade Linien und über 30 große tier- und menschengestaltige Abbildungen eingearbeitet.
Die Größe der einzelnen Figuren variieren stark und ihre Form ist eigentlich nur aus der Luft erkennbar. Es gibt noch viele weitere als diese hier. Gerade Bodenlinien sind bis zu 5 km lang (und länger).
N
Ingenio - Flusstal
Río Ingenio
PE 1S
km 417
Museo María Reiche
Höhenzug
1
(1) Kolibri
(4) Fisch
4
5
(12) Guano-Vogel
(Schnabellänge 300 m)
11
12
13
14
16
17
2
(2) »Spinnenaffe«
6
(6) Kondor
7
(7) Spinne
15
8
9
Aussichtsturm
km 419,5
10
3
(3) Hund
Die Bedeutung der mysteriösen Erdzeichen liegt im Dunkeln: Urheber war ein präkolumbisches Küstenvolk, das ca. 200 Jahre v. Chr. lebte und das heute »Nazca« genannt wird. Die Darstellungen stellen vermutlich das astronomische Wissen dieses technisch wie auch künstlerisch sehr talentierten Volkes dar.
0 100 m 200 m
5 Pelikan
8 Eidechse
9 Baum
10 Hände
11
14
15
13 Vogel
16 »Papagei«
17 »Mörderwal«
Carretera Panamericana
»Harpunierter Wal«
Río Nazca
von der Plaza de Armas in Nazca bis zum Aussichtsturm sind es ca. 25 km
Cantayoc
Nazca
PE 1S
Puquio

Kondor-Geoglyphe

Menschen- und Tierfiguren, Abbildungen von Affen, Spinnen, Walfischen, Vögeln, Eidechsen und Lamas in die Erde „gemalt", und nur weil es in der Nazca-Region so gut wie nie regnete, blieben die Kunstwerke über 1500 Jahre lang erhalten.

Die ersten Linien wurden 1939 von dem Bewässerungsexperten Dr. Paul Kosok entdeckt. Der US-Amerikaner erkannte jedoch schnell, dass es sich bei den merkwürdigen kilometerlangen Linien und den geometrischen Figuren nicht um Straßen oder Bewässerungskanäle handeln konnte. Als er am Tag der Sonnwende beobachtete, wie die untergehende Sonne genau auf eine der kilometerlangen Linien fiel, gelangte er zu dem Schluss, dass die Wüste von Nazca das „größte Astronomiebuch der Welt" ist.

Maria Reiche

Unterstützt wurde Paul Kosok bei seinen Forschungen seit 1946 von der deutschen Mathematikerin und Geografin *Maria Reiche* (1903–1998). Sie begann systematisch die Figuren und Linien präzise zu vermessen und mathematisch zu katalogisieren. Die Forschung über die Geoglyphen wurde ihr Lebenswerk. Mit Messband, Sextant, Leiter und Kehrbesen war sie oft tagelang in der Wüste unterwegs und legte nach und nach die meisten Tierfiguren frei.

Im Laufe der Jahre gelangte sie zu der Überzeugung, dass die Wüste von Nazca astronomisches Geheimwissen birgt. Sie fand mindestens drei Linien, die kalendertechnisch nutzbar waren: Zur Bestimmung wiederkehrender Tage, für Sonnenstände und Mondaufgänge. Hinter den Tierzeichnungen vermutete sie Abbildungen von Sternbildern. Zur Herstellung der Zeichnungen wurden ihrer

Blick auf den Aussichtsturm und drei Geoglyphen „Eidechse", „Baum" und „Hände" (v.l.)

Der „Affe"

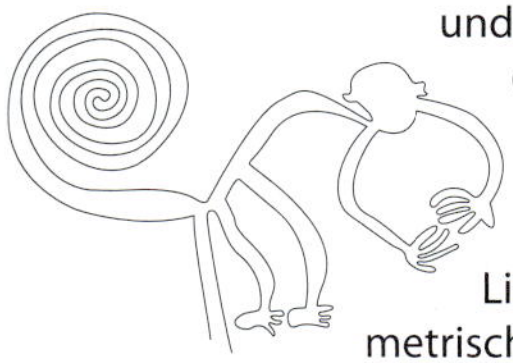

Annahme nach Planzeichnungen auf dem Wüstenboden entworfen und diese dann durch maßstäbliches Vergrößern in Längeneinheiten auf das Original übertragen. Kreise zeichnete man demnach mit einem überdimensionalen „Zirkel" durch das Herumführen von Seilen um Pflöcke. Der etwa 70 Meter große Affe ist derart in ein mathematisches Liniensystem eingebettet, dass ohne Kenntnisse eines geometrischen Winkelmesssystems dessen Konstruktion nicht möglich gewesen wäre. Der in Peru hochverehrten Forscherin wurden die Ehrendoktorwürde und der Sonnenorden verliehen, bevor sie 1998 starb.

3

Es gibt zahlreiche weitere, teils abenteuerliche Theorien über Herkunft und Zweck der Geoglyphen. Erich von Däniken vermutete einen „Weltraumbahnhof mit Signalen für Ufos", andere, dass die Geoglyphen rituelle Prozessionspfade waren, deren Linien zu bestimmten Anlässen von Tänzern und einer Menschenkette abgeschritten wurde. Doch all diese Theorien wurden inzwischen verworfen. Ein internationales Forschungsprojekt, an dem auch das Deutsche Archäologische Institut beteiligt war, kam stattdessen zu einem ganz anderen Ergebnis: Die Entstehung der Bilder hängt offenbar mit Fruchtbarkeits- und Wasserritualen zusammen. Dazu passt, dass einige der Linien den Verlauf unterirdischer Wasserverläufe anzeigen. Eine spannende Entdeckung wurde 30 Kilometer weiter im Palpa-Gebirge gemacht: Dort stieß man auf Felswände mit Gravuren, die wie Skizzen und Entwürfe für die großen Geoglyphen-Bilder wirken.

Wozu auch immer das größte Zeichenbuch der Welt gedient haben mag – es ist in Gefahr. Denn während es in der einst fast völlig trockenen Wüste früher maximal 20 Minuten im Jahr regnete, führen globale Klimaveränderungen heute zu wesentlich häufigeren Niederschlägen, die die Linien und Figuren wegzuwaschen drohen.

Mumien in einer Chauchilla-Grabkammer

Der Wüstenfriedhof von Chauchilla

Rund 25 Kilometer südlich von Nazca liegt inmitten der Küstenwüste ein ausgedehnter Friedhof, der *Cementerio Arqueológico de Chauchilla*. Hier finden sich unzählige Mumiengräber der Nazca-Kultur. Beim

Gang über das Gräberfeld stellt sich ein etwas schauriges Gefühl ein. Früher einst überall herumliegende Knochen, Textilfetzen und ganze Schädel setzte man teils wieder in die freigelegten Grabkammern, darunter auch einige vollständig erhaltene Mumien. Archäologen, aber auch Grabräuber, haben hier ein riesiges Betätigungsfeld.

Sicherheitshinweis: Nur in der Gruppe oder als organisierte Tour besuchen, es gab in letzter Zeit Überfälle auf Touristen. Eintritt.

Acueductos de Cantayoc

Ein Ausflug nach *Cantayoc* führt zu den unterirdischen Wasserkanälen, genannt *puquios,* in die man über wendelförmige Einstiege 5 bis 20 Meter tief hinabklettern kann. Die Kanäle leiten Wasser von den Anden zur Bewässerung der Felder in der Küstenebene herab. Einige Kanalpassagen sind bis eineinhalb Kilometer lang und führen sogar unter Flussläufen hindurch. Das ausgeklügelte System besitzt alle 10 bis 20 Meter einen Entlüftungsschacht, damit die Luft im Kanalsystem zirkulieren kann. Die Kanäle sind gut erhalten und werden ständig ausgebessert, denn sie sind bis heute für die Bauern lebensnotwendig.

Service Nazca

Turismo Tour Perú, Arica 285, Plaza de Armas, Tel. 52-2481. Der deutschsprachige Marco gibt gute Tipps zu Unterkünften und Touren, Tourbuchungen nach Paracas, Islas Ballestas und Rundflüge. Tel.-Vorwahl: 056

Unterkunft

Hostal Camiluz, Av. Maria Reiche 204, Tel. 52-3871, www.hostalcamiluznasca.com. Kleines individuelles Hostal unweit der Plaza de Armas mit Familienanschluss, Garten mit Vogelvolieren, Internet. DZ ab 90 Soles.

Hotel Nazca Lines, Bolognesi, Tel. 52-2293. Komfortable Zimmer in netter Anlage mit Pool. DZ/F um 250 Soles. Sehr gut essen kann man im El Portón, Lima 315, schräg gegenüber. Große Portionen, fast jeden Abend Peña.

Hacienda Boutique & Resort Majoro, etwa 5 km außerhalb von Nazca hinter dem Flughafen an der Carretera Panamericana (Km 452, Vista Alegre), Tel. 52-2481, http://hotelmajoro.com. Ehemalige Hacienda mit Gartenanlage und ansprechenden Zimmern. DZ/F ab 120 US$.

Casa Andina Classic Nazca, Jr. Bolognesi 367, Tel. 52-3563, www.casa-andina.com. Zentral gelegen in der touristischen Einkaufsmeile mit Restaurants und nur wenige Schritte von der Plaza entfernt. Mit kleinem Pool zum Entspannen. DZ/F Online ab 63 US$.

Touranbieter

Nazca Trails, Ignacio Morsesky 122 oder Bolognesi 550, Tel. 52-2858. Preiswerte Angebote, der deutschsprachige *Juan Tohalino Vera* ist zugleich ein hervorragender Führer.

4 Arequipa – Die weiße Stadt

Von hier aus hat der Betrachter angesichts dieser Menge schneeweißer Häuser, dieser Vielzahl in der Sonne glitzernder Kuppen, inmitten der verschiedenen Grüntönungen des Tals und des Graus der Berge einen Eindruck, der ihm nicht für die Dinge dieser Welt bestimmt schien. Dem Reisenden (...) muss sich der Gedanke aufdrängen, dass hier andersartige Wesen ihr geheimnisvolles Leben führen, beschützt und abgeschirmt durch die riesenhafte Erhebung des Vulkans, dessen Anblick die Sinne fast betäubt.

Flora Tristan: Meine Reise nach Peru, 1838

Arequipa, die „weiße Stadt", liegt 75 Kilometer von der Küste entfernt in einem fruchtbaren Tal. Drei mächtige, schneebedeckte Vulkane umgeben sie: *Nevado Misti, Nevado Chachani* und *Nevado Pichu Pichu.* Sie sind die Wahrzeichen der Stadt.

Mit ihren knapp 970.000 Einwohnern ist Arequipa nicht nur das Kultur- und Wirtschaftszentrum des Südens, sondern zugleich die zweitgrößte Stadt Perus. Für Reisende ist sie ein guter Zwischenstopp, bevor es hinauf zum Altiplano geht, denn hier, auf 2353 Meter, kann man sich gut an die Höhe gewöhnen. Doch längst nicht nur deshalb besuchen die meisten Touristen Arequipa: Das historische Stadtzentrum besticht mit einer Fülle von weißen, reich verzierten kolonialen Prachtbauten, 2000 wurde es in die Welterbeliste der UNESCO aufgenommen. Gleichzeitig ist Arequipa Ausgangspunkt für einen Besuch des Colca Canyons, dem zweittiefsten Südamerikas.

Arequipas Plaza Principal mit dominierender Kathedrale, die die gesamte Nordseite des Platzes einnimmt

AREQUIPA
Fußgängerstraßen
halbseitige
0 100 m
© RKH Verlag Hermann
Parque de Selva Alegre
z. Hotel Libertador 250 m
z. Hotel Costa del Sol Ar. 350 m
z. Hotel Villa del Carmen 350 m
Yanahuara (1 km) / zum Colca-Canyon / Flugplatz / Chivay / Cusco
Av. Ejército
Convento y Museo de la Recoleta
Río Chili
Puente Grau
Av. Puente Grau
Juan de la Torre
Cristales
El Filtro
Llosa
Plazuela u. Iglesia San Francisco
Ary Quepay
Los Leños
Lakshmivan
Convento Santa Catalina
Eingang
Zig Zag
Déjà vu
Policía de Turismo
Ayacucho
Museo de Virreinal de Santa Teresa
Monasterio del Carmen
Melgar
Ugarte
Chicha
Hatunpa
Alianza Francesa
El Turko
Moral
El Capriccio
Sta. Marta
Sta. Rosa
San Agustín
Psje. Solar
Puente Bolognesi
Av. Bolognesi
San Agustín
La Catedral
La Canasta
San José
Manolo
Interbank
Plaza Principal
Teatro Municipal
Rundgang
BCP
€/$ Intercambio
Museo Arqueológico de la Universidad Católica de Santa María
Puente Consuelo
Palacio Viejo
Café Valenzuela
Mercaderes
Plaza 15 de Agosto
Museo Santuarios Andinos
La Compañía
Moran
Igl. Santo Domingo
Santo Domingo
N. Najar
Consuelo
Las Mercedes
Psje. O'Higgins
Igl. La Merced
Valdivia
Parque Duhamel
Av. La Marina
Av. Lima
Cusco
Tristán
A. Thomas
San Juan de Dios
Piérola
Pizarro
Colón
Nueva Corbacho
San Camilo
Perú
28 de Julio
San Martín
Sucre
Biblioteca Ateneo
Alto de la Luna
Eingang
Mercado San Camilo
Calderón
Vallecito
Víctor Lira
J. Javez
La Merced
Lima
Salaverry
Pacheco
Av. Martínez
Sánchez
Luna Pizarro
Olaya
Belén
Tarapacá
Av. Parra
Romaña
Leticia
Olímpica
Av. Jorge Javez
Estadio Melgar
Carbaral
15 de Agosto
Independencia
Isidro
Tacna y Arica
Quiroz
Bonifaz
Ibañez
Huáscar y Angamos
Estación
Av. Salaverry
Socabaya
zum Terminal Terrestre
z. Posada El Castillo 450 m / Mint Hotel 700 m
zum Terminal Terrestre ca. 3,5 km
und Hospedaje »El Indio Dormido«
Misti
Cordaderas
La Recoleta
Bolognesi
Vivanco
Jerusalén
Rivero
Peral
Feliz
Zela
Vilalba
Bolívar
Catalina
San Francisco
Cruz Verde
Zela

Hoteles y Hostales

1 Hotel Posada del Puente
2 Ht. La Casa de mi Abuela
3 La Hosteria
4 La Posada del Kuraka
5 B&B Home Sweet Home
6 Hostal La Casa de Sillar
7 Hostal Residencial Rivero
8 Casa Andina Private Coll.
9 Hs. Las Torres de Ugarte
10 Hotel San Agustín / La Posada del Monasterio [B2]
11 La Casa de Melgar [C2]
12 Hostería Lluvia de Oro
13 Hostel Cazorla
14 Hostal Tumi del Oro
15 Hospj. El Rosario del Solar
16 Casa Andina Select
17 El Albergue Espanõl
18 Positive Hostel & Backpacker
19 Los Andes B&B [B3]
20 Hosped. El Indio Dormido II
21 Arequipay Backpackers
22 Casa de Avila Hotel
23 Hotel Olimpica
24 Queen's Villa Hotel Boutique [C2]

1 Rundgang ab der Plaza

1 Iglesia La Compañia de Jesús
2 La Catedral/Museo Catedral
3 Casa Tristán del Pozo/C. Ugarteche
4 Arzobispado de Arequipa
5 Iglesia San Francisco
6 Museo Histórico Municipal
7 Kloster Santa Catalina
8 Casa del Moral
9 Iglesia San Agustín
10 Complejo Cultural Universidad San Agustín (Chávez de la Rosa)
11 Museo Santuarios Andinos
12 Casa Goyeneche/Banco Central
13 Iglesia La Merced
14 Mercado San Camilo
15 Iglesia Santo Domingo

1 Andere Nummern

1 Mundo Alpaka [C1]
2 Autocolca, Permit-Behörde für den Colca-Canyon[C1]
3 Reisebüro Colca Trek [C2]
4 Instit. Cultural Peruano Alemán [C2]
5 i-Peru/Centro de Información, Stadtplan/Municipalidad [B3]
6 Casa Museo Mario Vargas Llosa [A5]

Geschichte

Schon lange vor den Zeiten der Inka war das Tal am Fuße des 5822 Meter hohen Misti besiedelt, die ältesten archäologischen Funde datieren auf 6000 bis 8000 v. Chr. Einer Legende nach gab der Inka-General *Mayta Capac* der Stadt ihren Namen, er soll das Tal *ari quepay* genannt haben, was auf Quechua soviel wie „hier bleiben wir" bedeutet. Auch die Spanier wussten das gesunde Klima und die fruchtbaren Böden zu schätzen und gründeten 1541 die „Stadt unserer Frau der Himmelfahrt vom schönen Tal von Arequipa". Es entstand eine Stadt im kolonialen Schachbrettmuster, das Zentrum erbaut aus Sillar, einem hellen Vulkanstein. In dieses weiche Material ließen sich kunstvolle Ornamente und Verzierungen schnitzen, und so ist Arequipa heute eine Stadt voller architektonischer und historischer Schätze. 1868 verwandelte ein schweres Erdbeben die Stadt in ein Trümmerfeld – das gesamte Zentrum musste neu aufgebaut werden. Ihren Namen „weiße Stadt" verdankt Arequipa übrigens nicht allein dem hellen Sillar, sondern auch dem Umstand, dass früher das Zentrum alleine den Weißen vorbehalten war, während das „farbige" Personal in den Außenbezirken zu wohnen hatte.

Heute wie damals sind die Arequipeños sehr stolz auf ihre Stadt, was ihnen den Ruf eingetragen hat, etwas arrogant und angeberisch zu sein. Alles hier wirkt geordnet, und im Gegensatz zu anderen Städten Perus sind nur wenige Indígena mit in Tragetüchern gewickelten Babies zu sehen.

Barocke Kirchen und Herrenhäuser

Plaza Principal

Die Hauptplaza bzw. *Plaza Principal de la Virgen de la Asunción* wird an drei Seiten von zweistöckigen Arkadengängen umsäumt. In den 450 Jahre alten Gebäuden finden sich gemütliche Restaurants und Cafés. Das Platzzentrum schmückt eine gepflegte Anlage mit alten Palmen und dem Springbrunnen *Tuturutu*.

4

Innenhof der Iglesia de la Compañía de Jesús

Kathedrale

Die gesamte Nordseite der Plaza wird von der mächtigen **Kathedrale** eingenommen. Sie ist aus Sillargestein erbaut, beeindruckend sind ihre 70 Fassadensäulen, die drei mächtigen Portale und die weit auseinander stehenden Türme. Prächtig ist auch das Kircheninnere, der vergoldete Hauptaltar stammt aus Frankreich.

Iglesia La Compañía de Jesús

Die **Iglesia La Compañía de Jesús** ist eines der ältesten Gotteshäuser Arequipas. Die Jesuitenkirche weist in ihren Verzierungen Elemente der indigenen Bevölkerung auf: Einer der Engel trägt Federschmuck. Bemerkenswert ist auch eine Gemälde-Kollektion im cusqueñer und europäischen Malstil. Kuppel und Wände der Sakristei bestechen durch wunderschöne Fresken und mit Bildnissen der vier Evangelisten (Eintritt). Die Kirche erwies sich als außerordentlich standfest, als einzige hat sie bisher alle Erdbeben Arequipas schadlos überstanden. Von ihrem Turm bietet sich ein fantastischer Blick über die Stadt.

Claustro Jesuita

Gleich daneben befindet sich der Eingang zum *Claustro Jesuita,* dem zur Kirche gehörenden ehemaligen Jesuitenkloster, dessen renovierter Kreuzgang mit barocken Verzierungen aus Sillar sehenswert ist.

Tristán del Pozo

In Arequipa finden sich jedoch nicht nur prachtvolle Kirchen und Klöster, sondern auch wunderschöne weltliche Kolonialbauten, wie beispielsweise das **Tristán del Pozo.** Das 1738 erbaute Haus beherbergte das alte San-Jerónimo-Seminar und wurde später von der Familie Ugarteche bewohnt. Die kunstvolle Fassade ist ein einzigartiges architektonisches Juwel, und auch der Innenhof ist sehenswert. Heute ist es im Besitz einer Bank, die eine Galerie unterhält, in der häufig Gemäldeausstellungen stattfinden.

Casa del Moral Ebenfalls einer Bank gehört die nicht minder prächtige **Casa del Moral.** Rund um den hübschen Innenhof des Kolonialhauses sind feine Sillarsteinmetzarbeiten mit künstlerisch gestalteten Türen und Fenstern zu bewundern. Die Fassade schmückt das Wappen eines schlangenspeienden Pumas, das an die Tiwanaku-Kultur erinnert und ein typisches Beispiel des indigenen Einflusses auf den spanischen Barock ist. Das Kolonialhaus erhielt seinen Namen durch den alten Maulbeerbaum im Innenhof.

Mercado San Camilo Auch der **Mercado San Camilo** ist eine Augenweide – nicht nur der schönen alten Markthalle wegen. An den zahllosen farbenfrohen Ständen geht es lebhaft zu. Hier wird frischer Fisch ausgenommen, dort Geflügel aller Art angeboten, dazwischen findet sich zu hohen Türmen aufgebautes Obst. Von den kleinen Garküchen steigen verlockende Düfte auf, und man bekommt frisch gepresste Obstsäfte.

Santa Catalina – Die Stadt in der Stadt

Ach, was für ein Kleinod war diese Zelle. (...) Man stelle sich einen kleinen gewölbten Raum vor, (...) vollständig ausgelegt mit einem englischen Teppich mit türkischem Muster, (...) in einer Ecke ein kleines, lackiertes Eisenbett mit einer Matratze aus englischem Drillich und Batistlaken mit spanischer Spitze. Gegenüber eine Couch, (...) über die ein kostbarer Teppich aus Cuzco gebreitet war. (...) Auf der Konsole standen mehrere hübsche Vasen mit künstlichen und echten Blumen, silberne Kerzenleuchter mit blauen Kerzen (...). Dieser bezaubernde Zufluchtsort war der Retiro der Oberin.

Flora Tristan: Meine Reise nach Peru, 1838

Das 1579 erbaute Kloster Santa Catalina ist zweifellos *die* Sehenswürdigkeit Arequipas. Hinter hohen Mauern verborgen liegt eine mehr als 20.000 Quadratmeter große „Stadt in der Stadt", in der über drei Jahrhunderte hinweg 150 Nonnen mit ihren 400 Dienstmädchen lebten.

Seit 1970 ist Santa Catalina für Besucher geöffnet. Nicht nur für ausländische Touristen ist das Kloster eine Sehenswürdigkeit, auch viele Peruaner zieht es hierher. Sie pilgern zur Zelle der *Ana de los Ángeles Monteagudo León.* Die 1606 geborene Priorin des Klosters soll an einem sterbenskranken Arequipeño ein Wunder vollbracht und ihn geheilt haben. Ihre Zelle ist voller Blumen und kleiner Zettel, auf die Gläubige ihre Wünsche geschrieben haben.

Santa Catalina ist angelegt wie eine kleine Stadt, jede Gasse hat einen Namen. Gärten, Werkstätten und eine eigene Wasserversorgung sorgten dafür, dass das Kloster autark war. Hinter den Mauern beginnt eine Zeitreise in eine vergangene Welt. Zu hören ist nur das

Im Innern des Klosters Santa Catalina

Singen der Vögel, die Stadt mit ihrem Lärm bleibt vor dem Tor. Die Schönheit der maurischen Architektur erinnert den Besucher an Córdoba oder Granada, der Kontrast des weißen Tuffsteins zu den in leuchtendem Blau und Rostrot gestrichenen Wänden schafft einen magischen Reiz. In den winzigen Hintertreppengärten blühen Rosen und tropische Pflanzen, Kolibris schwirren um ihre Blüten. Die einstigen Schlafsäle beherbergen Gemälde der Cusco- und Arequipaschule (s.S. 153). Außergewöhnlich schön ist das Kloster im warmen Licht der Nachmittagssonne. Mo–So 9–17 Uhr, Di/Mi bis 20 Uhr. 40 Soles.

Kloster Santa Teresa

Wer von altehrwürdigen Klostermauern noch nicht genug hat, kann im **Kloster Santa Teresa,** Calle Melgar 303, noch einmal in die Abgeschiedenheit der Nonnen eintauchen. In dem ehemaligen Karmeliterkloster ist heute das *Museo de Arte Virreinal* untergebracht, in dem hauptsächlich Gemälde aus dem 16. Jahrhundert und Gegenstände aus dem Klosterleben ausgestellt werden. Mo–Sa 9–17 Uhr. 20 Soles.

Die Andenprinzessin Juanita

1995 wurde auf dem Vulkan Ampato, etwa 70 Kilometer nördlich von Arequipa, die Mumie eines etwa 12 Jahre alten Mädchens gefunden, die ihr Entdecker Johann Reinhardt „Juanita" taufte. Wahrscheinlich wurde sie vor rund 500 Jahren von Inka-Priestern *Apu Ampato,* dem Berggott des Ampato, geopfert. Untersuchungen ergaben, dass das Mädchen nach einer Fastenzeit während des Capacocha-Rituals mit Chicha-Bier eingeschläfert und mit einem Schlag auf den Kopf getötet wurde. Im ewigen Eis des 6310 Meter hohen Vulkangipfels blieb die Mumie hervorragend erhalten, die Gesichtszüge sind gut zu erkennen: Sie wirkt gefasst, fast stolz darauf, für das Opfer auserwählt worden zu sein. Tatsächlich scheint sie den beschwerlichen Weg zu ihrem Opferplatz hoch oben auf dem Gipfel des Ampato freiwillig gegangen zu sein, ihr Körper weist außer dem tödlichen Schlag auf den Kopf keine Spuren von Gewalt auf.

Mumien in Peru

Die Mumifizierung gehört bereits in den frühen Hochkulturen im ganzen Andenraum zu den verbreiteten Bestattungsarten, denn die Menschen glaubten, dass ihre Seele solange lebe, wie ihr Körper intakt bleibt. Die Inka entwickelten daraus einen regelrechten Totenkult. Hochgestellte Personen wurden nicht einfach begraben, sondern, versehen mit zahllosen Grabbeigaben, manchmal sogar mit Dienern, auf die Reise ins Jenseits geschickt.

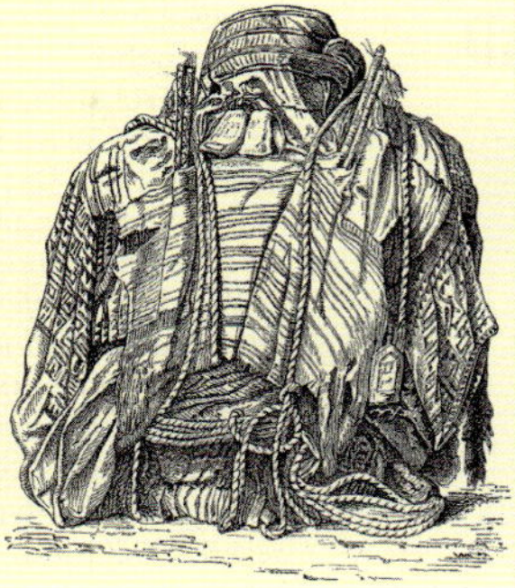

Die Mumien der Inkaherrscher wurden nicht bestattet, sondern „genossen" dieselben Privilegien wie bereits zu Lebzeiten. Sie „wohnten" weiterhin im Kreise ihrer Familien in Palästen voller Diener und man stellte ihnen nicht nur Speisen und Getränke, sondern auch junge Mädchen zur Verfügung, die alle eventuell aufkeimenden Wünsche zu erfüllen hatten. An Festtagen trug man die Mumien zum Besuch ihrer ebenso steifen und vertrockneten Verwandten oder ließ sie an Prozessionen teilnehmen, wo sie als spiritistische Medien befragt wurden. [KN]

Museo Santuarios Andinos

Im **Museo Santuarios Andinos,** La Merced 110, (Mo–Sa 9–18 Uhr, So 9–13 Uhr, 20 Soles) wird sie in einem gläsernen Tiefkühlkasten ausgestellt. Außerdem wird ein Film in englischer Sprache über die Entdeckung und die Forschungsergebnisse gezeigt.

Service Arequipa

i-Peru, Plaza de Armas, Portal de la Municipalidad 110, Tel. 22-3265, iperuarequipa@promperu.gob.pe, 9–19 Uhr.

Arequipa im Internet: www.todoarequipa.com. Für Bergsteiger: *Casa de Guía,* Pasaje Desaguadero 126, Tel. 20-4182, casaguias@correo.rh.com.pe. Tel.-Vorwahl: 054

Unterkunft

Los Andes Bed&Breakfast, La Merced 123, Tel. 33-0015, www.losandesarequipa.com, Stadtplan B3. Superzentral, nur drei Minuten von der Plaza entfernt, sauber, sehr hilfsbereites Personal, große Zimmer, Reisebüro, Gästeküche, Leseraum, WiFi. DZ/bp mit leckerem Frühstücksbüfett um 100 Soles.

La Casa de Melgar, Melgar 108, Tel. 22-2459, www.lacasademelgar.com, Stadtplan C2. Schönes Kolonialhaus mit Patio und kleinem Garten, relativ große und individuell eingerichtete Zimmer, alle mit Bad. Cafetería. DZ/F 65 US$.

Queen's Villa Hotel Boutique, Queen's Villa Hotel Boutique, Luna Pizarro 512, Vallecito, Tel. 28-3060, www.queensvillahotel.com, Stadtplan A5. 1,2 km südwestlich der Plaza Principal, im ruhigen Wohnviertel Vallecito. Standardzimmer im Kolonialstil im Haupthaus oder bequeme, moderne Zimmer mit direktem Zugang zum großen Garten mit Pool. DZ/F ab 172 Soles.

Hotel San Agustín Posada del Monasterio, Santa Catalina 300, Tel. 20-6565, www.hotelarequipa.com, Stadtplan B2. Koloniales Gebäude aus dem 17. Jahrhundert mit Original-Möbeln und freundlichem Ambiente. DZ/F 125 US$ (50% bei Online-Reservierung!).

Costa del Sol Arequipa, Plaza Bolívar, Tel. 21-5110, www.costadelsolperu.com/arequipa, Stadtplan C1. Altehrwürdiger Hotelbau in hübscher Parkanlage mit Pool, 1,2 km nördlich der Plaza Principal. DZ/F ab 320 US$ (Spezialtarife Online).

Restaurants

Gastronomisch ist Arequipa ein wahres El Dorado und bietet vom Meerschweinchen über Meeresfrüchte bis zur internationalen Küche alles, was das Herz begehrt.

Zum Frühstücken empfiehlt sich die *Bagueteria La Canasta,* Jerusalen 115 [Stadtplan C3], wo in dem schönen Patio frisch gebackene Baguettes angeboten werden. Das *Zig Zag,* Zela 210 [Stadtplan C2], serviert exzellente peruanische Küche und Mittagmenüs. Spezialität des Hauses: Verschiedene Fleischarten – Rind, Ente oder Alpaka, aber auch Vegetarisches – werden auf heißem Stein serviert. Dazu gibt es leckere Soßen und in der Bar überaus guten Kaffee. *El Capriccio Gourmet,* Sta, Catalina 120 [Stadtplan B2], mit WiFi. Große Auswahl an besonderen Salaten und außergewöhnliche, delikate Sandwich-Kombinationen (auch warme) sowie Pasta, Pizzen, Vegetarisches, gute Desserts und Kuchen. Eines der besten und zudem preiswertesten Restaurants mit typischer Arequipa-Küche ist *El Sombrero Arequipeño,* Av. Salaverry 500, Socabaya, Tel. 43-6111 mit großem Garten und Kinderspielplatz.

Unterhaltung

Die Vergnügungszone Arequipas liegt in der Av. Dolores. Dort befinden sich zahlreiche Discos, Restaurants und Kneipen. Das *Forum Café,* San Francisco 319, gilt als der Treff schlechthin, und ist das Beste, was Arequipa in punkto Live-Musik, Disco und Ambiente zu bieten hat. In der Peña *El Moro,* Plaza Principal de Yanahuara, gibt es am Wochenende typische Folkloremusik.

Touranbieter

Giardino Tours, Jerusalen 604-A, Tel. 24-1206, www.giardinotours.com. Giardino organisiert zu vernünftigen Preisen Touren zum Colca und Cotahuasi Canyon, Kondorbeobachtungen und Trekkingtouren.

Naturaleza Activa, Santa Catalina 211, Tel. 69-5793, naturaleza@yahoo.com. Bergtouren, spezialisiert auf die Besteigung des Misti, breites Sortimentsangebot an mietbarem Equipment, kompetente Führer.

! Achtung: Wer eine Tour zum *Colca Canyon* unternehmen will, sollte sich wegen der großen Höhe auf manchmal bittere Kälte einstellen und unbedingt warme Kleidung mitnehmen!

Panorama von Arequipa mit dem Vulkan Misti

Umgebungsziele Arequipa

Campiña-Route durch reizvolle Vororte

Rund um Arequipa liegt eine ganze Reihe sehr hübscher, typischer Ortschaften, die in einer entspannten, rund dreistündigen Tour besucht werden können. Anders als in Cusco oder Puno wird man dabei nicht ständig auf andere Touristen treffen.

Yanahuara

Die Campiña Tour beginnt in **Yanahuara,** einem netten Vorort von Arequipa mit dem *Puente Grau.* Von der Brücke aus bietet sich ein wunderschöner Blick auf die Silhouette Arequipas. An der von malerischen Gässchen umgebenen Plaza Principal findet sich der *Mirador de Yanahuara* mit einer Aussichtsterrasse und in Stein gemeißelten poetischen Phrasen. Der Blick vom Mirador über die Stadt bis zur Plaza ist einer der schönsten Arequipas. An der Plaza steht außerdem eine aus dem 18. Jahrhundert stammende Kirche mit churrigueresker Fassade aus Sillargestein.

4

Cayma

Das Dorf **Cayma** beginnt gleich hinter Yanahuara und wird wegen seiner erhöhten Lage auch „Balkon Arequipas" genannt. Auf der Plaza San Miguel befindet sich eine der schönsten Kolonialkirchen im Mestizo-Stil aus dem Jahr 1730. Die Doppelsäulen des Portals beeindrucken durch vollendete Steinmetzkunst. Auf einer Seite der Kirche befindet sich die *Casa Cultural,* in dem der historische Essraum Simón Bolívars zu sehen ist.

Chilina
Paucarpata

Die Lage des Dorfes **Chilina** am Río Chili ist wildromantisch. Das von grünen terrassierten Feldern umgebene Landdorf gilt für viele als eines der schönsten in der Gegend um Arequipa. Die aus Sillarstein erbaute Kolonialkirche von **Paucarpata** ist in ihrem Innern mit Gemälden aus der Escuela Cusqueña geschmückt. In Paucarpata finden alljährlich im April Kämpfe zwischen wilden Stieren statt und es gibt viele *Restaurantes campestres* (Landgaststätten), in denen Spanferkel oder gegrillte Meerschweinchen angeboten werden. Um Paucarpata sind die meisten der terrassierten Felder und Hänge aus der Inkazeit noch intakt und werden für die Landwirtschaft genutzt.

Sabandía

Auch **Sabandía** ist für seine noch aus der Inkazeit erhaltenen terrassierten Felder und Hänge bekannt, die nach wie vor für die Landwirtschaft genutzt werden. Kanäle sorgen für eine gleichmäßige Bewässerung, in dem milden Klima gedeihen Kartoffeln, Mais und vor allem Zwiebeln. In Sabandía kann die berühmte Steinmühle oder *Molino de Sabandía* besichtigt werden. Sie wurde 1622 erbaut und ist nach einer Restaurierung wieder voll funktionstüchtig. Inmitten grüner Felder und Wiesen liegt der Landsitz **Mansión del Fundador.** Das Anwesen mit dem ehemaligen Landhaus aus dem Jahr 1540 gehörte *Don García Manuel de Carbajal,* dem Stadtgründer Arequipas und bietet einen sehr guten Einblick in die koloniale Epoche.

Yauri (Espinar) / Q'ueswachaka (Inkabrücke) / Combapata / Cusco
Yauri (Espinar) (ca. 25 km)
Cotahuasi Cañón
Puica
Cotahuasi
Orcopampa
Caylloma
Quelle des Amazonas
Río Apurímac
Río Huarcaya
Andagua
Nev. Solimana 6117 m
Nev. Coropuna 6425 m
Chachas
Valle de los Volcanes
Ausschnitt s.u.
Nev. Mismi 5597 m
Tuti
Sibayo
Callalli
Lianca
Colca C.
Madrigal
Cango
Cabanaconde
Maca
Chivay
Pulpera
Zug u. Straße n. Juliaca (135 km)
Pampacolca
Nev. Ajirhua 5226
Huambo
Nev. Sabancaya 5798 m
Patapampa
Nev. Huaranvante
Chullo
Río Ocoña
Chuquibamba
Nev. Ampato (Zapo) 6310 m
Chucura
Tojra Pampa
Viscachani
Bosque de Piedras
Imata
Río Chili
La Central
Acoy
Aplao
Río Majes
Cerro Luceria 4257 m
Lluta
Pampa Cañahuas
Sumbay
Cañahuasi
Reserva Nac. de Aguada Blanca
Pampa de Arrieros
Nev. Chachani 6075 m
Petroglifos Toro Muerto
Corire
kurvige Strecke o. Verpflegungsmöglichkeiten, drei Pässe üb. 4000 m
Río Siguas
Llucla
Pitay
Socosani
Yura
Volcán Misti 5821 m
Tarucani
n. Nasca / Lima
Ocoña
St. Isabel de Sihuasi
La Joya
Arequipa
Chiguata
Laguna Salinas
Carretera Panamericana
Río Camaná
El Alto
Siguas
Vitor
St. Rita de Siguas
Repartición
Vol. Pichu Pichu 5571 m
Camana
Río Vitor
REGION AREQUIPA
©RKH VERLAG HERMANN
0 20 km
Islay
Mollendo
Meija
Carretera Panamericana
Tacna / Arica / Chile
Océano Pacífico
Moquegua
Ilo
Tuti
Río Colca
Nevado Mismi 5597 m
Lianca
Colca Canyon
ab hier
Choco
Tapay
Río Colca
Madrigal
Lari
Ichupampa
= (Fuß-) Brücke
Uyu Uyu
Coporaque
La Calera (Baños termales)
Sangalle
Cabanaconde
Mirador Cruz del Cóndor
Pinchollo
Mirador Choquetico
Maca
Achoma
Yanque
Chivay (3650 m)
(Mirador = Aussichtspunkt)
Mirador Antahuilque
Mirador Coporaque
Hualca Hualca 6025 m
Cango
Sajarhua
Chinini
Ruinas Juscallacta
Patapampa
Huambo
COLCA CANYON
0 ca.10 km
4910 m
Laguna Mucurca
Nevado Ananta 5251 m
Nevado Ampato 6310 m
n. Viscachani

Dorf in der Nähe des Colca Canyons

Tingo, Tiabaya Vorbei an den **Wasserfällen von Socabaya** geht es weiter zum Erholungsort **Tingo,** der sonntags von den Arequipeños förmlich überrannt wird. Dann gibt es um den kleinen See, in den Swimmingpools und den Restaurants keine freien Plätze mehr. Ruhiger ist es in dem von Eukalyptusbäumen und Feigenkakteen umgebenen kleinen Ort **Tiabaya,** in dem sich die Arequipeños am Wochenende in den unzähligen *Picanterías* treffen. Alljährlich wird hier am 6. Januar der Dreikönigstag mit einem großen Fest gefeiert.

Sachaca Inmitten der engen Gassen des Dorfes **Sachaca** schlummert der *Palacio de Goyeneche.* Das Örtchen wird vom Mirador, einem Aussichtsturm aus einem Betongerüst, überragt. Von hier aus bietet sich ein letzter, wunderschöner Blick auf die umliegende *Campiña Arequipeña.*

Der Colca Canyon – Terrassen in die Tiefe

Der Colca Canyon ist eine der attraktivsten Natursehenswürdigkeiten Perus. Eine Tour zu der bis zu 1200 Meter tiefen Flussschlucht dauert ein bis drei Tage und führt durch eine wilde, raue Landschaft. In der kargen Hochebene *Pampa Cañihuas*, die auf 3800 Metern liegt, zupfen im eisigen Wind Alpakas, Vicuñas und Lamas trockene Grasbüschel, und durch Lagunen staksen Sichler und Flamingos. Als höchster Punkt wird der Pass *Patapampa* passiert, von seinen 4910 Metern Höhe bietet sich ein fantastischer Blick auf die umliegenden Vulkanberge mit dem schneebedeckten Ampato und dem oft rauchenden Sabancaya.

Chivay Übernachtet wird meist in dem auf 3650 Meter Höhe gelegenen Städtchen **Chivay** am Río Colca im Colca-Tal. In der Nähe gibt es ein Thermalbad, das von den heißen Quellen der umliegenden Vulkane gespeist wird. Das schwefelhaltige Wasser soll heilende Wirkung haben. Die Vulkane sorgen auch täglich für kleinere Erdbeben, die in der ganzen Gegend gemessen, aber nur selten von Menschen wahrgenommen werden.

Cruz del Cóndor

Am nächsten Morgen geht es sehr früh von Chivay zum **Cruz del Cóndor,** dem besten Aussichtspunkt am Colca Canyon (siehe Foto). Unterwegs trifft man auf Hirten, die Esel und Schafe mit bunten Schleifen im Ohr zur Weide treiben oder Lasten transportieren.

Maca

In der Ferne ist der Vulkan *Hualca Hualca* zu sehen, der 1991 ausbrach. Das damit einhergehende Erdbeben, das auch in Arequipa erhebliche Schäden anrichtete, zerstörte das Andendörfchen **Maca** fast vollständig. Auch wenn die Schäden im Dorf inzwischen beseitigt sind, leiden seine Bewohner noch immer unter den Folgen, denn in den Feldern bildeten sich erhebliche Spalten, die eine Bewirtschaftung zum Teil sehr schwierig machen.

Pinchollo

Zwischen Maca und dem Mirador Cruz del Cóndor kleben wie überdimensionale Hornissennester Gräber der Collagua im Fels. Kurz vor **Pinchollo** ist eine kleine Sensation zu bestaunen: Hier wurde von den Inka eine topografische Terrassenreliefkarte in einen Stein gemeißelt. Deutlich gibt die Darstellung die Terrassenneigung für die Wasserverteilung auf der gegenüberliegenden Flussseite wieder. Von hier an führt die Fahrt am Canyon entlang, der durch unzählige Terrassenanlagen beeindruckt, die bereits vor der Zeit der Inka angelegt wurden. An manchen Stellen scheint es, als sei die gesamte Landschaft in Terrassen verwandelt worden. Auf dem fruchtbaren Boden gedeihen Bohnen, Kartoffeln und Mais. Eine Besonderheit ist ein nur von weitem sichtbarer See, der aus noch nicht geklärten Gründen jedes Jahr seine Farbe wechselt.

Am **Cruz del Cóndor** hat man am frühen Vormittag die Chance, die erhabenen Kondore zu beobachten, die sich hier vom Aufwind

Blick in den Colca Canyon

Touristen am Aussichtspunkt Cruz del Cóndor

getragen in die Höhe schrauben. In der Morgensonne am Rande der mächtigen Schlucht sitzend die riesigen Vögel zu beobachten, ist ein einzigartiges Erlebnis (doch eine Garantie, sie fliegen zu sehen, gibt es natürlich nicht). Der Cruz del Cóndor war früher ein heiliger Ort, Bewohner von Pinchollo brachten hier zu Ehren von Pachamama Opfergaben dar. Um die Zeremonien zu beenden, stellte die Kirche an dieser Stelle ein Kreuz auf, die Bewohner von Pinchollo suchten sich eine neue Opferstätte. Boleto Turístico del Colca: 70 Soles, gültig 10 Tage.

Service Chivay

Policía de Turismo, Plaza Principal, tägl. 7–20 Uhr; Registrierung für Trekking- und Bergtouren obligatorisch. Kopie verbleibt bei der Polizeistation. Infos: www.autocolca.pe

Unterkunft

Kollawas Home Inn Hostel, Calle Siglo XX, Chivay, Tel. 53-1162, www.kollawashome.blogspot.com. Gemütliches, freundliches Hostal unweit der Plaza de Armas von Chivay. DZ/F ab 30 US$.

Estancia Pozo del Cielo, Richtung Corporaque, Tel. 53-1144, www.pozodelcielo.com.pe; rustikales Hotel in Naturbauweise am Hang, für ältere Reisende speziell geeignet. DZ/F um 100 US$.

Casa Andina Classic Colca, Av. Huayna Capac s/n, Tel. 53-1020, www.casa-andina.com. Sehr schöne Anlage mit individuellen Häusern, sehr gutem Restaurant und Wohlfühlatmosphäre. DZ/F um 140 US$.

Las Casitas del Colca, Av. Fundo La Curiña, bei Yanque, Tel. 959-672-688, www.lascasitasdelcolca.com; 20 individuelle Häuser inmitten wunderschöner Gartenanlage, Luxusklasse! DZ/VP ab 600 US$ (Preis beinhaltet Aktivitätsprogramm mit Fischen im Colca-Fluss, Alpaka-Füttern, Massage, Koch- und Pisco-Sour-Zubereitungskurs).

Restaurants Die preiswerten Kneipen an der Plaza und in den Nebenstraßen servieren Einheitsessen. Am besten und billigsten isst man bei den Garküchen im *Mercado* an der Av. Salaverry. Ansonsten das kleine Restaurant *El Ccogollo* probieren, exzellente Küche, Calle Grau. Alpakagerichte gibt es an der Plaza im *Cabanas.*

Die Petroglyphen von Toro Muerto

Rund zwei Stunden nördlich von Arequipa liegt der archäologische Komplex *Petroglifos de Toro Muerto.* Hier wurden etwa 6000 Petroglyphen, in Stein gehauene Figuren, auf bis zu zwei Meter hohen vulkanischen Blöcken entdeckt. Die ältesten Darstellungen werden der Wari(Huari)-Kultur zugesprochen und sind demnach zwischen 600–1200 n. Chr. entstanden. Andere sollen von den Chuquibamba um 1200 n. Chr. stammen. Neben abstrakten und geometrischen Figuren und Tänzern mit Masken wurden auch Abbildungen von Tieren und Pflanzen in das Gestein geritzt. Eine Szene zeigt tanzende Wesen mit Hirschgeweih, Pferdeschwanz und Bart, weitere große Jaguar- oder Pumaabbildungen. Einigen Forschern gilt dies als Hinweis auf den im Andenraum verbreiteten Hirsch- und Jaguarkult. Andere vermuten, dass es sich bei den Tänzern mit Geweih um Schamanen handelt, die Hilfsgeister für die Heilung von Kranken anrufen. Was auch immer die Darstellungen bedeuten mögen – Toro Muerto gilt als die umfangreichste Petroglyphengruppe in Peru und das gesamte Areal wurde zum UNESCO-Kulturerbe der Menschheit erklärt.

Der Kondor, König der Anden

Wie kein anderes Tier steht der Kondor als Symbol für Peru. Als „Bote der Götter" wurde er schon in der Chavín-Kultur angesehen, und auch in vielen Mythen und Geschichten anderer peruanischer Kulturen wird er verehrt. So besagt eine Legende, dass sich die Götter in Kondore verwandeln um in ihrer Gestalt die Menschen zu besuchen. Bei den Inka war der Vertreter der Neuweltgeier der Repräsentant der Unterwelt, *uku pacha.*

Mit einer Flügelspannweite von bis zu 3,20 Metern ist er der größte Raubvogel der Erde. Sehr wendig ist er bei dieser Größe nicht, er lässt sich jedoch durch bereits geringe thermische Aufwinde in Höhen von bis zu 5000 Meter tragen. Die weiten Täler der Anden mit wechselnden Luftströmungen sind daher die idealen Lebensräume der Kondore.

Der Kondor ernährt sich hauptsächlich von Aas, ist aber in der Lage, auch ein Schaf zu schlagen. Mit seinem Krummschnabel kann das Fleisch des Beutetieres regelrecht zerrissen werden. Männliche Kondore tragen an Stirn und Scheitel einen hohen Kamm und können bis zu 11 kg schwer werden, weibliche sind mit 8–10 kg leichter und sie sind an ihren roten Augen erkenntlich. Das Federkleid ist schwarz mit weißer Halskrause, Hals und Kopf sind nackt, die Jungtiere haben ein grau-bräunliches Federkleid, das nach etwa 8 bis 9 Jahren schwarz wird. Die Zucht ist mühsam, denn Kondore werden erst mit zwölf Jahren geschlechtsreif und ein Weibchen legt nur alle drei Jahre ein Ei. [HH]

5 Titicacasee – Das Andenmeer

... Der Wind pfeift um die Ecken und man trachtet eiligst danach, sich einen Schlupfwinkel zu suchen ... Das Klima ist begreiflicherweise sehr gesund, die Luft prachtvoll und besonders klar, so dass man auf weitester Entfernung deutlich sehen kann.

Albert Perl: Durch die Urwälder Südamerikas, 1904

Im Süden Perus liegt an der Grenze zu Bolivien der große Titicacasee. Tiefblau hebt sich sein kristallklares Wasser vor der mächtigen, schneebedeckten Königskordillere Boliviens ab. Das „Andenmeer" ist ein mythischer Ort, auch heute noch. Der Legende nach wurde der erste Inca hier auf der Sonneninsel geboren. Die 36 Inseln des Sees und seine Ufer sind eine einzigartige archäologische Schatzkammer. Angeblich ist der Titicacasee auch eine Goldgrube: Während der Eroberung durch die Spanier soll ein Teil des Inka-Goldes im See versenkt worden sein, um es vor den Eindringlingen zu retten. Gefunden wurde es aber bis heute nicht. Für jeden Besucher sind hier jedoch schwimmende Inseln, strickende Männer und mächtige Grabtürme zu entdecken.

„Qué frío" – „wie kalt," ruft jeder Peruaner aus, wenn er an die Gegend um den Titicacasee denkt, denn hier oben auf dem rauhen, unwirtlichen Altiplano ist es das ganze Jahr über sehr kalt und windig, im Winter sind auch Minusgrade keine Seltenheit. Der fischreiche Titicacasee liegt 3810 Meter hoch und ist der höchstgelegene schiffbare See der Welt. Mit einer Größe von 190 x 65 Kilometern ist er gleichzeitig das größte Binnengewässer Südamerikas, die Seefläche beträgt 8562 Quadratkilometer, 13 mal so groß wie der Bodensee. Obwohl das Wasser zehn Grad kalt ist, ist der Titicacasee für das andine Hochland mit seinem rauhen Klima und den oft eisigen Temperaturen ein klimatischer Wärmespeicher. Mais, Kartoffeln und Quinoa gedeihen hier gut.

Ausgangspunkt für Erkundungen auf und rund um den Titicacasee ist **Puno,** die größte Stadt am See, auch als „Folklore-Hauptstadt" Perus bezeichnet. Sie ist berühmt für farbenprächtige Volks- und Tanzfeste sowie für ausgelassene *Diabladas.*

Blick von der Isla del Sol (Bolivien) auf den Titicacasee

Titicacasee-Sagen

Einer Sage nach stieg einst der Gott *Con Ticci Wiracocha* aus dem Titicacasee und erschuf die Sonne und in Tiwanaku – gut 20 Kilometer entfernt in Bolivien (s.S. 134) –, die Welt und die Menschen. Wiracocha setzte seine Kinder *Manco Capac* und *Mama Ocllo* auf einer Insel im Titicacasee aus, vermachte ihnen einen Stab aus Gold und sagte: „Geht, wohin ihr wollt, und wenn ihr Halt macht um zu essen und zu schlafen, so stoßt diesen Stab in die Erde. Wenn er darin stecken bleibt, lasst euch nieder und regiert die Völker mit Gerechtigkeit, Vernunft, Duldsamkeit, Liebe und Milde." So machten sich die beiden Kinder auf und kamen in die Gegend des heutigen Cusco, wo der Stab in der Erde stecken blieb und sie das Inka-Imperium gründeten.

Als im 13. Jahrhundert die Inka das Gebiet um den Titicacasee annektierten, ohne aber die Bräuche und Sprache der Aymara auszulöschen, erhoben sie die heutige Sonneninsel *Isla del Sol* zum heiligen Ort. In dieser Zeit durfte die Sonneninsel nur durch die Adelskaste betreten werden. In einem höhlenartigen Labyrinth, das völlig mit Goldplatten ausgelegt war, wurden höchste Riten durch den Inca vollzogen und Inti gehuldigt. Als Inti zum Himmel aufstieg, hinterließ der Sonnengott der Legende nach einen Fußabdruck.

Eine weitere Sage erzählt, dass nach der Eroberung des Inkareiches durch die Spanier die Tempelwächter der Sonneninsel den sagenhaften, nie gefundenen Goldschatz der Sonneninsel im Titicacasee versenkt haben sollen. Immer wieder wurde nach diesem legendären Schatz gesucht. Die letzte große Tauch-Suchaktion wurde 1968 von dem berühmten, inzwischen verstorbenen Jacques Cousteau unternommen, der zwar eine Tiefe von 230 Meter erreichte und Unterwasseraufnahmen mitbrachte, aber keine Spur von dem Schatz sah. Stattdessen entdeckte er einen 60 Zentimeter großen Frosch *(Telmatobius culeus)* mit Kiemen – und fand so die auf der Insel Taquile erzählte Sage bestätigt, die seit Jahrhunderten von den riesigen Tieren erzählt. [KN]

Blick auf Puno mit Hafen vom Titicacasee aus

TITICACA-SEE
© RKH VERLAG HERMANN
0 20 km
Pucara
Cusco
Azángaro
Lampa
PE 3S
Arequipa
Santa Lucía
34A
Río Cabanillas
Laguna de Arapa
Cabanillas
Juliaca
Taraco
Huancané
Mañazo
Vilque
Atuncolla
Caracotto
Pusi
Vilque Chico
Laguna Umayo
Sillustani
Coata
Tiquillaca
Schiffsverbindungen
Rosaspata
Paucarcolla
Huata
341
Totoral
Puno
Capachica
Moho
Isla Amantani
Isla Suasi
Conima
Moquegua
Chucuito
Cutimbo
Isla Soto
Tilali
36B
Isla Taquile
PERU
Charcas
BOLIVIEN
Acora
Chullpas de Molloco
Yanaque
Lago Titicaca
(3810 m ü.d.M)
Puerto Acosta
Río Ilave
Ilave
Escoma
Sorapa
Aramu Muru
Puerto Carabuco
Isla del Sol
Chaguaya
Julí
Isla de la Luna
Sorata
Yampupata
Ancoraimes
Sicuani
Pomata
Copacabana
Estrecho de Tiquina / Fähre
Nev. Ancohuma 6427 m
Yunguyo
Kasani
Achacachi
San Pedro de Tiquina
San Pablo de Tiquina
Zepita
Lago Wiñaymarca
Huatajata
Moquegua
Desaguadero
36A
Golfo de Taroco
Huarina
Pto Pérez
Guaqui
Batallas
Tiwanaku
Pucarani
Patamanta
Tambillo
RN 1
RN 2
Laja
Viaja
El Alto
La Paz
Cordillera Real
BOLI-VIEN
Río Desaguadero
Die Fläche des Titicacasees beträgt 8562 qkm, Boliven gehören 3690 qkm. Die Wassertemperatur beträgt im Jahresmittel ca. 12 °C, größte Tiefe ist 304 m. Der Hauptsee heißt auch *Chucuito*, der kleinere Teil im Süden *Lago Wiñaymarca*.
Achtung, zwischen Peru u. Boliven besteht eine Stunde **Zeitunterschied.** (Peru = –1 Stunde)
1 = Isla Taquiri
2 = Isla Suriqui
3 = Isla Pariti
4 = Isla Kala Uta
5 = Patapatani

PUNO
0 200 m
© RKH VERLAG HERMANN
n. Juliaca und zum Flughafen
nach Chulluni / Hotel Libertador / Hotel Sonesta / Isla Esteves
nach Chulluni u. Boote zu Uros / Taquile / Amantani
Av. Floral
Lampa
Mercado Bellavista Contrabando
Costanera
Malecón Ecoturístico
Bootsanleger zu den Inseln Amantani und Taquile und zu den Schilfinseln der Uros
Puerto Muelle
Titicacasee
Arco Deustua
M. Cornejo
Piura
Independencia
Tarapaca
Ilo
Av. La Torre
Av. El Sol
Bolívar
Estación Ferrocarril
PeruRail Tickets
Pardo
Deza
Plaza Vea / Cineplanet
Estadio
Mercado de Artesanos
Titicaca
Mercado Central Art.
Los Incas
Sta Cruz
Acre
Ugarte
La Merced
Cahuide
Boliv. Konsulat
Parque Pino
Oquendo
Loreto
Azoguini
Giraldo
Igl. de San Juan Bautista
Arbulu
Valcárcel
Tacna
Melgar
Choque Huanca
Lambayeque
Lima
Arequipa
Ser-post
Capitanía Guardacostas
Av. del Puerto
Óvalo R. Castilla
Carabaya
1 de Mayo
Zela
Libertad
Lemos
Grau
Ricos Pan
Huirse
Bolognesi
Migración
Municipalidad
Moquegua
z. Cerro Huajsapata
Deustua
Ilave
Plaza de Armas
Basílika Catedral
Puno
Palma
Amaru
Cajamarca
Huancané
Cusco
Ancash
Ayacucho
More
Encinas
Av. Circunvalación
Ponce
Moral
Velasco
J. Encinas
Ica
n. Juli, Desaguadero / boliv. Grenze / Copacabana
Terminal Terrestre
Terminal Zonal
Titi-caca-see
Hoteles y Hostales
1 Hotel Embajador
2 Camino Real Turistico
3 Hotel Italia
4 Hostal Uros
5 Hs. Manco Cápac
6 Hotel Casona Colón Inn
7 Hotel Sillustani
8 Hotel Quelqatani
9 Hotel María Angola Inn
10 Hostal Nesther
11 Htl. Hacienda Puno
12 Casona Plaza Ht. Centro
13 Hotel Puno Terra
14 Ht. Conde de Lemos
15 Hotel Balsa Inn
16 Mosoq Inn
17 Kusillo's Posada
1 Museo Coca y Costumbres
2 Mercado de Artesanos (Hafen)
3 Casa del Corregidor / POLTUR All Ways Travel / Museo Carlos Dreyer / Migración
4 z. Cerro Huajsapata (250 m) mit Capac-Monument
5 Reisebüro LatinReps
Fußgängerstraßen
Busgesellschaften / Büros / Terminals
1 Büro Tour Perú 2 Inka Express, Büro Tacna 346
3 Terminal Virgen de Fátima (Combis n. Juliaca, Cusco)
4 Terminal zonal (Combis zu Nahzielen)
5 Terminal Terrestre (Inka Express, Tour Perú, Ormeño, Cruz del Sur, Civa u.a.)

Caracotto
Juliaca
Huata Coata
Río Vilca
Capachica
Cotos
Isla Amantani (34 km v. Puno-Hafen)
Lago Titicaca
PE 3S
Atuncolla
Lag. Umayo
Sillustani
Paucarccolla
Totorales de los Uros
Tinajero
Titini
Maccano
Uros-Puno
Ccapi Coa Muru
Llachu Punchu
Wuaca Wuacani
Torani Pata
Isla Esteves (Damm) mit Schiff Yavari
Isla Taquile (32 km v. Puno-Hafen)
Vilque
Tiquillaca
Chulluni
Churo
Puno
Chimu
Ojerani
Ichu
Chucuito
Charcas
0 10 km
zur Grenze Peru / Bolivien u. Chullpas Cutimbo

Die Stadt am See: Puno

Puno als eine sehenswerte Stadt zu bezeichnen, wäre zweifellos übertrieben. Gegründet wurde sie offiziell 1668, nachdem hier reiche Silbervorkommen entdeckt worden waren. Aus dieser Zeit sind nur noch das typische Schachbrettmuster der Straßen und einige historische Bauten übrig geblieben. Heute leben in der Universitätsstadt am Ufer des Titicacasees knapp 125.000 Einwohner.

Kathedrale

Die reich geschmückte Fassade der 1757 fertig gestellten Kathedrale an der Plaza de Armas zeugt vom Einfluss einheimischer Künstler: Sonne und Mond, bei genauem Hinsehen sogar ein Puma und überraschenderweise auch zwei Seejungfrauen, sind hier zu finden – alles Symbole aus dem alten Glauben, der sich hier, wie überall in Südamerika, mit dem der katholischen Kirche vermischt hat. Erstaunlich karg ist dagegen das Kircheninnere: Während peruanische Kirchen sonst vor Gold fast überzulaufen scheinen, findet sich hier nur ein versilberter Hauptaltar.

Museo Carlos Dreyer

Das kleine **Museo Carlos Dreyer** zeigt Webarbeiten, Stoffe, Keramiken und Töpferarbeiten aus der Präinka-, Inka- und Kolonialzeit sowie eine in Sillustani gefundene Mumie.

Markt

Interessant ist ein Besuch auf dem täglich stattfindenden **Markt.** Mag er auch nicht ganz so farbenfroh sein wie der in Cusco, so ist er doch authentischer. Alles was die Hochlandbevölkerung für ihren täglichen Bedarf braucht, ist hier zu haben: Unzählige Kartoffelsorten

Die Basílica Catedral

und vielerlei Gemüse, aber auch Haushaltswaren, Plastikschüsseln, bunte Badelatschen und natürlich Alpakapullover und Töpferwaren für Touristen.

Der „Hausberg" von Puno ist der *Huajsapata*. Dort steht das Denkmal von *Manco Capac* im kalten Andenwind. Etwa zehn Minuten dauert der Aufstieg, der mit einem wunderschönen Blick über die Stadt und den See belohnt wird.

Service Puno

Lima/Deustua, Tel. 36-5088, iperupuno@promperu.gob.pe.
Tel.-Vorwahl: 051

Unterkunft

Hotel Casona Colón Inn, Tacna 290, Tel. 35-1432, www.coloninn.com. Wer Kolonialbauten liebt, der ist in diesem Hotel gut untergebracht. Die mit alten Möbeln eingerichteten Zimmer laden zum Wohlfühlen ein, der hübsche Patio ist ein guter Ort zum Entspannen. DZ/F ab 48 US$.

Hotel Sillustani, Jr. Tarapaca 305, Tel. 35-1881, www.sillustani.com. Gefällige Zimmer mit Zentralheizung, DZ/F um 125 Soles.

Hotel Hacienda Puno, Deustua 297, Tel. 35-6109, www.hhp.com.pe. Stilvolle, hübsche Zimmer mit Zentralheizung, schöner Patio im Kolonialstil, DZ/F 90 US$ (Internet DZ/F ab 70 US$).

Noch zentraler liegt das **Hotel Hacienda Plaza de Armas.**

Diablada

Von den etwa 1500 Tänzen Perus haben mindestens 400 in Puno und in der Region um den Titicacasee ihren Ursprung. Mit am bedeutendsten ist die *Diablada,* der Teufelsmasken-Tanz. Wie so vieles in Peru geht auch er auf eine Legende zurück: Minenarbeiter wurden einstmals bei einem Erdrutsch verschüttet. In ihrer Todesangst sahen sie eine Armee von Teufeln, die versuchte, sie der Hölle zuzuführen. Verzweifelt beteten sie zur Jungfrau Maria, solange, bis sie endlich befreit wurden. Bis heute ist Maria die Schutzpatronin der Minenarbeiter und Punos, und jedes Jahr wird ihr zur Ehren beim Fest *Virgen de la Candelaria* (Maria Lichtmess) die *Diablada* getanzt. Der katholische Feiertag bildet dabei nur den christlichen Rahmen, die Tänze aber beruhen auf magischen Handlungen: Fruchtbarkeitszauber, Dämonenbeschwörung, Bannformeln und Totemkulte sind in die Tänze verwoben, und ständig kommen neue, moderne Elemente dazu.

Das Teufelsmaskenfest ist das wichtigste Festereignis in Puno und um den Titicacasee. In einem Wettbewerb streiten Dutzende Maskentänzer-Gruppen, ähnlich den Sambaschulen beim Karneval in Rio de Janeiro, um den Triumph des Siegs. Die alten Masken wiegen einige Kilos, und die Tänzer tragen zum Schutz des Gesichts einen gepolsterten Kopfschutz. Auch ihre prunkvollen Gewänder sind sehr gewichtig. Tage- und nächtelang toben die verschiedenen Gruppen durch die Straßen, und das Bier fließt reichlich.

Restaurants

Viele Restaurants und Kneipen befinden sich in der Calle Lima, dort speziell in der Fußgängerzone und in den angrenzenden Seitenstraßen.

Das *Giorgio* und auch das *Tradiciones del Lago* in der Fußgängerzone servieren *comida novoandina,* also moderne andine Gerichte, die wirklich köstlich sind. Das Grillrestaurant *La Estancia* in der Libertad 137 bietet zahlreiche Grillspezialitäten und ein großes Salatbüfett. Essen mit Blick auf die Kathedrale, sowohl einheimische Gerichte als auch Pizza, kann man im *Mojsa* direkt an der Plaza genießen.

Unterhaltung

In etlichen Kneipen und Lokalen spielen abends Amateurmusiker Andenmusik, nach einiger Zeit sammeln sie mit dem Hut ein kleines Trinkgeld ein. Sehr originell ist die Café-Bar *La Casa del Corregidor,* Deustua 576, in einem Kolonialbau aus dem 17. Jahrhundert mit Bibliothek, Internetzugang, Kunst- und Kulturausstellungen. *Pub Kusillos,* Arequipa/Libertad, Disco mit Pub, schöne Atmosphäre, gute Musik. *Peña La Candelaria,* Deustua 564, typische Landesmusik.

Touranbieter

Latin Reps, Arequipa 736 A, Tel. 36-4887, www.latinrepsperu.com. Individual- und Pauschaltouren, das Reisebüro für das Hochland von Peru, auch für Rollstuhlreisende und Behinderte, deutschsprachig.

Always Travel, Calle Tacna 234 und Deustua 576, Tel. 36-3979, www.titicacaperu.com. Die Agentur bietet gut organisierte Ausflüge zu allen Sehenswürdigkeiten in der Umgebung an.

Inseln im tiefblauen Wasser

Die schwimmenden Inseln der Uro

Einst waren die Uro ein stolzes Volk, das einzige im Reich der Inka, das nicht von ihnen unterworfen wurde, denn bei Auseinandersetzungen zogen sie sich auf ihre Schilfinseln im Titicacasee zurück. Die letzte reinblütige Uro-Frau starb 1959, doch die Nachfahren versuchen, die Kultur des Seevolks fortzuführen. Die heutigen Bewohner der Schilfinseln sind eine Mischung aus Uro, Aymara und Inka-Nachfahren, die fast ausschließlich vom Tourismus leben. Der Besuch einer der extra für Touristen erbauten Schilfinseln erinnert stark an einen Gang durch einen Zoo mit angeschlossenem Laden, bei dem ein hoher Druck zum Kauf der überteuerten Souvenirs aufgebaut wird.

Alles aus Schilf

Das Totora-Schilf war und ist die Lebensbasis der Uro. Aus dem Rohrgewächs bauen sie ihre Inseln, Wohnhütten und die weltberühmten *balsas*, ihre Totora-Boote. Neben Fisch- und Vogelfang dienten Schilfsprösslinge auch als Nahrungsmittel. So entwickelten die Uro eine autarke Lebensweise, brauchten keinen Ackerbau an Land zu treiben. Die Inseln müssen alle zwei Wochen mit einer neuen Schicht Schilf bedeckt werden, weil sie sich ständig mit Wasser vollsaugen und man sonst nasse Füße bekommt. Nach etwa 15–20 Jahren hilft auch alles Ausbessern nichts mehr und es muss eine neue Insel gebaut werden. Vorgefertigt werden die Totora-Inseln im seichten Wasser am Rand der Schilfzone. Von ausgewachsenem Totora werden die Wurzeln *(kili)* verwendet und zu Blöcken von bis zu acht Quadratmetern zusammengebunden. Auf diese Kili-Blöcke wird anschließend schichtweise Totora gestapelt, bis die schwimmende Plattform einen Tiefgang von etwa 80 Zentimetern erreicht hat. Auf die etwas er-höhte Inselmitte wird zum Schluss eine bedachte Schilfhütte gesetzt.

Für die schönen Schilfboote wird das Schilf zunächst zu Rollen zusammengepresst, die in der Mitte dicker sind. Anschließend werden sie zu bootsförmigen Paketen verschnürt, mit spitzem Bug und Heck. Bevor es Tuchsegel gab, wurden die Segel in Form von Matten aus feinen Grashalmen gefertigt. Mit einer größeren Machart dieser Bootstechnik segelte 1947 der berühmte norwegische Forscher Thor Heyerdahl von Callao in 97 Tagen über den Pazifik nach Tahiti, um so seine These von der Herkunft der polynesischen Kultur von Altperu zu beweisen. [HH]

Leben auf Totora-Schilfinseln

Leider passen die Frauen ihre Webkunst immer mehr dem Geschmack der Touristen an, so dass die überlieferten Muster in Vergessenheit zu geraten drohen. Trotzdem ist es ein eindrucksvolles Erlebnis, über den weichen, schwankenden Schilfboden zu gehen und eine Ahnung davon zu bekommen, wie das Leben der Uro einmal ausgesehen haben mag. Immerhin gibt es am äußeren Rand des Schilfgürtels noch Inseln, die vom Tourismus bislang verschont wurden.

Wie die Uros die eiskalten Nächte auf dem See ertragen können, dafür haben sie eine ganz eigene Erklärung: „Wir haben schwarzes Blut, das ist kälter als normales Blut, deshalb halten wir die Kälte besser aus", erzählt Eduardo, der auf einer der Schilfinseln lebt.

Die strickenden Männer der Isla Taquile

Taquile ist ein gelungenes Beispiel dafür, dass Tourismus nicht gleichzeitig das Ende der Traditionen bedeuten muss. Die ersten Besucher waren übrigens Gefangene, denn bis in die 1970er Jahre war die Insel ein Gefängnis für politische Häftlinge. Berühmt ist Taquile für ihre strickenden Männer, denen man überall auf Taquile begegnet. Unentwegt scheinen sie bei der Arbeit zu sein, ob beim Plausch mit dem Nachbarn oder auf dem Weg durch die Gassen. Das Spinnen hingegen ist Sache der Frauen. Seit Jahrhunderten hat sich an dieser Arbeitsteilung nichts geändert. Den auf der Isla Taquile hergestellten Textilien wurde 2006 der Status als UNESCO-Welterbe verliehen. Neben der großen Ehrung dieser wertvollen Stoffe bedeutet diese Anerkennung auch einen Beitrag zu deren Erhaltung. Mit Hilfe des UNESCO-Weltkulturerbe-Status soll verhindert werden, dass diese prähispanische Kunsthandarbeit verloren geht. Die sehr feinen und

Strickende Männer

„Bogen der Freundschaft"

qualitativ hochwertigen Textilien können zu Fixpreisen im Genossenschaftsladen im Hauptort der Insel an der Plaza Principal gekauft werden. Das so erwirtschaftete Geld fließt in die Gemeindekasse. Traditionell ist auch die Kleidung der Inselbewohner. Die weiße Spitze an den Zipfelmützen der Männer zeigt seit jeher an, dass sie noch nicht verheiratet sind.

Bis heute gibt es auf Taquile kein Hotel, sondern Touristen werden gegen ein geringes Entgelt bei Familien untergebracht. Unterkunft und Verpflegung sind einfach, doch die Gelegenheit, das Leben der Inselbevölkerung kennenzulernen, ist einzigartig. Ein Gesetz der Freundschaft ist es, sich beim Vornamen anzusprechen – auch die Besucher aus Europa. Der Aufstieg vom Bootsanleger über die 536 unregelmäßigen Stufen ist in der dünnen Luft auf 4000 Meter nicht gerade ein Spaziergang. Oben angekommen, bietet sich ein grandioser Blick über den tiefblauen See, in dem sich die schneeweißen Gipfel der Anden spiegeln. Am „Bogen der Freundschaft" werden die Besucher von einem kleinen Empfangskomitee begrüßt und auf die Familien verteilt.

Inkaruinen auf der Isla Amantani

Noch untouristischer als Taquile ist die Insel Amantani. Ihr besonderer Reiz sind die zahlreichen Inkaruinen. Die bedeutendste ist *Incatiana* im Westen der Insel, mit dem „Sitz des Inca". Dieses Monument wurde aus einem einzigen, nach vorne offenen, trogartigen Steinblock erbaut, um damit den Lauf der Sonne zu verfolgen. Auf dem Berg Llacasiti gibt es den Bereich von *Llacasiti Pata,* auch *Pachamama* genannt, in dem eine nahezu kreisrunde, durch einen Zugang unterbrochene Steinmauer mit 13 Meter Durchmesser zu finden ist. Der Zugang im Osten bildet eine Linie mit der Sonne im Januar. Der Innenraum ist vertieft und hat einen Brunnenschacht in der Mitte. Wahrscheinlich wurden hier Zeremonien aus der Zeit der Pucara abgehalten. Auch auf Amantani kann in den einfachen, aus Lehmziegeln errichteten Häusern der einheimischen Familien übernachtet werden. Des Nachts breitet sich über der Insel und dem See eine fast unwirkliche Stille aus, und es scheint, als sei die Zeit angehalten worden. Auf jeder der Inseln wird eine kleine Eintrittsgebühr erhoben.

Maskenträger

Feste auf Taquile und Amantani

Auf beiden Inseln werden das ganze Jahr über zahlreiche Feste gefeiert, vor allem aber in der Zeit von Februar bis August. Auf Taquile findet das größte Fest am 15. Mai zu Ehren des Heiligen Isidro statt. Die meist nur wenigen Übernachtungsgäste sind bei den Feierlichkeiten am Lagerfeuer willkommen. Da meistens sowohl Einheimische als auch Besucher dieselben Wollmützen tragen, sind sie abends im Schein des Feuers auf den ersten Blick kaum voneinander zu unterscheiden. Bei den Feiern wird mit großer Ausdauer in farbenprächtigen Kostümen zum eintönigen Rhythmus der Trommeln und Flöten getanzt und oft werden zu Ehren Pachamamas, der Mutter Erde, Cocablätter als Opfergaben dargebracht.

Die Grabtürme von Sillustani

Die beeindruckendsten Bauten in der Gegend um den Titicacasee sind die mächtigen *chullpas* (Aymara „Begräbnisturm") von Sillustani oberhalb des Umayo-Sees. Sillustani war eines der bedeutendsten Zentren der Colla-Kultur, die um 1200 n. Chr. hier die ersten Chullpas errichteten. Für die Colla war Sillustani heilig, hier bestatteten sie ihre wichtigsten Persönlichkeiten. 1445 nutzten die Inka den Streit zwischen den Colla und Lupaca aus Chucuito und eroberten die gesamte Region. Sie übernahmen den Colla-Begräbniskult, verehrten deren *mallku* (Schutzgeist) und perfektionierten mit ihrer Steinmetzkunst die Begräbnistürme. Der spanische Chronist *Cieza de León* berichtete später, dass beim Begräbnis eines bedeutenden Mannes 20 bis 30 Lamas verbrannt, Frauen, Kinder und Diener getötet wurden, damit sie dem Verstorbenen im Jenseits dienen konnten. Meist wurden auch noch weitere Personen mit den Toten lebend in den Grabturm eingemauert.

Chullpa – Grabturm

Die meisten Chullpas sind von runder Form und bestehen aus fein bearbeiteten Basalt- und Trachytsteinen. Es wurde das gleiche Bauprinzip wie beim Sonnentempel in Cusco oder beim Torreón in Machu Picchu angewendet: Die Steine wurden sorgfältig ausgewählt und nach dem berechneten Durchmesser rund behauen, passgenau zusammengesetzt und von innen zum besseren Halt mit Lehm verschmiert. Die Eingänge zu den Mausoleen hoher Persönlichkeiten waren nach Osten ausgerichtet und sehr niedrig, aber hoch genug, um einen Menschen in gebückter Haltung durchzulassen. Einige Chullpas weisen nur einen Raum mit versenkter Grabkammer auf, andere haben Nischen in den Seitenwänden für die in Hockstellung aufgestellten Mumien. Fast alle Chullpas wurden im Lauf der Zeit von Schatzgräbern aufgebrochen und durchwühlt.

Am zauberhaftesten ist der Rundgang durch Sillustani am Nachmittag, wenn die Sonne im Gegenlicht auf die glitzernde Oberfläche des Umayo-Sees fällt und die Weite des Altiplano am Horizont mit den schneebedeckten Bergen verschmilzt.

Auf dem Weg nach Sillustani liegen viele hübsche, traditionelle Gehöfte. Die Bauern laden gegen ein Trinkgeld zur Besichtigung, zu einem Tee und Fotos mit Alpakas und Lamas ein.

Der phallische Tempel von Chucuito

Das Dorf Chucuito, idyllisch am Rande des Titicacasees gelegen, war früher die Hauptstadt der Inka und Lupaca und bildete auch während der Kolonialzeit das Zentrum der Region zwischen Puno und Desaguadero.

Chuño

Chuño ist eine gefriergetrocknete Bitter-Kartoffel, die bis in Höhen von 4500 m wächst. Zur Haltbarkeit haben die Andenbewohner sozusagen das Gefrier-Trocknungsverfahren erfunden: Unter Ausnutzung der starken Tag- und Nacht-Temperaturschwankungen werden die Kartoffeln nachts dem Frost ausgesetzt und tagsüber wieder an der Sonne getrocknet. Dadurch verlieren sie stark an Gewicht und Volumen. Vor der letzten Trocknung wird mit den Füßen das letzte Wasser ausgequetscht. Danach sind sie mehr als zehn Jahre lang haltbar und durch ihr leichtes Gewicht mühelos zu Vorratslagern zu transportieren. Die Chuño-Vorräte schützten die Andenbewohner vor den Folgen von Missernten und Hungersnöten. Auch andere Knollenfrüchte, wie beispielsweise Oca, können so haltbar gemacht werden. [HH]

Gefrierkartoffeln

In der Zeit der Pucara entstand hier das Zeremonialzentrum *Tunuhuiri,* in dem später die Inka den phallischen Tempel *Inca Uyo* errichteten. Wozu die rechteckige, aus großen polierten Steinblöcken erbaute Mauerkonstruktion diente, konnte bis heute nicht eindeutig geklärt werden. Der Zugang liegt auf einer Linie von 35 Grad nach Nordost, der Richtung, aus der meist die Hauptwinde des Titicacasees wehen. Gleichzeitig bilden die beiden gegenüberliegenden Ecken mit dem Eingang den Schnittpunkt der Nord-Süd- und Ost-West-Achse. Es wird vermutet, dass der Inca Uyo zur astronomischen Beobachtung diente. Bei Ausgrabungen wurden zahlreiche bearbeitete und polierte, säulenartige Stelen gefunden. Wahrscheinlich wurden sie bei einem Fruchtbarkeitsritual im Zusammenhang mit der Aussaat des Getreides verwendet.

Chucuito selber wartet mit einer hübschen Plaza und der sehenswerten Kirche *Iglesia de Nuestra Señora de la Asunción* auf. Auf der Plaza ragt der *Rollo* in die Höhe. Die Säule symbolisierte während der Kolonialzeit Recht und Gesetz. Hier wurden Gesetze öffentlich proklamiert und Strafen verkündet. Die *Iglesia Sto. Domingo* wurde Anfang 1534 erbaut und ist die älteste Kirche auf dem Altiplano. Sie birgt das wertvolle Bildnis der *Virgen del Rosa Río.*

Das Jesuitenzentrum Julí

In dem kleinen Ort Julí wurden einst die Jesuiten-Missionare auf ihre zukünftige Aufgabe vorbereitet. Aus dieser Zeit gibt es einige sehr sehenswerte Jesuitenkirchen. An der Hauptplaza liegt die *Iglesia San Pedro,* die einen deutlich indigenen Einfluss in Malerei und Schnitzkunst aufweist. Außergewöhnlich schön sind die eigenartig verzierten Altäre. Die *Iglesia San Juan Bautista* ist heute ein Kirchenmuseum, in dem große Gemälde aus dem 17. Jahrhundert ausgestellt werden, auf denen das Leben Johannes des Täufers und der Heiligen Teresa dargestellt werden. Daneben sind kostbare Steinmetzarbeiten im typischen Mestizostil zu sehen. Einen Besuch wert ist auch der völlig untouristische Markt am Donnerstag.

▶ **Abstecher nach Bolivien** s.S. 118
▶ **Von Puno nach Cusco** s.S. 140

Blick von der Isla del Sol auf den Titicacasee – im Hintergrund die Isla de la Luna

6 Abstecher nach Bolivien

Kleine Landeskunde Bolivien

Geografie und Klima

Mit seinen knapp 1,1 Millionen Quadratkilometern ist Bolivien etwa dreimal so groß wie Deutschland. Im Nordwesten grenzt das Land an Peru, im Südwesten an Chile, im Süden an Argentinien und im Südosten an Paraguay. Im Norden und Osten hat Bolivien eine lange Grenze mit Brasilien. Etwa ein Drittel des Landes wird von den Anden und dem Altiplano eingenommen. Auf 3600 bis 4100 Meter Höhe ist das Klima sehr trocken und kühl, in den Hochwüsten im Süden geradezu eisig. Im Südwesten des Landes liegt der *Salar de Uyuni,* der größte Salzsee der Welt. Das bolivianische Tiefland nimmt etwa zwei Drittel der Landesfläche ein und ist dreigeteilt: Ganz im Norden liegt der tropische Regenwald Amazoniens, im Osten grenzt es an das Sumpfgebiet des Pantanal und im Südosten geht es in die dornigen Buschsteppen und Trockenwälder des *Gran Chaco* über. Im Tiefland bestimmen tropische Temperaturen mit hoher Luftfeuchtigkeit das Klima.

Bevölkerung

Bolivien hat etwa 11,2 Millionen Einwohner, gut zwei Drittel von ihnen sind Indígena. Der überwiegende Teil lebt auf dem unwirtlichen Altiplano, nur etwa ein Fünftel im tropischen Tiefland. Die durchschnittliche Lebenserwartung liegt bei 69 Jahren. Wie in Peru bekennt sich der überwiegende Teil der Bevölkerung zum römisch-katholischen Glauben, doch auch in Bolivien fanden Elemente der alten Religionen Eingang in das Christentum.

Geschichte und Politik

Kulturell prägend in der Frühzeit war im Hochland vor allem die Tiwanaku-Kultur. Nach der Eroberung durch die Spanier 1536 wurde Bolivien Teil des Vizekönigreichs Peru. Seit seiner Unabhängigkeit im Jahr 1825 hat die Präsidialrepublik rund 200 gewaltsame Machtwechsel erlebt, ein Weltrekord. Der aktuelle Konflikt dreht sich vor allem um die Frage, ob das Land seine Erdgasvorkommen verstaatlichen soll, während gleichzeitig das südöstliche Tiefland, das über einen Großteil dieser Ressource verfügt, die Autonomie anstrebt. Unter der Führung des sozialistischen *Evo Morales,* Anführer der Kokabauern und Führer der MAS-Partei, kam es sowohl 2003 als auch 2005 zu gewalttätigen Protesten mit Straßenblockaden und jeweils einem Präsidentenwechsel. Seit 2005 ist Morales Präsident des Landes – doch wesentlich ruhiger ist es in Bolivien trotzdem nicht geworden. Nominelle Hauptstadt Boliviens ist Sucre, alle Verwaltungs- und Regierungseinrichtungen befinden sich jedoch in La Paz, der größten Stadt Boliviens.

Wirtschaft

Obgleich Bolivien außerordentlich reich an Bodenschätzen ist, ist es mit einem jährlichen Pro-Kopf-Einkommen von rund 3100 US$ eines der ärmsten Länder Lateinamerikas. Die Silberminen von Potosí lieferten zur Zeit der Spanier unermessliche Reichtümer, heute wird dort vor allem Zinn gewonnen – an den harten und menschenfeindlichen Abbaumethoden hat sich jedoch kaum etwas geändert, die Vorkommen werden nach 400 Jahren des Abbaus in maximal 50 Jahren erschöpft sein. Eine immer größer werdende Bedeutung gewinnt die Förderung von Erdöl und Erdgas im Tiefland.

Nur ein Zwanzigstel der Landesfläche kann als Ackerland genutzt werden. Angebaut werden im Hochland Kartoffeln, Mais, Quinoa und Getreide, im Tiefland Zuckerrohr, Baumwolle, Reis, Kaffee, Tabak und Früchte. Bedeutend ist auch der Anbau von Coca. Nach Schätzungen sind mehr als die Hälfte aller Erwerbsfähigen in Bolivien arbeitslos, unterbeschäftigt oder verdienen ihr Geld in der Schattenwirtschaft. Die allgemeine Ernährungs- und Trinkwassersituation wird, insbesondere auf dem Altiplano, von den Vereinten Nationen als kritisch bezeichnet.

Copacabana

Der Wallfahrtsort Copacabana liegt auf 3818 Meter Höhe und ist mit seinen 20.000 Einwohnern ein recht beschaulicher Ort. Am schönsten ist es abends an dem kleinen Hafen am Titicacasee, wenn die Sonne blutrot im dunkelblauen Wasser versinkt. Gleichzeitig kriecht dann unerbittlich eine schneidende Kälte heran.

Copacabana liegt herrlich am Titicacasee. Blick vom Cerro Calvario.

Die Avenida 6 de Agosto

Copacabana blickt auf eine über 3000 Jahre alte Geschichte zurück, es war einst ein bedeutendes Zeremonial- und Kultzentrum. Die Inka gründeten hier auf den Resten alter Kultstätten der Colla den Ort *Kota Kahuaña,* was soviel wie „Seeblick“ bedeutet. Damals pilgerten die Menschen von Copacabana zum Heiligtum *Huaca Titicaca* auf der Nordseite der Sonneninsel. Nach dem Einfall der Spanier machten auch die Augustiner Copacabana zu einem Pilgerort (ihm zu Ehren wurde eine kleine Kapelle am heute gleichnamigen Strand von Rio de Janeiro errichtet).

Basílica de Nuestra Señora de Copacabana

Mit dem Bau der **Basílica de Nuestra Señora de Copacabana** wurde bereits 1605 begonnen, doch erst 1820 wurde sie endgültig fertiggestellt. Archäologen vermuten, dass sie auf den Resten eines uralten Kultplatzes errichtet wurde. Im Innern findet sich eine wundertätige, aus dunklem Holz geschnitzte Madonna, die von dem Indígena-Künstler Francisco Yupanqui im 16. Jahrhundert geschaffen wurde. Vielleicht weil der Urheber ein direkter Nachfahre des Inca Titu Kusi Yupanqui war, werden der dunklen Jungfrau zahllose Wunder zugeschrieben. Sie soll Kranke geheilt und lang ersehnten Regen auf die Felder gebracht haben. 1925 wurde das Bildnis der *Virgen Morena* vom Vatikan heilig gesprochen.

Autotaufe

Am Wochenende fahren Hunderte blankgeputzte und mit Blumen geschmückte Autos, die aus ganz Bolivien, manchmal auch Peru oder gar Argentinien kommen, vor die Basilika, um von dem Padre der Kirche mit Weihwasser und Weihrauch getauft zu werden. Bei der Zeremonie fehlt es auch nicht an Bier und Schaumwein, mit dem zum einen das Auto besprengt wird, dem aber auch die festlich

Blick auf Copacabana mit dem „Horca del Inca"

gekleideten Besitzer und Paten reichlich zusprechen. Angetrunken macht man sich dann auf den Heimweg. Passieren kann ja nichts, schließlich ist das Auto frisch getauft …

Horca del Inca

Eine kleine Wanderung zur *Horca del Inca* auf dem *Niño Calvario* (Kleiner Kalvarienberg) bietet einen wunderschönen Blick auf den Titicacasee und die umliegenden Berghänge. Die Horca del Inca ist ein modellierter Felsen mit einem Loch, ein bedeutendes astronomisches Observatorium aus prähispanischen Zeiten. Hier wurden die Tag- und Nachtgleiche im Frühjahr und im Herbst bestimmt, denn nur zu diesen Zeitpunkten scheint die Sonne genau durch das Loch im Stein. So konnte der richtige Zeitpunkt für die Aussaat bestimmt werden. Bis heute gilt der Berg den Einheimischen als heilig, oben finden sich kleine Opfergaben für die alten Götter und Bitt-Zettel.
Copacabana ist für Touristen vor allem Ausgangspunkt zu Ausflügen zu den Inseln *Isla del Sol* und *Isla de la Luna.*

Service Copacabana

Información Turística, Plaza 2 de Febrero, Mi–Mo 9–12, 14–18 Uhr.
Tel.-Vorwahl: 02

Unterkunft

Hotel La Cúpula, Michel Pérez 1–3, Cel. 6708-8464, www.hotelcupula.com. Geschmackvolle Zimmer mit Seeblick, Terrassenrestaurant, deutschsprachige Besitzer, Reservierung empfehlenswert. DZ um 30 US$.

Hostal Las Olas, hinter La Cúpula, Cel. 7250-8668, www.hostallasolas.com. Alle von einem deutschen Bildhauer im Gaudístil erbauten, wunderschönen Bungalows sind individuell gestaltet und haben Blick auf den See. Das Freiluft-Jacuzzi ist fast schon zu heiß. DZ ab 47 US$.

Hotel Rosario Lago Titicaca, Av. Costañero/Rigoberto Paredes, Tel. 862-2141, www.hotelrosario.com. Bildschönes Hotel mit großen, komfortablen Zimmern mit Seeblick. DZ/F ab 99 US$.

Restaurants

Viele preiswerte Restaurants liegen in der 6 de Agosto, die Spezialität sind frisch im See gefangene Forellen. Diese und andere Gerichte sowie ein gutes Frühstück werden im hübschen Innenhof des Restaurants *Killa Wasi,* Av. Jaúregui, serviert. Aber auch das Gartenrestaurant des Hostals *Colonial del Lago,* Av. 16 de Julio 100, Plaza Sucre, serviert zum Abendessen Forelle und andere leckere Gerichte. Weitere Restaurants siehe Stadtplan.

Unterhaltung

In der Café Bar *Pueblo Viejo,* Av. 6 de Agosto, kann man bei Cocktails und Snacks Spiele ausleihen oder Bücher tauschen. Allabendlich gibt es Livemusik im Gartenrestaurant des Hostals *Colonial del Lago,* Av. 16 de Julio 100, Plaza Sucre. In der urigen Bar *Waykys,* Av. 16 de Julio/Av. Busch, gibt es Cocktails. Frühstück und Nachmittagskaffee im *Coffee Shop Copacabana.*

Touranbieter

Grace Tours, Av. 6 de Agosto 200/16 de Julio, bietet Ausflüge zur Sonnen- und Mondinsel an.

Crillon Tours, Tel. 233-7533, www.crillontours.travel. Die alteingesessene Agentur hat sich auf den Titicacasee spezialisiert, wo sie ein Tragflügelboot unterhält; u.a. werden auch Transfers zwischen Peru und Bolivien sowie Touren in andere Gebiete Boliviens angeboten.

Die heiligen Inseln des Titicacasees

6

Isla del Sol

Die **Isla del Sol,** die **Sonneninsel,** ist mit elf Kilometer Länge und viereinhalb Kilometer Breite die größte des Titicacasees und gleichzeitig die heiligste. Vermutlich war für die Inka-Priester die Sonneninsel ihr spirituelles Zentrum. Die kleine Insel hieß ursprünglich Titicachi, davon leitet der Titicacasee seinen Namen ab. Der Felsen *Titicala* (oder „Piedra Sagrada") an der Nordwestspitze der Insel war wohl der heiligste Punkt des Inkareiches. Nach einer Inka-Legende setzte an diesem Felsblock aus rotem Sandstein der Sonnengott *Inti* seine Kinder *Manco Capac* und *Mama Ocllo* aus, die von dort auszogen um das Inkareich zu gründen. Deshalb gilt die Isla del Sol als Keimzelle des Inka-Imperiums. In der Nähe des heiligen Felsens befinden sich Reste des **Incanotapa** (Palacio del Inca).

Mesa Ceremónial auf der Isla del Sol

Auf der Isla del Sol gibt es keine Fahrzeuge.
Im Hintergrund die Isla de la Luna.

Vor der Nordwestspitze der Insel liegt in acht Meter Tiefe der versunkene Ruinenkomplex von *Marka Pampa.* In dem Ort Cha'llapampa gibt es ein kleines Museum, in dem die Fundstücke aus dem versunkenen Tempel ausgestellt sind. Am interessantesten sind die Steinschatullen und deren Inhalt: Ein Puma, eine Frau, eine Tasse und ein Medaillon aus purem Gold. Die Steinschatullen waren so dicht verschlossen, dass der gesamte Inhalt darin trocken geblieben war. Eine Wanderung über das stille Eiland, das wie vergessen im blauen Wasser des Titicacasees liegt, vorbei an den aus Adobeziegeln erbauten Häusern der Bewohner, ist ein wunderschönes Erlebnis. Auf den terrassierten Hängen wachsen Zypressen und Eukalyptus. Doch zuvor muss vom Bootsanleger eine steile Treppe, die alte *Escalera del Inca,* überwunden werden. Oben angekommen, kann das Wasser aus dem Quellbrunnen *Fuente del Inca* probiert werden, dem heilende Wirkung zugeschrieben wird. Von der Escalera del Inca bis nach Cha'llapampa beträgt die Gehzeit etwa fünf Stunden.

❗ **Achtung:** Seit einiger Zeit kann der Norden der Insel wegen Streitigkeiten zwischen den Dörfern nicht besucht werden. Wie lange das noch so sein wird, ist nicht absehbar.

Isla de la Luna

Die nicht weit von der Sonneninsel entfernt liegende **Mondinsel,** die **Isla de la Luna,** war der Legende nach der Ort, an dem Wiracocha dem Mond befahl, in den Himmel aufzusteigen. Der ungewöhnliche „Tempel der Sonnenjungfrauen" mit seiner dreidimensionalen geometrischen Fassadengliederung weist eine erstaunliche Ähnlichkeit zum arabischen Architekturstil auf.

Copacabana – La Paz

Über eine schöne Strecke entlang am Titicacasee geht es von Copacabana in Richtung La Paz. Aus der Ferne grüßen die über 6000 Meter hohen, schneebedeckten Gipfel der Cordillera Real. In San Pedro de Tiquina, an der mit nur 800 m schmalsten Stelle des Sees, wird übergesetzt. Hier liegen im Hafen die Schiffe der bolivianischen Marine. Obwohl Bolivien nach dem Salpeterkrieg 1884 seinen letzten Zugang zum Meer verlor, leistet sich das arme Land weiterhin eine „Marine" und begeht einmal im Jahr den „Tag des Meeres", immer in der Hoffnung, eines Tages doch wieder eine Hafenstadt – oder zumindest einen eigenen Exporthafen – am Pazifik in Chile zu besitzen.

Die Straße ist gut, und schließlich wird **El Alto,** die noch auf der Hochebene liegende riesige Oberstadt von La Paz erreicht. Nach Osten geht es zum Flughafen von La Paz, der mit 4020 Metern höchstgelegene zivile Flughafen der Welt. Weil die Luft hier oben sehr dünn ist, sind die Start- und Landebahnen wesentlich länger als üblich. Über die Stadtautobahn rollt man hinab in den Talkessel von La Paz.

7 Die Andenmetropole La Paz

Der Weg führte über steinige Ebenen zum Hochplateau von La Paz. Das Wetter entsprach einem kalten, klaren Wintertage; zu Seiten den mächtigen Illimani im prachtvollsten Sonnenschein ... Bewundernswert ist die Fahrt vom Plateau hinunter in das trichterförmige Tal von La Paz ... Der Weg ist nur schmal, und mit Grauen schaut man in die Tiefe; oft saust der Wagen am harten Rand entlang, und unwillkürlich hält man sich fest in dem Gedanken, dass der Wagen abstürzen könnte.

Albert Perl: Durch die Wälder Südamerikas, 1904

Stadt in der Höhe

Wer in der Dämmerung La Paz erreicht, vor dem breitet sich ein eindrucksvolles Lichtermeer im tief eingeschnittenen Tal des Río Choqueyapu aus, während in der Ferne die drei schneebedeckten Gipfel des mächtigen, 6439 Meter hohen Illimani im letzten Licht rosa aufleuchten. Traditionen und Modernes verschmelzen in dieser Stadt: Indigene Märkte, koloniale Altstadt, Boutiquen und Geschäftshäuser wechseln sich ab, es herrscht eine lockere Stimmung. Indígena, Mestizen, Criollos und auch Europäer leben hier friedlich nebeneinander, wenn nicht gerade mal wieder ein Staatsstreich oder Generalstreik für Aufregung sorgt.

Blick auf La Paz mit Inti Illimani und Gondeln der Seilbahn hoch nach El Alto

La Paz ist die am höchsten gelegene Regierungsstadt der Welt. Der höchste Punkt liegt bei 4100 Metern, der niedrigste rund 1000 Meter tiefer, was gleichzeitig einen Temperaturunterschied von bis zu 10 °C ausmacht. In dieser extremen Höhe ist die Luft nicht nur dünn, sondern auch kalt. Die Sonne wärmt sie selbst im Sommer tagsüber auf kaum mehr als 20 °C auf, und sowie es dunkel wird, kriecht einem die eisige Kälte durch Mark und Bein. Während in fast allen anderen Städten der Welt die Reichen ihre Häuser auf den Höhen bauen, ist es in La Paz umgekehrt. Wer es sich leisten kann, wohnt in der Unterstadt, wo die Luft weniger dünn und es wärmer ist. Von den Hängen des Talkessels ziehen sich armselige Bretterbuden hinab, doch mit jedem Meter nach unten werden die Bauten ansehnlicher, bis schließlich schöne Stadtvillen das Bild beherrschen.

Diego de Almagro eroberte 1536 den bolivianischen Teil des Inkareiches, 1548 gründeten die Spanier auf dem Boden der alten Inkasiedlung Choqueyapu *La Ciudad de Nuestra Señora de la Paz,* die „Stadt unserer Frau des Friedens". Der windgeschützte tiefe Talkessel bot, abgesehen von der ungünstigen Höhe, eine gute Lage für die in den folgenden Jahrzehnten schnell wachsende Stadt. La Paz wurde zum Knotenpunkt der Region, denn hier kreuzten sich der Silberweg von Potosí nach Peru und der Coca-Handelsweg aus den tiefer liegenden Yungas. Zusammen mit der Vorstadt El Alto, die allein über eine Million Einwohner zählt, leben in der Metropolregion mehr als zwei Millionen Menschen. Auch die Ernennung von Sucre zur offiziellen Hauptstadt Boliviens änderte nichts daran, dass La Paz das politische und geistige Zentrum des Landes blieb. Der Blick von El Alto in den Talkessel von La Paz ist so spektakulär wie unvergesslich.

Teleférico-Linien

- ● **Roja** (Rot): *Gran Estación Central* (früherer Hauptbahnhof, A2)/Taypi Uta, Av. Manco Cápac, 3689 m – *Est. 16 de Julio,* Av. Panamericana Norte, El Alto, 4095 m
- ● **Amarilla** (Gelb): *Est. Cd Empresarial,* Av. Libertador – *Est. Parque Mirador,* Av. Panorámica Sur, El Alto
- ● **Verde** (Grün): *Est. Chuqi Apu/Del Liberator – Est. Irpawi/Irpavi*
- ● **Morada** (Violett): *Est. San José – Est. 6 de Marzo*
- ● **Azul** (Blau): oben in El Alto, *Est. 16 de Julio – Est. Río Seco*
- ● **Naranja** (Orange): *Est. Gran Estación Central – Est. Plaza Villarroel*
- ○ **Blanca** (Weiß): *Est. Plaza Villarroel – Est. San Jorge*
- ● **Café** (Braun): *Est. Busch – Est. Las Villas*
- ● **Celeste** (Hellblau): *Est. Prado – Est. Chuqi Apu/ Del Liberator*
- ● **Plateada** (Silber): *Est. 16 de Julio – Est. Qhana Pata/Mirador*
- ● **Dorada** (Gold): *Est. Cota Cota/Umsa – Est. Irpawi/Irpavi*

Über La Paz schweben ...

Eine besondere Attraktion ist seit 2014 das Seilbahnsystem **Teleférico,** deren Gondeln Fahrgäste über die steilen Hänge der Stadt transportieren. Es ist das größte urbane Seilbahnnetz der Welt mit inzwischen elf Linien, die bis hoch nach El Alto schweben. Ein Erlebnis, das sich kein Besucher entgehen lassen sollte.

Alle Informationen auf www.miteleferico.bo, auf der es auch eine App zum Herunterladen gibt.

7

Terminal de Buses
Oberstadt El Alto / Aeropuerto / Puno / Titicaca-See / Oruro
Av. Perú
Av. Montes
Estación Telef. Riosinho Pampa (Armentia)
Periférica (Apachita)
Plaza Riosinho
Calama
Catacora
Armentia
Museo de Metales Preciosos / Litoral / Costumbrista
Casa Murillo
Sucre
Jaén
Cinemateca Boliviana
Teatro Municipal
Mamani
Línea Naranja
Línea Roja
Línea Morada
Goyzueta
Inca
Chuquisaca
Ingavi
Museo de Etnografía y Folklore
Sto. Domingo
Indaburo
Plaza Alonso de Mendoza
Mus. Tambo Quirquincho
Igl. Recoleta
Plaza de Comidas P. Velasco
Plaza Murillo
Congreso Nacional
Palacio de Gobierno
Catedral N.S. de la Paz
Estación Teleférico Central (Taypi Uta)
(ehem. Bahnhof v. La Paz, 3689 m)
Inquisivi
Valle
Fußgängerbrücke
Comercio
Mercado Lanza
Mus. Nac. de Arte
Av. América
Av. Kennedy
Plaza V. Eguino
Av. Manco Capac
República
Figueroa
Potosí
Plaza San Francisco
Iglesia San Francisco
Mercado
Alcaldía Municipal
Obelisco
Camacho
Av. Mariscal Sta. Cruz
Calle de las Brujas
Café Vida
braun = Open-air-Straßenmärkte
Mercado de Hechicería
Museo de la Coca
Angelo Colonial
Linares
Estación Telef. Edf. Correos (Utjawi)
B E L É N
Plaza Garita de Lima
M. Paredes
Plaza Quiroga
Plaza G. Velasco
Mercado Uruguay
Max Paredes
Plaza Belzú / Colectivos nach Ventilla
S A N
P E D R O
ROSARIO
Zoilo Flores
Startpunkt der Fiesta Gran Poder
Av. Baptista: 500 m z. Terminal Cementerio: Minibusse nach Tiwanaku, Desaguadero, Copacabana, Tiquina
Boquerón
Estac. Tiquira
Plaza Líbano
Hoteles y Hostales
1 Adventure Brew Hostel [B1]
2 Hostal Ananay [C1]
3 Loki Hostel [B2]
4 Hotel Gloria [C2]
5 La Casona Hotel Boutique [C2]
6 Hostal Naira [C3]
7 Hotel Rosario [B3]
8 Estrella Andina Hotel [B3]
9 Hostal Sol Andino [B3]
10 Hotel Cruz de los Andes [B3]
11 La Posada de la Abuela [C3]
12 Advent. Brew Hostel Downtown [C3]
13 Hostal Maya Inn [C3]
14 Hotel Milton [C3]
LA PAZ
0
200 m
© RKH VERLAG HERMANN
Fußgängerstraßen
Straßenmärkte und Marktgassen

Hotels auf dieser Seite:
15 Hotel Europa [F3]
16 Hotel El Consulado [E3]
17 Casa Prado Suites [E3]
18 Rey Palace Apart Hotel [F4]
19 Casa Fusion s. G6

rechts unt./außerhalb: Hotels Oberland und Casa Grande

7

Die lebendige Altstadt …

Eine Besichtigungstour zu Fuß durch die Stadt kann zu einem anstrengenden „Vergnügen" werden, denn durch die große Höhe und die steilen Straßen kommt man leicht aus der Puste. Wer erschöpft ist, dem sei ein Mate de Coca, ein Tee aus Cocablättern empfohlen, der gut dabei hilft, sich an die Höhe zu gewöhnen.

Paseo El Prado

Der **Paseo El Prado** ist die Hauptstraße und die Lebensader der Stadt. Die breite Avenida, die verschiedene Namen trägt, führt hinunter bis in die vornehmen Stadtviertel, vorbei an Straßenhändlern und Märkten in der Höhe und kolonialen Prachtbauten und modernen Hochhäusern im tiefer gelegenen Teil.

Plaza San Francisco

Die **Plaza San Francisco** ist so etwas wie das Zentrum der Altstadt. Hier finden Musikdarbietungen und Kundgebungen statt, hier steigen verlockende Düfte von Garküchen empor, werden Wundermittel gegen alle Krankheiten dieser Welt angepriesen und warten Schuhputzer auf Kundschaft. Benannt ist die Plaza nach der **Basílica San Francisco,** eines der imposantesten Bauwerke des Andenbarocks. Die Fassade des 1784 geweihten Gotteshauses wurde von indigenen Steinmetzen reich mit exotischen Vögeln, Blumenranken, maskenhaften Gesichtern und tropischen Früchten verziert. Auch ihr Inneres weist die ganze Fülle barocker Sakralkunst auf, sehenswert sind vor allem die aus Zedernholz geschnitzten Altäre und die Kanzel.

Marktfrau in der Zaubergasse

Calle Sagárnaga, Calle Linares

Hinter der Kirche beginnt die berühmte, steil ansteigende Einkaufsstraße **Calle Sagárnaga.** Angeboten werden Pullover und Ponchos aus weicher Alpakawolle, alte Stoffe und Westen, bunte Umhängetaschen und Bänder, Schmuck und Felle – fast alles, was das Herz begehrt. Von ihr zweigt die **Calle Linares** ab, die Zaubergasse. Alte Frauen hocken mit ihren von Wind und Wetter zerfurchten Gesichtern inmitten ihrer Schätze und beraten ihre Kunden über die Wirkungen ihrer Elixiere, Steine und Heilpflanzen. Geheimnisvolle Pülverchen und Kräuter gegen böse Geister, Krankheiten, für persönliches Glück und ein langes Leben gibt es hier, aber auch Schlangenhäute, Katzenkrallen und Vogelschwingen, deren Verkauf wohl nicht immer mit dem Artenschutzabkommen im Einklang steht. Auch die für den Hausbau wichtigen Lama-Embryos, die in die vier Hausecken eingemauert werden, sind hier zu haben. Sie sollen Glück bringen und Leid von den künftigen Bewohnern abhalten.

Oberhalb der Calle Linares gibt es zahllose Straßenmärkte, die einen wesentlichen Teil von La Paz ausmachen. Stundenlang kann man sich zwischen den Ständen verlieren, hinter denen kugelrunde Indígena mit langen schwarzen Zöpfen und Melonenhüten ihre Waren anpreisen. Textil-, Obst- und Gemüsemärkte, Schlosser, Panflötenbauer, Schuhmacher, Knoblauchhändler, Plattenläden, Kupferschmiede – alles ist vertreten, ein Geschiebe und Geschubse, plärrende Kinder, streunende Hunde, dazwischen vollgestopfte Busse, die sich hupend durch das Durcheinander quälen.

… mit kolonialen Gebäuden

Plaza Murillo

Der wichtigste Platz nördlich vom Paseo El Prado ist die **Plaza Murillo.** An ihm liegen das Anfang des 20. Jahrhunderts im klassizistischen Stil erbaute Parlamentsgebäude und der Präsidentenpalast mit der Palastgarde. Daneben steht eine große, nicht sehr schöne **Kathedrale,** deren Türme erst 1988 endgültig fertiggestellt wurden. Darin ruht der Feldmarschall Andrés de Santa Cruz begraben, der 1829 bis 1839 Präsident von Bolivien war. Inmitten des Platzes grüßt der alte Kämpfer Pedro Murillo mit den Worten „La tea que dejo encendida nadie la podrá apagar", was soviel bedeutet wie „Die Fackel, die ich entzündete, wird niemand löschen können". Murillo wurde an dieser Stelle am 28. Januar 1810 als Freiheitskämpfer und Rebellenführer von den Royalisten gehängt. Auch der Präsident Gualberto Villarroel fand hier 1946 den Tod durch den Strang, gehängt von der wütenden Volksmenge. Eine Statue erinnert an ihn.

Iglesia Santo Domingo

Das Portal der 1760 erbauten **Iglesia Santo Domingo** ist mit seinen Säulen ein sehenswertes Zeugnis indigener Steinmetzkunst. Reiche Verzierungen mit Pflanzen fallen am Fenster im ersten Stock auf.

Die Plaza Murillo (hier noch ohne die neuen Hochbauten hinter dem Präsidentenpalast in der Mitte)

Calle Jaén

Die schönste Gasse von La Paz ist die **Calle Jaén.** Sie ist für Autos gesperrt, und beim Gang über das Kopfsteinpflaster, vorbei an nahezu einheitlichen, altehrwürdigen Hausfassaden des 18. Jahrhunderts, glaubt man sich in eine andere Zeit versetzt. Hier liegt auch das ehemalige Haus des Freiheitskämpfers Murillo, die *Casa de Murillo.* Heute ist es ein Museum und zeigt Erinnerungsstücke und Gemälde aus seinem Leben. Zu besichtigen ist auch das Verschwörungszimmer, in dem die Rebellion von 1809 gegen die Spanier ausgearbeitet wurde. Der hübsche Innenhof lädt zu einer Verschnaufpause ein.

Museen

Die meisten Museen von La Paz liegen in der Nähe der Plaza Murillo und lassen sich gut bei einem Spaziergang durch diesen Teil der Stadt besuchen.Das *Museo Nacional de Arqueología,* das Archäologische Nationalmuseum in der Tiwanaku 93/Zuazo, zeigt Stoffe und Keramiken, Schmuck und Gebrauchsartikel aus der Tiwanaku-Zeit sowie einige Exponate aus der Chiripa-, Mollo- und Inka-Kultur.

Das *Museo Nacional del Arte,* das Nationale Kunstmuseum, ist in der *Casa de los Condes de Araña* an einer Ecke der Plaza Murillo untergebracht. Das 1775 im Mestizo-Barock erbaute Gebäude mit dem wunderschönen Innenhof beherbergt eine koloniale Gemäldesammlung mit Bildern von Melchor Pérez de Holguín und Leonardo Flores und Beispiele des künstlerischen Schaffens von Guzmán de Rojas und Borda aus dem 20. Jahrhundert.

Trachten aus ganz Bolivien, Masken und Musikinstrumente, aber auch zahlreiche alltägliche Gebrauchsgegenstände der Volksgruppen aus dem Hoch- und Tiefland werden im *Museo Nacional de Etnografía y Folklore,* dem Volkskunst-Museum, ausgestellt (Ingavi 916/ Jenaro Sanjines). Alle Museen verlangen ein kleines Eintrittsgeld.

Service La Paz

Senatur, Alcaldia Municipal, Av. 1 de Julio/México, Tel. 237-1044.

Zweigstellen auf dem Terminal Terrestre (Busterminal), Correo Central (Hauptpost) und am Mirador El Valle de la Luna, Cruce Mallasa.

Unterkunft

Hostal Naira, Calle Sagárnaga 1661, Tel.235-5645, www.hostalnaira.com, Stadtplan C3. Das Hostal liegt direkt an der Plaza San Francisco und damit im Mittelpunkt des indigenen Viertels. Die Zimmer sind ansprechend und im angeschlossenen Restaurant werden internationale und bolivianische Gerichte serviert. DZ/F 66 US$.

Hotel Oberland, Calle 2 y 3 Mallasa, Tel. 274-5040, www.h-oberland.com, s. Stadtplan H5. Luxuriöse Zimmer und Apartments mit Küche, Hallenbad, DZ/F 70 US$.

El Consulado, Carlos Bravo 299, Tel. 211-7796, Stadtplan E3. Das ehemalige Konsulat von Panama beherbergt heute neben einem ausgezeichneten Restaurant auch ein kleines, aber feines und mit Antiquitäten eingerichtetes Hotel. Der Besitzer ist Däne und spricht Deutsch. DZ/F ab 65 US$.

La Casona, Av. Mariscal Santa Cruz 938, Tel. 290-0505, www.lacasonahotel boutique.com, Stadtplan C2. Im ehemaligen Verwaltungsgebäude des Klosters San Francisco befindlich ist dies mit die stilvollste Unterkunft der Stadt. DZ/F ab 70 US$.

Hotel Europa, Tiwanacu 64, Tel. 231-5656, www.hoteleuropa.com.bo, Stadtplan F3. Geschmackvolles 5-Sterne-Hotel, 100 Zimmer, Hallenbad, Sauna, zwei Restaurants mit Pianobar. DZ/F ab 113 US$.

Restaurants

Gute Familienrestaurants finden sich in der Calle Manco Capac und in der Calle Murillo, wie beispielsweise das *Un Camino.* Die meisten Restaurants und Kneipen liegen am Prado (Av. 16 de Julio und Av. Sta. Cruz).

Die *Kuchen Stube,* Gutiérrez 461 [Stadtplan G5], ist eine gute Empfehlung für einen Snack. Das Restaurant *La Casona,* Av. Mariscal Santa Cruz 938, hat gutes Essen im gediegenen Ambiente alter Klostergemäuer, während man im Restaurant des Hotels *El Presidente,* Potosí 920, seine Mahlzeit im 16. Stock mit fantastischer Aussicht genießen kann. Im Restaurant des Hotels *Naira,* Sagárnaga 1661, gibt es guten Kaffee und eine reichhaltige Karte. Ein sehr gutes Café in der Sagárnaga ist das *Café del Mundo.* Der *Club de la Prensa,* Campero, ist eine hübsche Gartenkneipe in einem Hinterhof mit typischer Landesküche. Originell und nett mit reichhaltiger Karte zu vernünftigen Preisen ist *Angelo Colonial,* Linares/Sagárnaga [Stadtplan C3] im Ambiente eines Antiquitätenladens.

Eine Klasse für sich ist das preisgekrönte *Gustu* in Calacoto, Calle 10 No 300, www.gustu.bo, das ausschließlich bolivianische Zutaten neu interpretiert. Hier muss reserviert werden!

Unterhaltung

Viele Kneipen, Bars, Pubs und Clubs befinden sich im Stadtteil Sopocachi. Der Besuch einer Peña gehört in La Paz unbedingt dazu, viele liegen in der Sagárnaga und Linares, wie z.B. *El Parnaso,* Sagárnaga 189/Murillo, in dem auch moderne Andenmusik gespielt wird. Auch das *Ojo de Agua,* Illampu 965, ist am Wochenende brechend voll. Disco gibt es dann auch im *Mongo's,* Hermanos Manchego 2444, bei offenem Kamin.

Touranbieter

Andesuma, Av. Sanchez Lima 2512, Ap. 11 D, Tel. 242-7146, www.andesuma.com. Die von zwei freundlichen Deutschen geführte Agentur organisiert in ganz Bolivien individuelle Abenteuer-, Kultur-, Trekking- und Bergsteigerreisen. Am besten bereits von Deutschland aus kontaktieren.

Magri Turismo, Calle Capitán Ravelo 2101/Montevideo, Ed. Capitán Ravelo, Tel. 244-2727, www.magriturismo.com. Zuverlässiger deutschsprachiger Allrounder mit Komplettangeboten von Touren in ganz Bolivien, auch Bergsteigerinfos.

Crillon Tours, Tel. 233-7533, www.crillontours.travel. Die alteingesessene Agentur hat sich auf den Titicacasee spezialisiert, wo sie ein Tragflügelboot unterhält. Unter anderem bieten sie auch Transfers zwischen Peru und Bolivien an.

Einkaufen

Reizvoll sind die zahlreichen Straßenmärkte und Marktgassen, allen voran der Mercado Negro, Ecke Graneros/Max Paredes. Faschingskostüme und Diablada-Masken werden in der Calle Los Andes angeboten. Ein preiswerter Souvenirmarkt ist der Mercado Artesanías an der Plaza San Francisco.

Ausflüge in die Umgebung

Mysterium Tiwanaku

Rund 70 Kilometer von La Paz entfernt liegen die Ruinen von Tiwanaku auf dem windigen, kalten Altiplano. Tiwanaku ist die wichtigste prähispanische Kulturstätte Boliviens, vielleicht sogar ganz Südamerikas, denn die auf den Zeitraum von etwa 1000 v. Chr. bis 1000 n. Chr. datierte Tiwanaku-Kultur gilt als eine der Urkulturen des Kontinents. Sie breitete sich über weite Teile des Hochlandes aus, und auch an der Pazifikküste lässt sie sich nachweisen. Tiwanaku zählt zum UNESCO-Weltkulturerbe.

Welche Funktion die über fünf Quadratkilometer große Anlage einst hatte, das ist bis heute nicht geklärt. Hauptstadt eines Reiches?

Das archäologische Areal von Tiwanaku

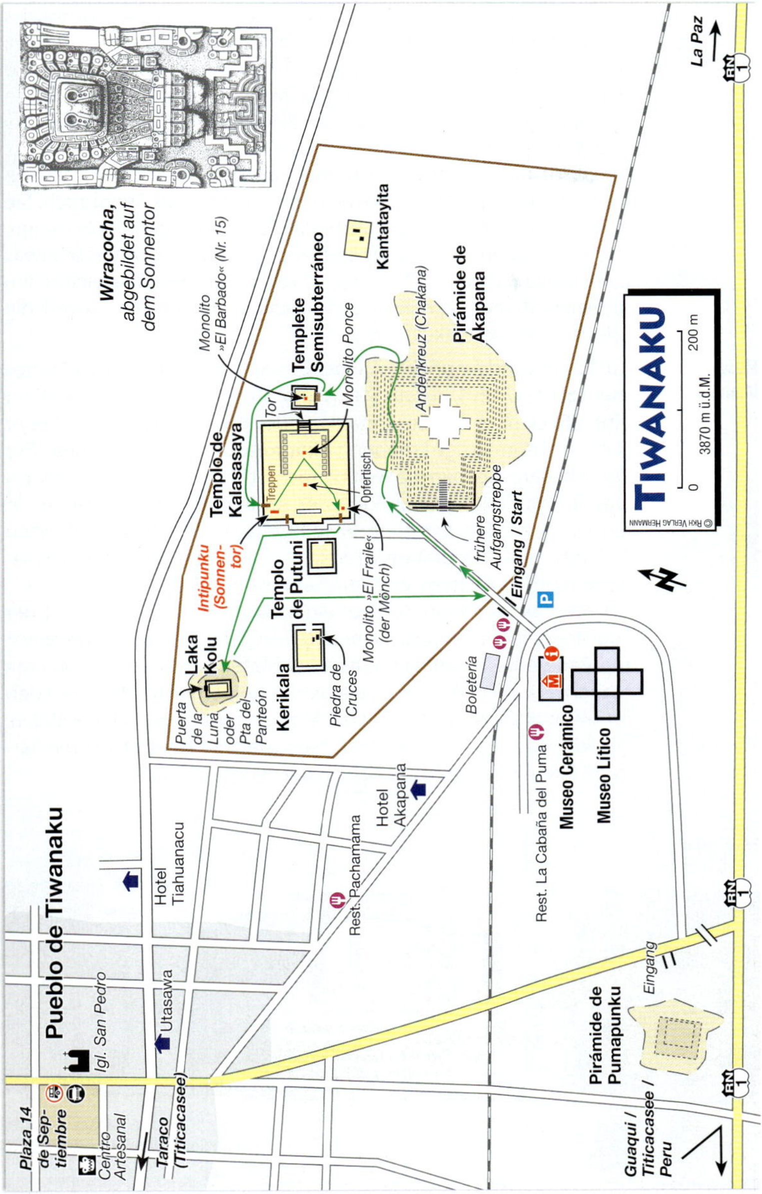
Tiwanaku
0
3870 m ü.d.M.
200 m
© RKH Verlag Hermann
Wiracocha, abgebildet auf dem Sonnentor
Pueblo de Tiwanaku
Plaza 14 de Septiembre
Centro Artesanal
Igl. San Pedro
Utasawa
Taraco (Titicacasee)
Hotel Tiahuanacu
Rest. Pachamama
Hotel Akapana
Rest. La Cabaña del Puma
Museo Cerámico
Museo Lítico
Boletería
Eingang / Start
frühere Aufgangstreppe
Pirámide de Akapana
Andenkreuz (Chakana)
Kantatayita
Templete Semisubterráneo
Monolito »El Barbado« (Nr. 15)
Monolito Ponce
Tor
Templo de Kalasasaya
Treppen
Opfertisch
Intipunku (Sonnentor)
Monolito »El Fraile« (der Mönch)
Templo de Putuni
Kerikala
Piedra de Cruces
Laka Kolu
Puerta de la Luna oder Pta del Panteón
Pirámide de Pumapunku
Eingang
Guaqui / Titicacasee / Peru
La Paz
RN 1

7

Zeremonielles Kultzentrum? Wallfahrtsort? Nach dem Grundriss könnte es sich aber auch um eine Tempelstadt gehandelt haben, oder um eine Handelsmetropole am Titicacasee. Auch bei der Größe der Bevölkerung Tiwanakus tappt man im Dunkeln. Vorsichtige Schätzungen beginnen mit 20.000 Einwohnern, mutige enden bei ´ 20.000.

Heute ist von Tiwanaku nicht mehr viel übriggeblieben. Nach seinem Untergang dienten die steinernen Bauten als Steinbruch. Sie wurden für Kirchen, Häuser und sogar für die Eisenbahnlinie Guaqui – La Paz als Baumaterial weggeschleppt. Dass überhaupt noch etwas zurück blieb, ist der Größe einiger Quader und dem österreichischen Ingenieur Arthur Posnansky zu verdanken, dessen Lebenswerk die Erforschung Tiwanakus war.

Museo Lítico Monumental

Zur Einführung empfiehlt sich der Besuch des **Museo Lítico Monumental** (9–17 Uhr), in dem Steinskulpturen ausgestellt sind, und für einen Blick über die Gesamtanlage der Aufstieg auf die 15 Meter hohe, plattformartige Erhebung **Akapana.** „Akapana" bedeutet „Der Ort, von dem aus man die Welt betrachtet". In der Mitte der Plattform war ein Wasserbecken in Form des Andenkreuzes eingelassen, in dem sich der Sternenhimmel spiegelte. Es diente als Kalender: Anhand der Konfiguration, in welcher Ecke sich welcher Stern spiegelte, wurden Festtage und Aussaat bestimmt.

Unterhalb der Akapana liegt ein halb unterirdischer Tempel, der 1960 freigelegte *Templete Semisubterráneo*. Er gilt als eines der ältesten Bauwerke Tiwanakus. Das zwei Meter tiefe und rechteckige Mauerwerk mit den 175 eingelassenen steinernen Köpfen zeigt den für Tiwanaku typischen Stil. In der Mitte des Hofes stehen drei Stelen. Die wichtigste dürfte *„El Barbado"* sein, sie zeigt einen scheinbar bärtigen Mann oder wohl eher einen mit Nasenschmuck.

Tiwanaku

Das Sonnentor

Kalasasaya

Der Ursprung der tempelartigen Sonnenwarte *Kalasasaya* wird auf das 5. Jahrhundert geschätzt. Ihre doppelte Umfassungsmauer wurde anhand der verbliebenen Steinblockpfeiler rekonstruiert. In ihrem Inneren finden sich männliche Skulpturenmonolithe bzw. Statuen, die verzierte Kultgegenstände in den Händen halten. Einer der schönsten wird nach seinem Entdecker, dem bolivianischen Archäologen Carlos Ponce Sanginés, **Ponce-Monolith** genannt. Die Skulptur ist 3,50 Meter hoch und weist kunstvolle Reliefbearbeitungen auf. Ob die Figur eine Gottheit darstellen soll, ist unklar. Südwestlich davon befindet sich der leicht verwitterte Monolith *El Fraile,* der „Mönch". Seine Dekorierung mit Seekrebsen weist darauf hin, dass sich das Tiwanaku-Reich bis zum Pazifik ausbreitete.

Intipunku

Das unvollendete Glanzstück der Tiwanaku-Steinmetzkunst ist das berühmte **Intipunku,** das **Sonnentor.** Vermutlich stand es ursprünglich in der Mitte des Tempels. Es wurde aus einem einzigen, 2,80 x 3,80 m großen Andesitblock gehauen und ist mit seinen reichen Verzierungen ein herausragendes Beispiel altamerikanischer Steinmetzkunst. Sein Flachrelief stellt entweder den Sonnengott oder den Schöpfergott Wiracocha dar. Seinem Kopf entspringen mehrere Strahlen mit kleinen Pumaköpfen, Tränen laufen als Symbol der Fruchtbarkeit – oder des Regens – über das Gesicht. Die Zepter in beiden Händen enden mit Kondorköpfen. Die gesamte Gestalt wird von 48 kleinen Figuren mit Flügeln im Profil eingerahmt, die zum Teil menschliche Köpfe, zum Teil die Köpfe von Kondoren haben. Von einigen Archäologen wird dieses Relief als Kalender gedeutet, in den

Darstellung der Gottheit Wiracocha

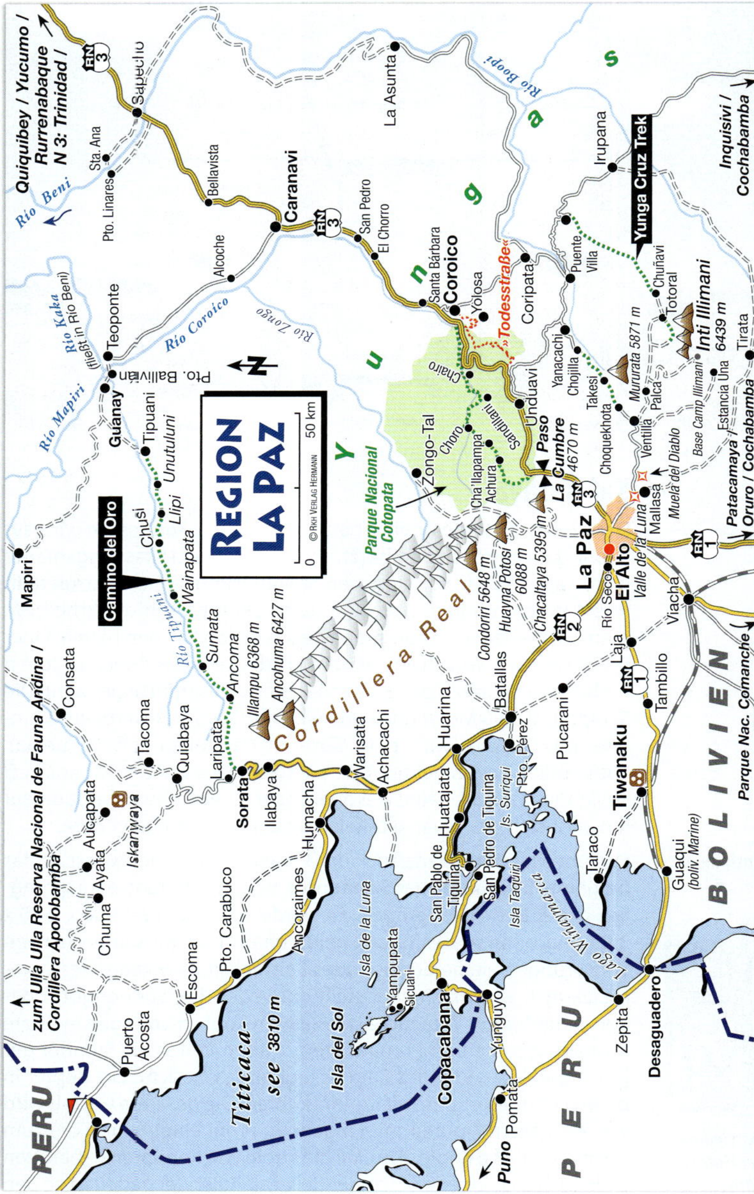
REGION LA PAZ
0
50 km
© RKH VERLAG HERMANN
Quiquibey / Yucumo / Rurrenabaque / N 3: Trinidad /
Sapecho
Sta. Ana
Pto. Linares
Río Beni
Bellavista
Caranavi
San Pedro
El Chorro
Alcoche
La Asunta
Río Boopi
Teoponte
Río Kaka (fließt in Río Beni)
Río Coroico
Río Zongo
Pto. Ballivián
Guanay
Río Mapiri
Tipuani
Unutuluni
Llipi
Chusi
Camino del Oro
Wainapata
Río Tipuani
Sumata
Ancoma
Laripata
Mapiri
Consata
Tacoma
Quiabaya
Aucapata
Iskanwaya
Ayata
Chuma
zum Ulla Ulla Reserva Nacional de Fauna Andina / Cordillera Apolobamba
Puerto Acosta
Escoma
Pto. Carabuco
Ancoraimes
Humacha
Sorata
Ilabaya
Achacachi
Warisata
Illampu 6368 m
Ancohuma 6427 m
Cordillera Real
Titicaca-see 3810 m
Isla del Sol
Isla de la Luna
Yampupata
Sicuani
Copacabana
Yunguyo
Pomata
Puno
PERU
Huarina
Huatajata
San Pablo de Tiquina
San Pedro de Tiquina
Is. Suriqui
Isla Taquiri
Lago Wiñaymarca
Pto. Pérez
Batallas
Pucarani
Condoriri 5648 m
Huayna Potosí 6088 m
Chacaltaya 5395 m
Parque Nacional Cotopata
Zongo-Tal
Cha'llapampa
Achura
Choro
Chairo
Sandillani
Paso La Cumbre 4670 m
Unduavi
Coroico
Santa Bárbara
Yolosa
»Todesstraße«
Coripata
Yungas
Yanacachi
Chojilla
Takesi
Choquekhota
Mururata 5871 m
Puente Villa
Chuñavi
Totoral
Yunga Cruz Trek
Irupana
Inti Illimani 6439 m
Base Camp Illimani
Palca
Ventilla
Estancia Una
Tirata
Inquisivi / Cochabamba
La Paz
El Alto
Río Seco
Valle de la Luna
Mallasa
Muela del Diablo
Patacamaya / Oruro / Cochabamba
Viacha
Laja
Tambillo
Tiwanaku
Taraco
Guaqui (boliv. Marine)
Desaguadero
Zepita
Parque Nac. Comanche
P E R U
B O L I V I E N

Figuren wollen manche sogar einen Erd- und Mondkalender entziffert haben, dessen Zyklus 21.000 Jahre beträgt.

Pumapunku

Etwas entfernt von den anderen Bauwerken Tiwanakus liegt der sehr stark beschädigte Tempel **Pumapunku.** An den herumliegenden Steinblöcken fallen die außerordentlich sauberen Schnitte und akkuraten Steinöffnungen auf, die von hoch entwickelten Bearbeitungstechniken zeugen.

Da liegen Steinblöcke, die mit Klammern zusammengehalten wurden, passgenaue, doppelröhrenartige bearbeitete Steine, Dioritblöcke mit haarscharfen Rillen und gleichmäßigen Löchern, die Fächer und Gesimse aufweisen.

Gefunden wurden Dioritblöcke mit zwei gegenüberliegenden, bolzenartigen Aussparungen, die hinten kleine flache Rechtecke aufweisen, ähnlich eines Verschlusses, der in ein Gegenstück einrastet. Die Dioritblöcke müssen systematisch vorgefertigt worden sein und konnten so nach einer Art Baukastensystem zu einer Mauer zusammengesetzt werden. Nach einer Legende wurde Pumapunku von den Göttern in einer Nacht erbaut. Manche Archäologen halten den Bau für ein nie vollendetes Mausoleum für Priester oder Könige, andere für einen Mondtempel.

Vor dem Tempel Pumapunku liegen riesige, beckenförmige Steinmauern mit Fischornamenten, weshalb hier auch der Hafen von Tiwanaku vermutet wurde. Heute ist dieser Platz allerdings über 20 Kilometer vom Titicacasee entfernt, so dass der See vormals viel größer und sein Wassespiegel erheblich höher gewesen sein muss.

Die Steine für all diese Bauten kamen wahrscheinlich aus einem Steinbruch bei Copacabana. Wie sie über 70 Kilometer hierher transportiert wurden und zu einer Zeit, als das Rad im ganzen Kontinent unbekannt war, bleibt rätselhaft.

Weitere Ausflüge

Valle de la Luna

Eine halbe Stunde östlich von La Paz überrascht das **Valle de la Luna** die Besucher mit Formationen bizarrer Erd- und Steintürme, Säulenpyramiden und Felspilzen, die wie eine Mondlandschaft unter dem Andenhimmel liegen. Die seltsamen Gebilde entstanden über Jahrtausende hinweg durch Erosion und Klimagegensätze.

Gletscher Chacaltaya

Der ehemalige **Gletscher Chacaltaya** lag auf über 5000 Meter Höhe und war das höchste Skigebiet der Erde. Von dort oben ergibt sich aber auch heute noch eine einzigartige Aussicht auf die Umgebung. Dieser Ausflug ist eine der seltenen Möglichkeiten, einmal die 5000-Meter-Grenze zu überschreiten.

Berghütte auf dem ehem. Gletscher Chacaltaya

Auf dem Rundweg im Valle de la Luna

Yungas

Wer genug hat vom ewig kalten La Paz, dem sei ein Ausflug in das Tiefland der **Yungas** empfohlen. Auf der alten, noch bestehenden Schotterpiste werden auf einer Distanz von nur 92 Kilometern 3000 Höhenmeter bewältigt. Atemberaubend! Innerhalb eines halben Tages durchfährt man fast alle Klima- und Vegetationszonen Südamerikas, bis schließlich das Städtchen Coroico erreicht wird, in dem fast schon tropische Temperaturen herrschen. Die in felsige Steilabhänge getriebene Piste gilt als die gefährlichste Straße des Kontinents und ist nur etwas für Reisende mit starken Nerven – oder für Mountainbiker, die in gebuchten Touren da runterfahren. Mit einem Minibus auf der neuen Asphaltstraße gelangt man entspannter nach Coroico.

Von Puno nach Cusco

Die Strecke von Puno nach Cusco führt entlang der alten Inkastraße *Ñan Cuna,* was soviel wie „Weg der Zeit" bedeutet. Sie führte auf etwa 5200 Kilometern von Ancasmayo in Kolumbien über Quito, Machu Picchu, Cusco, den Titicacasee, La Paz, Tucumán bis nach Purumauca am Río Maule im heutigen Chile.

Die „Todesstraße" von Cotapata nach Coroico

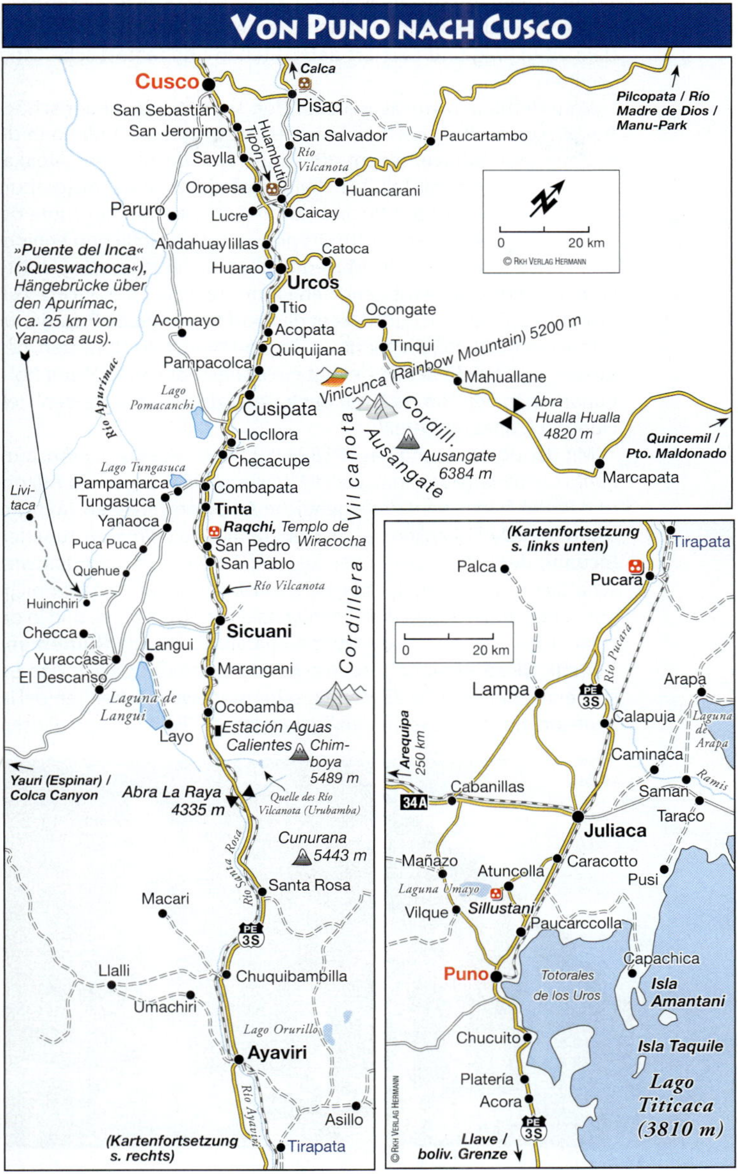
Von Puno nach Cusco
Cusco
San Sebastián
San Jeronimo
Saylla
Oropesa
Paruro
Lucre
Andahuaylillas
Huarao
Calca
Pisaq
Huambutio
Tipón
San Salvador
Río Vilcanota
Paucartambo
Huancarani
Caicay
Catoca
Urcos
Pilcopata / Río Madre de Dios / Manu-Park
0 20 km
© Rkh Verlag Hermann
»Puente del Inca« (»Queswachoca«), Hängebrücke über den Apurímac, (ca. 25 km von Yanaoca aus).
Acomayo
Ttio
Acopata
Quiquijana
Ocongate
Tinqui
Vinicunca (Rainbow Mountain) 5200 m
Mahuallane
Pampacolca
Lago Pomacanchi
Río Apurímac
Cusipata
Cordill. Ausangate
Abra Hualla Hualla 4820 m
Quincemil / Pto. Maldonado
Marcapata
Ausangate 6384 m
Llocllora
Checacupe
Lago Tungasuca
Pampamarca
Tungasuca
Yanaoca
Livitaca
Combapata
Tinta
Raqchi, Templo de Wiracocha
San Pedro
San Pablo
Puca Puca
Quehue
Río Vilcanota
Huinchiri
Cordillera Vilcanota
Checca
Sicuani
Langui
Yuraccasa
El Descanso
Marangani
Laguna de Langui
Ocobamba
Layo
Estación Aguas Calientes
Chimboya 5489 m
Yauri (Espinar) / Colca Canyon
Abra La Raya 4335 m
Quelle des Río Vilcanota (Urubamba)
Cunurana 5443 m
Río Santa Rosa
Santa Rosa
Macari
PE 3S
Llalli
Chuquibambilla
Umachiri
Lago Orurillo
Ayaviri
Río Ayaviri
Asillo
(Kartenfortsetzung s. rechts)
Tirapata
(Kartenfortsetzung s. links unten)
Tirapata
Palca
Pucará
0 20 km
Río Pucará
Lampa
PE 3S
Arapa
Arequipa 250 km
Calapuja
Laguna de Arapa
Caminaca
Río Ramis
Cabanillas
34A
Saman
Taraco
Juliaca
Mañazo
Atuncolla
Caracotto
Pusi
Laguna Umayo
Vilque
Sillustani
Paucarccolla
Capachica
Puno
Totorales de los Uros
Isla Amantani
Chucuito
Isla Taquile
Platería
Lago Titicaca (3810 m)
Acora
PE 3S
Llave / boliv. Grenze
© Rkh Verlag Hermann

Heute liegt die alte Inkastraße unter Asphalt. Doch die Reise von Puno nach Cusco folgt auf einer Strecke von rund 390 Kilometern dem alten Weg und passiert dabei Ruinen und fantastische Landschaften.

Vom tiefblauen Titicacasee, auf den sich immer wieder schöne Ausblicke ergeben, geht es über den berühmten Altiplano in die Provinzstadt **Juliaca,** einem günstigen Einkaufsplatz für Alpaka-, Lama- und Schafwoll-Textilien. Bei **Pucara** können die Ausgrabungen zweier Tempel der Pucara-Kultur und eine Kirchenruine der Spanier besichtigt werden. Im Ort gibt es neben einfachen Kneipen und einer Tankstelle ein Museum über die Ausgrabungsstätte. Gezeigt werden überwiegend behauene Steine aus der Pucara-Zeit. Etwas außerhalb von Pucara liegt das Dorf **Santiago de Pupuja,** wo bunte Keramiktiere, die für diese Gegend typischen Tonwaren, hergestellt werden. In der Ferne ragt ein Eisriese, der 5443 Meter hohe *Cunurana* in den Himmel. Auf der kargen Hochebene weiden viele Hundert Lamas und Alpakas.

Mit der Überquerung des 4338 Meter hohen Passes *La Raya,* auch *Punto Culminante* genannt, der die Wasserscheide zwischen Atlantik und Pazifik bildet, wird der eigentliche Altiplano verlassen. Im Nordosten sind die Eisflanken des 5489 Meter hohen *Chimboya* zu sehen. **Sicuani,** der größte Ort in der Gegend, ist ein wichtiges landwirtschaftliches Zentrum, doch Sehenswürdigkeiten gibt es hier nicht. Zum Entspannen laden die *Thermalbäder von Uyumiri* ein, und in der Nähe liegen zu Füßen des Quimsachata-Vulkans die **Ruinen von Raqchi.** Diese weniger besuchte Ruinenstätte überrascht den Besucher mit einem 100 x 25 Meter großen, ungewöhnlichen Tempel im Zentrum einer einst rechtwinklig angelegten Siedlung aus Häusern

Mauerreste von Raqchi

und runden Lagersilos. Die Bauweise der von einer Mauer umgebenen Anlage – vor allem die eher unsaubere Verarbeitung –, ist für die Inkazeit völlig untypisch, was Forschern einige Rätsel aufgibt.

Das kleine Dorf **Tinta** war der Heimatort von Túpac Amaru II., dem inkaischen Freiheitskämpfer des späten 18. Jahrhunderts. Sehenswert ist die Dorfkirche, und wer das Glück hat, am 24. August hier vorbeizukommen, kann die farbenfrohe *Fiesta de San Bartolomé* erleben. In der Nähe von Queswachoca führt die letzte traditionelle Hängebrücke (s.S. 188) aus Pflanzenfasern über den Río Apurímac. Alle zwei Jahre wird sie innerhalb von zwei Wochen am Beginn der Regenzeit von der Bevölkerung von Huinchiri und Quehue erneuert. Die Hängebrücken der Inka wurden 2014 zum UNESCO-Weltkulturerbe erklärt.

Falls die Kirche im Dorf **Checacupe** geöffnet ist, empfiehlt sich ein Blick in das prunkvolle Innere mit einer künstlerischen Kanzel. Der Ort **Urcos** ist bekannt für seinen bunten Sonntagsmarkt, auf den sich nur selten Reisende verirren. Über den Ruinen eines Inka-Tempels erhebt sich eine einschiffige Renaissancekirche mit zwei übereinander liegenden Säulengängen.

Auch das Dorf **Andahuaylillas** wartet mit einem sehenswerten Gotteshaus auf. Die äußerlich eher bescheidene Lehmziegelkirche der Jesuiten ist in ihrem Innern eine der schönsten barocken Kirchen Perus, die vor allem mit ihren Fresken beeindruckt, derentwegen sie auch als die „Sixtinische Kapelle Südamerikas" bezeichnet wird. Die Gemälde der Cusqueñer Schule zeigen schöne Beispiele der Symbiose indigenen Kunststils mit christlichen Darstellungen. Auch der vergoldete Altar ist einen Blick wert. Die Orgel aus dem 17. Jahrhundert ist noch bespielbar und imponiert durch die Klarheit der Töne. 15 Soles.

An einem kleinen Pass kommt das Tor *Rumicolca* in Sicht. Hier wurde der Zugang nach Cusco von Süden her geschützt und kontrolliert. Der heutige Ort Pikillaqta war in der Präinkazeit eine sehr große Aymara-Stadt, der Ursprung der Anlage geht auf die Wari zurück. Außer den Resten hoher Mauern ist aber nicht mehr viel erhalten.

In **San Jerónimo** findet immer noch ein unverfälschter indigener Sonntagsmarkt statt. In der Nähe von Oropesa liegen die sehenswerten Terrassen und voll funktionsfähigen Bewässerungsanlagen von **Tipón,** auch als die „Hängenden Gärten von Tipón" bekannt. Mannigfaltige Keramikfunde weisen darauf hin, dass hier schon vor den Inka Menschen siedelten. Wahrscheinlich war die Anlage eine landwirtschaftliche Versuchsstation der Inka. Das Dorf Tipón ist für seine Cuy-Küche bekannt.

Die Barockkirche des typischen Andendorfs **San Sebastian** präsentiert Gemälde des großen indigenen Künstlers der Escuela Cusqueña, *Diego Quispe Tito.* In diesem Ort fand auch die Schlacht von Salinas zwischen Almagro und den Anhängern Pizarros statt, als es um die Macht im zukünftigen Peru ging.

8 Cusco – Der Nabel der Welt

„Nun war die Hauptstadt Ophirs erreicht. Es war eine Stadt, die jeden zur Bewunderung hinriss. Die Gebäude waren nahezu alle aus Stein, die Straßen regelmäßig angelegt. Wohin man blickte, zeigte sich Wohlstand, ja Luxus. Die Zahl der Bewohner betrug, wie ich später erfahren konnte, 200.000, und in den Vorstädten wohnten ebenso viele Menschen. Dies war verwunderlich und auch nicht verwunderlich, wenn man bedachte, dass Cusco die Hauptstadt eines riesigen Reichs und der Sitz des Hofes und des Adels war."

Aus dem Tagebuch des Augustinermönchs Fray Celso García, der sich der Truppe Francisco Pizarros als „Heidenbekehrer" anschloss, 15.11.1533

Einst war Cusco die Hauptstadt und das Herz des Inka-Imperiums, der „Nabel der Welt", wie die Inka ihre Stadt nannten. Heute ist sie nicht nur die wohl schönste und abwechslungsreichste Stadt Perus, sondern wegen ihrer historischen Bedeutung sicherlich auch eine der interessantesten in Südamerika. Auf Schritt und Tritt stößt man in den Straßen und Gassen auf Zeugnisse und Relikte der wechselhaften Stadtgeschichte: Alte Inkamauern, prächtige Kolonialbauten und reich ausgeschmückte Kirchen erinnern an die bis heute mit Leben erfüllte Vergangenheit. Gleichzeitig ist Cusco Ausgangspunkt für Besuche farbenfroher Märkte und zahlloser Inkastätten in der Umgebung, und natürlich des sagenumwobenen **Machu Picchu.**

Über den Dächern von Cusco, links die Plaza de Armas

Stadt der Inka

Im Tal von Cusco siedelten Menschen der Chanapata-Kultur schon lange, bevor die Inka Cusco als Zentrum ihrer Herrschaft auswählten. Es waren einfache Bauern und Lamazüchter, die das Tal bereits vor über 2000 Jahren bewohnten.

Der Legende nach wurde die Stadt Cusco um das Jahr 1200 n. Chr. von den vom Sonnengott Inti erschaffenen ersten Inca *Manco Capac* und *Mama Ocllo* gegründet. Dem Geschwisterpaar war ein goldener Stab übergeben worden, verbunden mit dem Auftrag, an der Stelle eine Stadt zu gründen, an der sich der Stab mit einem Schlag in der fruchtbaren Erde versenken ließ. Die Wahl fiel auf das Tal um Cusco, und bald entwickelte sich die bäuerliche Siedlung in einer Höhe von 3430 Metern zur blühenden Stadt mit schätzungsweise rund 300.000 Einwohnern.

Der Inca Pachacútec Yupanqui

Seine Blütezeit erlebte Cusco zwischen 1438 und 1527 unter dem 9. Inca *Pachacútec Yupanqui* und seinem Sohn *Inca Túpac Yupanqui,* dem 10. Regenten. Sie waren es, die *Qosqo,* wie der alte Name der Stadt lautete, zum „Nabel" ihres auf Expansion ausgerichteten Reiches machten. Die Herrscher ließen prächtige Tempel und Paläste und die oberhalb der Stadt gelegene mächtige Anlage von **Saqsaywamán,** die als Schutzschild und religiöser Tempel diente, bauen. Cusco war das Zentrum eines Reiches, das sich von der Südgrenze des heutigen Kolumbien bis nach Zentralchile erstreckte.

Doch Cuscos Glanzzeit währte nur kurz: Als Pizarro am 15. November 1533 kampflos in die Stadt einritt, muss sie unermesslich reich und schön gewesen sein. Pizarro ließ fast alles Gold und Silber zusammentragen und einschmelzen sowie viele Paläste zerstören.

Die Inka überließen den Spaniern ihre Stadt jedoch nicht kampflos. Während sich die Fremden in Intrigen und Kämpfen zerstritten, führte Manco Inca ein Heer mit 200.000 Kriegern gegen Cusco. Es gelang ihm, die Festung Saqsaywamán zurückzuerobern, und von hier aus belagerte er die Stadt über mehrere Monate (s.S. 43, „Die Belagerung Cuscos"). Von den Spaniern geplündert und durch die Belagerung der Inka entvölkert, verlor Cusco an Bedeutung, die neu gegründete Hauptstadt Lima nahm seine Stelle ein.

Doch für die Nachfahren der Inka, den Quechua zwischen Ecuador und Nordchile, ist Cusco bis heute die Hauptstadt des alten Inkareiches geblieben. Nirgendwo sonst in Peru sind die alten Sitten und Bräuche lebendiger als hier, viele Straßen wurden wieder mit ihren ursprünglichen Quechua-Namen benannt.

8

Saqsaywamán 1,2 km
Fußweg n. Saqsaywamán 600 m
Cj. 7 Borreguitos
Carretera Saqsaywamán
Plazoleta San Cristóbal
San Cristóbal
Don Bosco
San Blas
Convento de las Nazarenas
Casa Cabrera: Museo MAP
Capilla de San Antonio Abad
Plazoleta Nazarenas
Palacio del Almirante / Museo Inka
Pal. Arzobispal (Palacio Inca Roca)
Htl Quinua Villa Boutique Santa Rosa 8-A, 250 m
Igl. de San Blas
Saqsaywamán, Chinchero, Ollanta
Hotel Andenes de Saphi, Saphi 848, 300 m
Rundgang-Erweiterung
SumaOcha
Condorcancha / Palacio de Pachacutec
Palacio de Viracocha
La Catedral
El Triunfo
Hatuncancha (Casas de ...
Rundgang-Start
Plaza de Armas (Haukaypata)
Santa Teresa
Prefectura (Cabildo)
Mus. de Arte Contemporáneo
Rest. Museo del Pisco
Museo Machu Picchu
Plz. Santa Catalina
...Tupac Inca Yupanqui)
(Acllahuasi)
Igl. y Monast. de Santa Catalina
Plaza Kusipata (Regocijo)
Museo de Historia Natural
La Compañia
Universidad San Ant. Abad
Palacio de Huayna Capac (Amarucancha)
Choco Museo
DIRCETUR
i-Peru
Casa Garcilaso / Museo Histórico Regional
Plazoleta Espinar
Convento y Iglesia La Merced (San Bernardo, ehemaliger Inka-Palast)
Museo Antropolo... (Kusicanc...
Niños Hotel, Meloc 442, 150 m / The Green Shelter B&B, Montero 219-A, 300 m
Reisebüros
Automobilclub
Plaza San Francisco
San Francisco
Casa Valle Umbroso (Escuela de Bellas Artes)
Centro Comercial Cusco
Casas de Cambio
Av. El Sol
Arco Santa Clara
Igl. Sta. Clara
Mercado Central de San Pedro
Templo de San Pedro
Ex-Estación Ferrocarril San Pedro
Abancay
Marktviertel
Tres Cruces de Oro
Plazoleta Santiago 200 m
Wichtiges
1 12-eckiger Mauerstein [D2]
2 Museo Arte Religioso [C2]
3 Scotia Bank [B2]
4 PeruRail [B2]
5 BCP-Bank mit i-Peru [B2]
6 Inca Rail [B3]
7 Dt. Horarkonsulat [D3]
8 i-Peru / Boleto Turístico, Museo de Arte Popular [C4]
9 BCP-Bank [C4]
10 Casas de Cambio [D4]
11 Interbank u. BBVA [D4]
12 Centro Qosqo de Arte Nativo [E5]
13 Migraciones Cusco [E5]
14 Serpost [E5]

Hoteles y Hostales

Albergue Municipal	1	B2
Andenes de Saphi	s.	A2
Antawasi Hotel Cusco	2	E4
Belmond Hotel Monasterio	3	C2
Belmond Palacio Nazarenas	4	C2
Casa San Blas Boutique	5	D2
Dragonfly Hostel	6	A3
Flying Dog Hostel	7	C1
Hostal Amaru Inca	8	D2
Hosteria de Anita	9	D2
Hostal Casa de la Gringa	10	D1
Hostal El Grial	11	C1
Hostal Madre Tierra	12	C1
Hostal Resbalosa	13	B2
Hostal Rojas Inn	14	A2
Hostal Royal Frankenstein	15	A3
Hospedaje Emmanuel	16	A3
Hospedaje Estrellita	17	E3
Hospedaje Turistico Recoleta	s.	H2
Hotel El Portal	18	C5
Hotel Garcilaso II	19	A4
Hotel Los Portales	20	E5
Hotel Quinua Villa Bout.	s.	D1
Hotel Royal Inca	21	A3
Hotel Royal Inca II	22	A3
Hotel Ruinas	23	D2
Hotel San Agustín Intern.	24	D3
Libertador	25	E3
Niños Hotel	s.	A4
Pensión Alemana	26	C1
Piccola Locanda	27	A2
Rumi Punku Hotel	28	C1
The Green Shelter	s.	A4
Tikawasi Casa Boutique	29	D1

Restaurants (Auswahl)

A mi Manera	1	C2
Baco Food & Wine	2	D2
Bagdad Café	3	B2
Chicha (G. Asturio)	4	B3
Chifa Pekin	5	D4
El Mesón de Espad.	6	B3
Fallen Angel	7	C2
Granja Heidi	8	D2
Green Point (veg.)	9	E2
Inkanato	10	D3
Kion (chin./peruan.)	11	C2
La Retama	12	B2
Le Nomade	13	D2
Los Mundialistas	14	D4
Los Toldos Chicken	15	C4
Maikhana (indisch)	16	C4
Mistura Grill	17	B3
Pachapapa	18	D2
Paititi	19	C3
Plaza Café	20	C3
Plus Rest. u.a.	21	B2
Quinta Eulalia	22	C1
Sumaq II	23	D1
Trattoria Adriano	24	C3
Yajúú	25	B3

Colectivos nach …

1 Chinchero 30 km / Moray / Urubamba 60 km / Ollantaytambo 70 km

2 Urubamba / Ollantaytambo (alle über Poroy [12 km] für PeruRail nach MaPi)

Plaza de Armas, Portal de Panes

Die UNESCO erklärte das Zentrum der Stadt 1983 zum Weltkulturerbe. Heute hat Cusco über eine halbe Million Einwohner und ist Sitz eines Erzbistums. Seine 1692 gegründete Universität ist eine der wichtigsten Perus.

Koloniale Kirchen auf den Grundmauern der Inka-Tempel

In seiner blinden Zerstörungswut wollte Pizarro alle Inka-Bauten dem Erdboden gleichmachen. Doch deren mächtige Mauern ließen sich nicht immer einebnen, und so dienen bis heute viele als Grundmauern von Kirchen und Kolonialgebäuden. Immer wieder mussten in den nachfolgenden Jahrhunderten die kolonialspanischen Bauwerke nach Erdbeben wieder neu aufgebaut werden, dagegen überstanden die Mauern der Inka bis heute alle Erdstöße unbeschadet.

Plaza de Armas

Die **Plaza de Armas** war bereits zu Zeiten der Inka das Herz der Stadt. Hier auf dem *Huacaypata*, der, weil Túpac Amaru hier 1572 hingerichtet wurde, auch „Platz der Tränen" heißt, liefen die Straßen des Reiches aus allen vier Himmelsrichtungen zusammen. Gesäumt war er von zumeist mit Gold verzierten Tempeln, Heiligtümern und Palästen, eine 250 Meter lange Goldkette umspannte den mit weißem Meeressand bedeckten Platz. Diese Kette soll so schwer gewesen sein, dass 200 Mann notwendig waren um sie zu tragen. Sie wurde nie gefunden.

Heute ist der Platz von Arkadengängen umgeben, in denen sich Geschäfte, Restaurants und Wechselstuben finden. Nachmittags und abends herrscht eine ungezwungene Stimmung mit bunt gemischtem Publikum, Schuhputz-Kindern, Souvenirhändlern und Straßenkünstlern. Jeden Sonntagvormittag werden auf der Plaza mit einer Zeremonie die Nationalfahne Perus und die Regenbogenfahne der Inka gehisst.

Kathedrale

Über hundert Jahre dauerte es, bis 1654 der Bau der **Kathedrale** an der nördlichen Platzseite vollendet war. Die auf den Grundmauern des Palastes des Inca Viracocha errichtete Kirche wirkt wie ein Bollwerk gegen den Sonnenkult der Inka und ist eine der größten Perus. Im Nordturm hängt die berühmteste und größte Glocke Südamerikas, die *María Angola,* die angeblich 40 Kilometer weit zu hören ist. Beim Gießen der Glocke wurden mehrere Kilogramm Gold verarbeitet – vielleicht ist dies der Grund ihres außergewöhnlich schönen Klanges. Seit einigen Jahren ist die Glocke verstummt, weil die Aufhängung defekt ist und das Geld zum Reparieren fehlt.

Im Innern der Kathedrale befinden sich gut 400 wertvolle Gemälde der *Escuela Cusqueña* (s.S. 153). Auch das wohl berühmteste Bild dieses Kunststils, der indigene und europäische Elemente vereint, ist hier zu sehen: Jesus, der beim Heiligen Abendmahl ein Meerschweinchen verzehrt. Judas ist an der rötlichen Haut zu erkennen. Der Hauptaltar ist aus massivem Silber in spätklassizistischem Stil gearbeitet und verdeckt den ursprünglichen, aus Zedernholz geschnitzten und mit Gold verkleideten Altar. Der barocke Chor aus Zedernholz, dessen Gestühl 40 Heilige zeigt, wird vom Hauptschiff durch ein schön gearbeitetes Holzgitter getrennt.

Eine der Seitenkapellen zeigt auf dem Altar Jesus als den *Señor de los Temblores,* als „Herrn der Erdbeben". Nachdem man diese Statue nach dem großen Erdbeben von 1650 durch die Stadt getragen hatte, und das Beben aufhörte, wird speziell er verehrt. Auf dem Altar in der Seitenkapelle gegenüber sieht man die *Virgen de la Inmaculata Concepción* (Jungfrau der unbefleckten Empfängnis), auch *La Linda,* die Schöne, genannt, die Frauen zum Kindersegen verhelfen soll.

8

Die Plaza de Armas mit der Kathedrale

Iglesia de la Compañía

Iglesia El Triunfo

Der Zugang zur Kathedrale ist nur durch die rechts daneben liegende **Iglesia El Triunfo** möglich, die im 18. Jahrhundert zur Erinnerung an den Inka-Aufstand von 1536 errichtet wurde. Bezeichnenderweise war hier ursprünglich der Platz der inkaischen Waffenschmiede, doch dies brachte den Aufständischen kein Glück: Ausgerechnet das Gebäude, in das sich die Spanier vor den Angriffen der Inka zurückgezogen hatten, blieb von ihren Feuergeschossen verschont. Angeblich erstickte die Muttergottes selber die das Dach in Brand setzenden Flammen. Dem Sieg über die Inka-Rebellen verdankt die Kirche ihren Namen. Der Ausgang erfolgt duch die links liegende Kirche der Heiligen Familie. 25 Soles mit Kathedrale.

La Compañía

Auch die Grundmauern der Kirche **La Compañía** stammen aus der Zeit der Inka. Der wuchtige Bau wurde von den Jesuiten auf den Überresten ihres Schlangentempels errichtet. Sie übertrifft die Kathedrale an Schönheit und Prunk, was einst zu einem Kirchenstreit führte, der sich bis zu ihrer Fertigstellung im Jahre 1668 hinzog. Das Portal, eine Reproduktion des Hauptaltars in Stein, ist eine harmonische Kombination verschiedener Stilrichtungen. Die kahlen Steinwände im Innern sind Zeugen der Vertreibung der Jesuiten 1767, nach der ihre Kirchenschätze versteigert wurden. Geblieben sind herrlich gearbeitete, goldene Altaraufsätze und der reich vergoldete Hauptaltar. Der Altar der „Trostreichen Mutter Gottes" zeigt portugiesischen Einfluss. Bemerkenswert sind die holzgeschnitzten Figuren des Heiligen Franziskus von Assisi und des Heiligen Jerónimo. 10 Soles.

Universität Antonio Abad

Neben der Compañía-Kirche liegt im ehemaligen Kloster die **Universität Antonio Abad,** die von den Jesuiten 1622 gegründet worden war, auch sie erbaut auf Inkamauern. Der Haupteingang wirkt eher wie der einer Kirche, die barocke Fassade zeigt deutlich indigene Einflüsse, und im ersten Moment vermutet hier niemand eine Uni hinter den Gemäuern.

Callejón de Siete Culebras

Viele der Gassen Cuscos scheinen sich bis heute seit der Zeit der Inka nicht sehr verändert zu haben. Im **Callejón de Siete Culebras,** der „Gasse der sieben Schlangen", finden sich einige Steine, die mit Schlangen verziert sind. Sie waren für die Inka Symbole der Weisheit und so markierten sie den Weg zu einer Schule für die Adligen, in der die Kunst des Regierens und der Kriegführung gelehrt wurde.

Calle Hatunrumiyoc

In der längsten und sehr gut erhaltenen Mauer des ehemaligen Palastes des *Inca Roca* in der **Calle Hatunrumiyoc** findet sich der berühmte zwölfeckige Stein. Er wurde äußerst passgenau in das Mauerwerk eingefügt. Die kleine Gasse ist eines der schönsten Beispiele der Kunst der fugenlosen Verblockung riesiger Steine. Die nach außen gewölbten Steinblöcke sind bis zu einem Meter groß und so perfekt behauen und passgenau zusammengefügt, dass sie keinen Mörtel benötigen. Es lohnt sich, die alten Inkamauern genauer zu betrachten. Immer wieder entdeckt man Sonnen, Lamas, Pumas und andere in die Steine gemeißelte Bilder.

San Blas

Dahinter beginnt das Künstlerviertel Cuscos, **San Blas,** dominiert von der äußerlich schlichten, aus Lehmziegeln erbauten *Iglesia San Blas*. Sie stammt aus dem Jahr 1563. Im Innern ist neben einem Altar

Calle Hatunrumiyoc

8

im hochbarocken Stil die schönste Holzschnitzarbeit Cuscos zu sehen, eine barocke Kanzel. Der Legende nach soll ein durch ein Wunder von der Lepra geheilter Indígena sie zum Dank aus einem einzigen Stück Zedernholz geschnitzt haben. In der Mitte ist die Muttergottes dargestellt, daneben die vier Evangelisten und ein Teil der Leidensgeschichte Christi. 15 Soles.

Kirche La Merced

Die Kirche des Ordens von **La Merced** südlich der Plaza de Armas wurde 1536 erbaut und gilt als das älteste Gotteshaus Cuscos. Gleich zweimal wurde es 1650 und 1950 von einem Erdbeben fast völlig zerstört. Sehenswert sind der sehr reich verzierte Hauptaltar und das Chorgestühl aus Zedernholz. Die Gemälde sind wieder typische Beispiele der Escuela Cusqueña. Der schmucken Kirche angeschlossen ist das Kloster mit einem schönen Kreuzgang, einst Ordenszentrum der südamerikanischen Mercedarier. Sein Prunkstück ist der Hostienschrein, eine über einen Meter hohe Kostbarkeit, verziert mit 22 Kilo reinem Gold, über 1500 Diamanten, 600 Perlen und unzähligen Rubinen, Smaragden und anderen Edelsteinen.

Iglesia San Francisco

Die **Iglesia San Francisco** macht einen eher schlichten Eindruck, doch ihr prachtvoll geschnitztes Chorgestühl, das Gemälde des Heiligen Franz von Assisi und der wunderschöne Kreuzgang vor dem alten Garten sind vor dem Besuch des Mercado Central einen Abstecher wert.

Mercado Central San Pedro

Auf dem **Mercado Central San Pedro** hat sich Cusco noch etwas von seiner Ursprünglichkeit bewahrt. Allerdings muss man sich in dieser Gegend vor trickreichen Taschendieben in Acht nehmen. Es wird alles angeboten, was die Indígena zum Leben brauchen, auch – und ganz legal – die traditionellen Coca-Blätter. In ihren bunten Trachten drängen sich die Einheimischen um die Stände, und exotische Früchte wie Papayas, Mangos, Chirimoyas oder Grenadillas reizen zum Probieren.

Museen

Eine Stadt voll unermesslicher Kunstschätze aus unterschiedlichen Epochen, die selber in weiten Teilen wie ein Freilichtmuseum wirkt, lässt vermuten, dass sie über zahllose Museen verfügt. Doch tatsächlich gibt es in Cusco nicht sehr viele.

Museo de Sitio del Qorikancha

Das eindrucksvollste dürfte das **Museo de Sitio del Qorikancha** sein. Als das Beben von 1950 das Kloster Santo Domingo beinahe dem Erdboden gleichmachte, legte es die Überreste des ehemaligen Sonnenheiligtums *Qorikancha* frei.

Qorikancha war ein großes Tempelviertel, dessen Mittelpunkt der prächtige und prunkvolle Sonnentempel war. Seine Mauern waren mit Goldplatten bedeckt und mit Smaragden und Türkisen übersät.

Escuela Cusqueña

In ganz Peru und besonders in Cusco trifft man immer wieder auf Gemälde, die dem Stil der **Escuela Cusqueña** zugeordnet werden. Nachdem die Spanier sich in Peru festgesetzt hatten und damit begannen, Kirchen, Klöster und Paläste zu bauen, bestand zur Ausschmückung ein großer Bedarf an Gemälden, der sich durch europäische Künstler allein nicht decken ließ. *Mateo de Alessio* und der Jesuite *Bernardo Bitti* begannen um 1575, talentierten Indígena und Mestizen europäische Maltechniken beizubringen. Dabei wurden ihre Schüler nicht nur rasch zu Meistern des Kopierens, sondern sie entwickelten mit der Zeit einen eigenständigen Stil, der althergebrachte Elemente kreativ mit indigenen Sichtweisen verband – die *Escuela Cusqueña.*

Ihre meist religiösen Darstellungen werden von einem wichtigen Motiv beherrscht, während sich Nebensächliches unproportional kleiner drumherum gruppiert. Die Gesichter zeigen deutlich indigene Züge, und die Gewänder sind reich mit Ornamenten aus gehämmerten Goldplättchen geschmückt, die an das Dekor der Inka-Kleidung erinnern. Berühmt sind die Werke von *Diego Quispe Tito,* doch viele der Künstler sind namenlos geblieben, denn als Mestizen und Indígena war es ihnen verboten, ihre Werke mit Namen zu kennzeichnen. [KN]

Quechua-Sprache

Quechua wurde von den Inka als allgemeine Verkehrssprache bestimmt, eine kluge Maßnahme, um ihr riesiges Reich zu einen, und es konnte auch nicht verdrängt werden, als später Spanisch offizielle Landessprache Perus wurde. Quechua ist ein Spiegel der inkaischen Kultur: So gab es ursprünglich kein Wort für „Danke", da die Inka-Gesellschaft auf Gegenseitigkeit beruhte: Wer half, dem wurde wieder geholfen, so entstand kein Ungleichgewicht, ein „Danke" war deshalb nicht notwendig. *Runa Simi,* die „Sprache des Volkes", wird noch heute im Andenraum zwischen Kolumbien und Chile in drei verschiedenen Dialekten gesprochen. Heute gibt es an der Universität von Cusco einen eigenen Studiengang für Quechua, und in den Schulen bemüht man sich um eine zweisprachige Ausbildung.

Quechua ist eine faszinierende Sprache, voller Magie und Zauber einer vergangenen alten Zeit. Das Problem ist, dass es nur mündlich überliefert wurde, da die Inka keine Schriftzeichen im herkömmlichen Sinne hatten. Das älteste Quechua-Wörterbuch wurde von dem spanischen Mönch Domingo de Santo Tomás aufgezeichnet, der Bolivianer Jesús Lara schrieb die ersten Romane in dieser Sprache.

Da jedoch die dazu verwendete spanische Orthografie das Lesen erschwerte, wurde 1975 das *Alfabeto Oficial* in Quechua eingeführt. Die meisten geografischen Begriffe in Peru und den angrenzenden Andenländern sind Quechua-Wörter oder Ableitungen, z.B. *-bamba* (Platz), *-huanca* (Fels), *-huaylla* Wiese), *-llacta* (Ort), *-marca* (Hochebene), *-pata* (Gipfel, Abhang), *-picchu* (Berg).

Außenmauer der Qorikancha mit Kloster Santo Domingo

Alles, was das Reich bot, war im Garten des Tempels in Gold oder Silber nachgebildet – vergoldete und silberne Maisstauden standen neben goldbeschlagenen Bäumen und Sträuchern, und Hirten aus Edelmetallen bewachten silberne Lamaherden, die zwischen funkelnden Vögeln, Schlangen und Schmetterlingen weideten.

Im Haupttempel waren die Mumien der verstorbenen Inka-Regenten auf einem goldenen Thron aufgestellt. Jedes Gesicht war mit einer Goldmaske verhüllt, eine Hand hielt ein goldenes Zepter. Die Kleidung bestand aus feinster Vicuñawolle und war mit Goldschmuck besetzt.

Von der einstigen Pracht des Tempels ist heute kaum noch etwas zu sehen. Alles Gold wurde von den Spaniern in ihrer Gier geraubt und eingeschmolzen, geblieben sind nur die Mauern – sofern sie nicht als Steinbruch für das Kloster verwendet wurden. Die Quadersteine der Inka sind so passgenau zusammengesetzt, dass sie, im Gegensatz zu den Klostermauern, auch die bislang verheerendsten Erdbeben überstanden.

Sonne und Gold waren bei den Inka männliche Symbole, das neben dem Sonnentempel liegende Heiligtum der Mondgöttin *Quilla* war dazu das weibliche Gegenstück. Hier waren die Leichname der Königinnen aufgereiht, der Tempel war mit Silber ausgeschmückt.

Kloster Santa Catalina

Auch das Kloster **Santa Catalina** ist heute ein Museum, in dem alte Inkamauern zu bestaunen sind. Das Beben von 1950 legte ausgerechnet unter einem Frauenkloster die Reste des Hauses der Sonnenjungfrauen frei, das zum Sonnentempel Qorikancha gehörte. Im *Acllahuasi* lebten einst auserwählte Frauen, deren Leben dem Sonnengott geweiht war. Ihre Aufgabe war es, das für religiöse Zeremonien verwendete Maisbier *chicha* herzustellen.

Quipus und Tocapus

Zur Übermittlung von Informationen und Daten hatten die *Amautas* (Inka-Gelehrten) die **Quipus** entwickelt. Die Quipus waren kein Schriftersatz, sondern ein mathematisches Knotenschnur-System, mit dem Zahlen, Einheiten und Statistiken festgehalten werden konnten. Nur Fachleute, genannt *Quipucamayocs,* konnten mit Quipus umgehen. Sie erfassten damit die Bestände an Haustieren, Pack-Lamas, Ernteerträgen (Quinoa, Kartoffeln), gewebten Stoffe, Edelmetallen, geleisteten Steuern und sie führten mit Hilfe der Quipus ein Register über die Bevölkerungszahl im Inkareich. Die Spanier verboten 1781 den Gebrauch von Quipus und vernichteten so viele wie möglich. Von heute weltweit noch rund 800 erhaltenen Quipus besitzt das Ethnologische Museum in Berlin etwa die Hälfte.

Der Aufbau eines Quipu ist heute bekannt: Er bestand aus einer dickeren Hauptschnur, an der verschiedenfarbige, dünnere Nebenschnüre als Zahlenträger angebunden wurden. Die Einer, Zehner, Hunderter und Tausender wurden durch die unterschiedliche Lage auf der Nebenschnur und deren Wertigkeit mit der Anzahl der übereinander liegenden Knoten fixiert. Die Farbe der Nebenschnüre zeigte den Bezug der Erfassung an, z.B. stand eine gelbe Schnur für Gold.

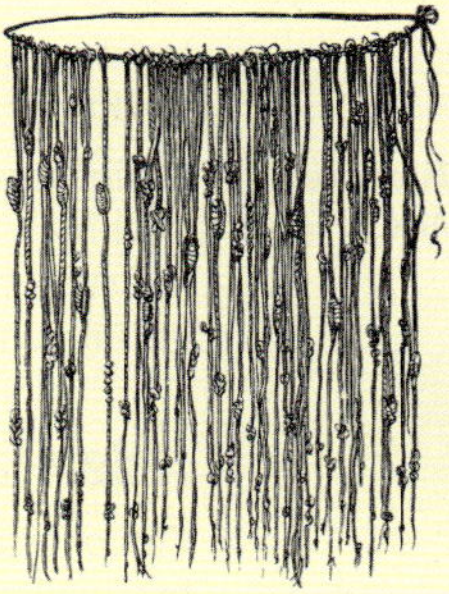

Neben Zahlen-Quipus wurden auch Ideogramme in Form von Bildzeichen, **Tocapus,** verwandt (Bildersprache). In Cusco lag das *Puqincancha,* ein „Bildarchiv", das nur vom Inca und den Amautas betreten werden durfte. Dieses Archiv wurde jedoch bei der Eroberung Cuscos zerstört.

Da die Inka über keine Schriftzeichen verfügten, existieren keinerlei Aufzeichnungen aus der Zeit vor den Spaniern. Erst die Eroberer schrieben die ersten Chroniken nieder, die jedoch unvollständig und, weil aus der Sicht der Spanier geschrieben, einseitig sind. Es gibt aber auch eine Reihe von inkaischen Chronisten, die bald nach Ankunft der Spanier Lesen und Schreiben lernten und in schriftlichen Berichten Religion und Geografie, Kultur und Tradition und Mythen festhielten. [HH]

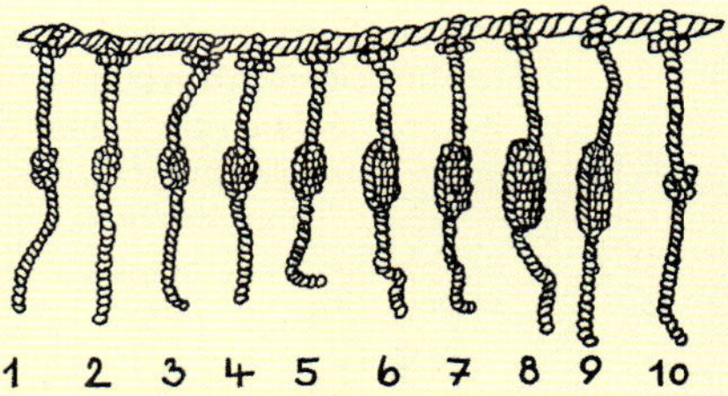

Abb. rechts oben: Ein *quipucamayoc,* ein Inka-Schatzmeister mit einem Quipu, links unten seine Merktafel, eine Art Abakus, für schnelleres Registrieren (Abbildungen nach *Huamán Poma de Ayala).*

Mitte: Ein originaler Quipu

Rechts: Die Form der Knoten bestimmt die Zahl

Unten: *Tocapus,* Inka-Ideogramme, die jeweils einen ganzen Begriff repräsentieren.

8

 Karte S. 146/47

Museo Casa Concha

Die 2011 von der US-Universität Yale an Peru zurück gegebenen 360 Fundstücke aus Machu Picchu können im **Museo Casa Concha,** Calle Santa Catalina Ancha 320, bewundert werden. 20 Soles.

Casa del Almirante

Die sehr schöne **Casa del Almirante** nördlich der Plaza de Armas wurde im 17. Jahrhundert auf den Grundmauern des Palastes des Inka-Herrschers *Huáscar* errichtet. Nachdem das Gebäude beim Beben von 1950 schwer beschädigt worden war, wurde es mit Geldern der UNESCO restauriert und beherbergt heute das sehr sehenswerte **Museo Inka**. Es präsentiert bedeutende Gemälde der Escuela Cusqueña und Keramik, Schmuck- und Gebrauchsgegenstände aus der Inkazeit, außerdem Mumien und trepanierte Schädel. Die sehr lohnende Führung dauert zwei Stunden. 10 Soles.

Museo de Arte Precolombino

Die *Casa Cabrera* an der *Plaza de las Nazarenas* beherbergt das **Museo de Arte Precolombino** für präkolumbische Kunst – ein Muss! Es präsentiert Funde von höchstem künstlerischen Wert, wie Keramiken, Holzfiguren, Gold- und Silberschmuck. Jeder Raum ist einer bestimmten Kultur oder einem Thema gewidmet. Mo–So 9–22 Uhr, 20 Soles.

Museo de Arte Religioso

Die im **Museo de Arte Religioso** ausgestellten Skulpturen und Möbel stammen aus einer privaten Stiftung und vom Erzbistum Cusco. Außerdem beherbergt es bedeutende Gemälde der Escuela Cusqueña. Ein Blick in den schönen Innenhof lohnt auf alle Fälle. Eintritt.

Jeden Tag ein Fest

Cusco feiert zahllose Feste. „Die Spanier haben uns so viele Feste gebracht, damit wir keine Zeit hatten, uns gegen sie aufzulehnen", sagen manche Cusqueños. An Festtagen wird man auf der Plaza de Armas fast unweigerlich den bunten Tanzgruppen begegnen, die sich im Takt ihrer Musik durch die Straßen bewegen. Vorangetragen wird oft eine Heiligenstatue, doch die Masken und Symbole der Tänzer machen deutlich, dass sich hier alte Religionen mit dem katholischen Glauben vermischt haben.

Umzug in Cusco

Zu den wichtigsten Festen gehört die *Semana Santa,* die Karwoche. Der Karfreitag wird mit einer nächtlichen Prozession begangen. Höhepunkt der Osterfeierlichkeiten ist der Ostermontag, an dem die Statue des *Nuestro Señor de los Temblores,* „Unser Herr der Erbeben", durch die Straßen getragen wird, vorbei an tausenden Menschen. Sie alle beten darum, künftig von Erdbeben verschont zu bleiben. Ebenfalls mit einer großen Prozession wird Anfang bis Mitte Juni Fronleichnam begangen. Das wichtigste und größte Fest ist jedoch das **Inti Raymi,** das Sonnwendfest im Juni (Exkurs s.S. 161).

Service Cusco

i-Peru, Casa Inca Garcilazo de la Vega, Calle Garcilazo s/n, Tel. 25-2974, iperu-cusco@promperu.gob.pe, und auf dem Flughafen. Tel.-Vorwahl: 084

Klima

Wer noch nicht an die Höhe gewöhnt ist, dem kann die dünne Luft zu schaffen machen. In den ersten Tagen sollte man es daher langsam angehen lassen. In über 3430 Metern Höhe vermag die Sonne tagsüber die Luft nur wenig zu erwärmen, auch an schönen Tagen erreicht das Thermometer selten mehr als 22 °C, und nachts wird es empfindlich kühl.

Unterkunft

Bereits auf dem Flughafen gibt es Infostände der verschiedenen Hotels. Zahlreiche Schlepper bieten weitere Unterkünfte wie Marktschreier an. Während der Hochsaison ist eine Reservierung angeraten. Nicht alle Hotels sind in der Lage, warmes Wasser rund um die Uhr vorzuhalten.

Hosteria de Anita, Calle Alabado 525-5, Tel. 22-5499, www.hosteriadeanita.com, Stadtplan D2. Sehr schönes Hostal im Künstlerviertel San Blas. Ideal zum Entspannen. DZ/F ab 45 US$. Um 60 US$ kosten die angeschlossenen Amaru Hostales I und II.

8

Pension Alemana, Tandapata 260, San Blas, Tel. 22-6861, www.hotel-cuzco.com, Stadtplan C1.. Die stilvolle, deutschsprachige Familienpension bietet ein erstklassiges Frühstück und verfügt über einen Minigarten. DZ/F ab 66 US$.

Hoteles Garcilaso I & II, Garcilaso de a Vega 233-285, Tel. 22-7951, www.hotelesgarcilaso.com, Stadtplan A4. Kolonialhaus mit schönem Patio, ansprechenden Zimmern, nettem Ambiente, Kaminsalon, Restaurant, Bar. DZ/F ab 72 US$ (Online-Tarif).

Hotel San Agustín International, Calle Maruri 390, Tel. 423-7341, www.hotelessanagustin.com.pe, Stadtplan D3. Sehr schönes Touristenhotel im Gaudí-Stil mit reichhaltigem Frühstücksbüfett. DZ/F 130 US$ (20–40% bei Online-Reservierung).

Hotel Ruinas, Ruinas 472, Tel. 26-0644, www.hotelruinas.com, Stadtplan D2. Rustikales, familiäres und kinderfreundliches Hotel, komfortable Zimmer, Dachterrasse, Restaurant, Patio. DZ/F ab 150 US$.

Hotel Monasterio, Calle Palacio 136, Plaza de las Nazarenas, Tel. 24-1777, www.monasteriohotel.com, Stadtplan C2. Spitzenhotel der Orient-Express-Kette in ehemaligem Nonnenkloster von 1592 mit luxuriösem Ambiente.

Restaurants

Zahlreiche Restaurants finden sich um die Plaza de Armas, in der Calle Plateros und in der Procuradores, sie sind jedoch meist recht teuer und sehr touristisch. Der Cusco-Stadtplan zeigt eine Auswahl.

In der Calle Triunfo empfehlen wir das *Kion* mit chinesisch-peruanischer Küche, etwas weiter Richtung Calle Hatunrumyioc befinden sich in einem

Peruanischer Sauerklee

In den engen und steilen Gassen Cuscos

Innenhof sowohl das *A mi manera* mit traditioneller Küche als auch das *Cicciolina* mit italienisch-spanischem Einfluss.

In der *Granja Heidi,* Cuesta San Blas 525, gibt es Frühstück, Mittag- und Abendessen in erstklassiger Qualität, auch vegetarische Gerichte. Empfehlenswert ist das *Pachapapa* in San Blas, beheizter Patio und auch Gerichte für den kleinen Hunger am Abend. Zahlreiche Quintas bieten als familiäre, kleine Restaurants preiswerte Tagesgerichte an.

Unterhaltung

Im *Centro Qosqo de Arte Nativo,* Av. El Sol 604, gibt es am frühen Abend eine Folkloreshow, ebenso im *Paititi,* Portal Carizos 270. Discotheken: *Uptown,* Portal de Carnes, Plaza de Armas, und *EKO,* Plateros 334, 2. Stock. Beliebt ist auch das *Ukukus,* ebenfalls in der Plateros, No. 316. Eher touristisch und mit Live-Musik ist die Disco *Mama Africa,* Portal Belén/Sta. Catalina, Plaza de Armas, 2. Stock. Das *Planeta Sur Jazz Café,* Plaza de San Blas 630, veranstaltet Jam-Sessions und ist das älteste Jazz-Café in Cusco.

Touranbieter

Liz's Explorer, Calle del Medio 114–116, www.lizexplorer.com, Tel. 24-6619. Ecotouristik, Naturexpeditionen, Inka Trail.

Personal Travel Service, Portal de Panes 123, Tel. 22-5518, www.sharein peru.com. Ausflüge und Touren rund um Cusco, Mietwagen, spezialisiert auf den Besuch von Willoc, einer intakten indigenen Comunidad nahe Ollanta.

Tocapu-Reisen, Cel. 988-555-654, www.tocapu-reisen.com. Dt.-peruan. Familienunternehmen mit Hauptsitz in Cusco, spezialisiert auf maßgeschneiderte Individualreisen aller Art nach Peru und Bolivien. Auch Familien- und Kleingruppen.

Trekperu, Tel. 65-0603, www.trekperu.com. Auf Trekking spezialisierter Veranstalter, der auch klassische Bausteine im Programm hat und über langjährige Erfahrung verfügt.

Einkaufen

Feria Artesanal El Inka, San Andrés/Quera 218. *Feria San Blás,* Plaza San Blás. Alpaca 111, Plaza Regocijo 202 (Alpaca 111 ist der einzige Laden in Cusco, an dem der Verkauf von Vicuña-Wolle offiziell genehmigt ist). *Bazar Paracas,* Sta. Catalina Angosta 120, Alpaka, Silberarbeiten. *Arte Perú,* Plateros 305/Espaderos, Tumis, Schmuckarbeiten. Eine sehr originelle und äußerst wohlschmeckende Süßigkeit gibt es bei *K'uychiwasi,* Carmen Alto 115. Der Inhaber bietet Karamell, Kekse und hausgemachte Schokolade mit gemahlenen Cocablättern an und hat für seine Kreationen den „Slow Food Award" erhalten.

Inkastätten um Cusco

Um die Inkastätten und einige Museen in und um Cusco sowie im Heiligen Tal besuchen zu können, muss für 130 Soles das **Boleto Turístico** gekauft werden, das zum Eintritt von insgesamt 14 Sehenswürdigkeiten berechtigt und 10 Tage lang gültig ist. Näheres auf www.cosituc.gob.pe.

Saqsaywamán In der näheren Umgebung Cuscos finden sich mehrere Inkastätten, die sich gut an einem Tag besuchen lassen. **Saqsaywamán** ist die imposanteste. Wie eine Schöpfung von Titanen erscheinen die mächtigen Mauern der Festung, die Cusco vor Angreifern schützen sollte. Es ist kaum vorstellbar, wie die meterhohen, teils mehr als 100 Tonnen schweren Steinquader zu riesigen, passgenauen Mauerwällen zusammengefügt werden konnten. 20.000 bis 40.000 Menschen sollen rund 70 Jahre lang daran gearbeitet haben. Mit dem Bau Saqsaywamáns wurde unter dem 10. Inca *Túpac Yupanqui* Mitte des 15. Jahrhunderts begonnen. Wahrscheinlich war dabei zunächst mehr an eine religiöse Kultstätte als an eine Festung zur Verteidigung gedacht worden. Den Spaniern diente Saqsaywamán nach dem Sieg über Manco Inca als Steinbruch, doch nur die kleineren Steine waren für sie transportabel.

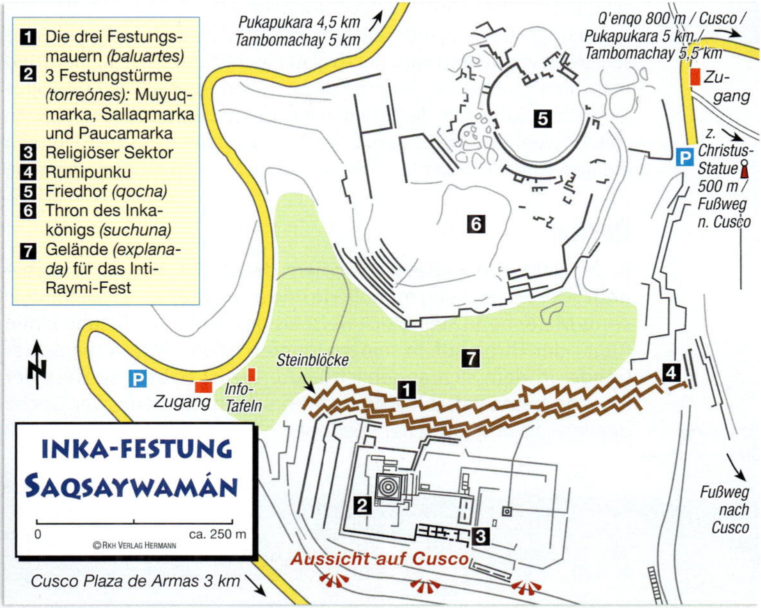

Erhalten geblieben sind terrassenförmig übereinander gebaute Zick-Zack-Mauern. Sie sind 600 Meter lang und haben gewaltige Eckmonolithen. Der Zugang zu den oberen Mauerwällen erfolgt über das *Rumipunku,* dem wuchtigen Hauptportal, das in einer Gefahrensituation mit einem Steinblock geschlossen werden konnte. Im oberen Bereich sind noch die Reste von zwei viereckigen Türmen zu sehen, in denen entweder die Besatzung untergebracht war oder Lebensmittel gelagert wurden. Nach Einbruch der Dämmerung herrscht eine schöne Stimmung durch Beleuchtungseffekte.

Der gegenüberliegende Suchuna-Felsen [6] *(Rodadero)* wurde wahrscheinlich von einem Gletscher so glatt geschliffen, dass er Kindern und manchem Touristen als Rutsche dient. In den Trachytfelsen sind Sitze gemeißelt, auf denen der Inca den Bau der Anlage beobachtet haben soll. Obwohl man nicht genau weiß, zu was diese Ausmeißelungen dienten, wird der gesamte Felsen auch „Thron des Inkakönigs" genannt.

Qocha

In der Nähe von Saqsaywamán liegt der Qocha, das „große Labyrinth". Der vielgestaltig modulierte und ausgehöhlte monolithische, sechs Meter hohe Steinblock weist als größte Ausmeißelung einen Altar oder Thron auf. In seinem Inneren ist ein Netz verwinkelter Gänge, in dem sich angeblich Leute verirrt haben, so dass der Eingang heute verschlossen ist. Wahrscheinlich diente der Qocha den Inka als unterirdischer Friedhof.

Panorama Saqsaywamán

Inti Raymi

Alljährlich sind die Festungsmauern Saqsaywamáns Schauplatz des am 24. Juni zur Sonnwende stattfinden Festes **Inti Raymi,** was soviel bedeutet wie „der Tag, an dem die Sonne angebunden wird". Der Tag der Sonnwende ist eigentlich am 21. Juni und war einer der höchsten Feiertage der Inka. Die Spanier kamen gegen diese Tradition nicht an und versuchten, den 24. Juni, den Tag Johannes des Täufers, quasi als Ersatzfeiertag durchzusetzen. Doch gefeiert wird an diesem Tag nicht der christliche Heilige, sondern der Sonnengott Inti.

Zehntausende von Zuschauern, Einheimische wie auch Touristen, bevölkern an diesem Tag die Felsen und Mauern. Das Inti Raymi ist ein farbenprächtiges Riesenspektakel, bei dem noch einmal die Welt der alten Inka aufersteht, in Szene gesetzt von kostümierten Soldaten, Priestern, Sonnenjungfrauen und Adligen. Der Inka-Herrscher, gleichfalls in Tracht, wird auf einer Sänfte über den Platz getragen.

Das Inti Raymi dauert mehrere Tage. Am 22. Juni wird das Fest mit einem großen Feuerwerk eröffnet. Den ganzen nächsten Tag zieht bis tief in die Nacht hinein ein langer Folkloreumzug durch Cusco. Das eigentliche Spektakel der Sonnenwendfeier beginnt am Morgen des 24. Juni mit der Sonnenzeremonie bei Qorikancha. Schauplatz des Festgeschehens nachmittags ist Saqsaywamán. [KN]

Höhleneingang in Q'enqo mit aus dem Fels geschlagenen Sitzen und Altären

Q'enqo

Wenige Kilometer westlich von Saqsaywamán, an der Straße nach Pisac, liegt mitten in stark zerklüfteten Felsen mit Spalten und Höhlen das Pachamama geweihte Naturheiligtum *Q'enqo*. Auf dem kleinen Platz der Kultstätte steht auf einem Sockel eine Felsskulptur, die einem Puma ähnelt und wahrscheinlich auf einen Steinkult aus der Präinkazeit zurückgeht. Die Reste der von den Spaniern zerstörten Skulpturen und Gravuren auf dem Q'enqo-Felsen konnten bislang nicht entschlüsselt werden. „Q'enqo" bedeutet auf Quechua „das Gewundene" und leitet sich von einer in den Fels gehauenen schlangenförmigen Opferrinne ab. Aus Schalen wurden Trank- oder Blutopfer hineingegossen, die in die Höhlen unterhalb des Felsens flossen. Der Zugang der Höhle wurde mit einem Eingang zur Unterwelt verglichen. Der Weg hinein führt durch einen Engpass von glatt geschliffenen, überhängenden Felswänden. In der Höhle sind Sitze und Altäre aus dem Fels geschlagen. Bei Ahnenfeiern und rituellen Zeremonien saßen hier vermutlich die Mumien.

Pukapukara und Tambomachay

Die kleine Bergfestung **Pukapukara** war ein Kontroll- oder Lageposten, wie es viele im Reich der Inka gab. Der halbkreisförmige Tambo bestand aus Terrassen mit Türmen, Behausungen und Treppen, die von einer Mauer mit kleinen unpolierten Steinen umgeben war. Von Pukapukara aus wurde die heute noch erkennbare Inkastraße nach **Tambomachay** überwacht. Ununterbrochen plätschern in dem Wasserheiligtum die Quellen mit beinah melodiösem Klang durch den sonst stillen, fast mystischen Ort, der einen unwillkürlich innehalten lässt. Über vier terrassenförmig ansteigende Mauern mit

Inka-Landsitz und Wasserheiligtum Tambomachay

den für die Inka typischen, trapezförmigen Nischen ergießt sich sprudelnd das Wasser durch steinerne Kanäle in Becken. Das Wasser stammt wahrscheinlich von einem unterirdischen Bach oder einer alten Inka-Wasserleitung. Da Wasser in Becken nach unserer Auffassung meist gleichbedeutend mit „baden" ist, wird die Anlage auch „Bad des Inca" genannt. Doch ob hier, wie manche vermuten, tatsächlich müde Stafettenläufer badeten oder ob der Inkaherrscher kultischen Wasserzeremonien beiwohnte, wird ein Geheimnis bleiben.

Cusilluyoc

Auf dem Rückweg nach Cusco bietet sich ein Abstecher zu dem Ruinenkomplex von **Cusilluyoc** an. Sehenswert sind in den Stein eingeschlagene Sitze, Treppenstufen und ein durch den Fels führender Höhlengang. Auf der anderen Seite des Felsens sind ebenfalls gehauene Öffnungen mit Zeremonialsteinen zu sehen, außerdem Reliefs, die Pumas, Affen und Schlangen darstellen.

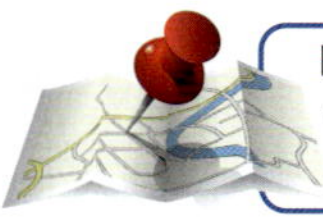

Bitte schreiben oder mailen Sie (verlag@rkh-reisefuehrer.de), wenn sich in Peru und Bolivien Dinge verändert haben oder Sie Neues wissen. Wir beantworten jede Zuschrift. Danke!

9 Das Heilige Tal der Inka

Als wir weiter das Tal hinab auf dem kürzlich von der Regierung gebauten Pfad gingen, fanden wir uns in einer wunderschönen Schlucht wieder. Die Gipfel auf beiden Seiten sind so hoch, dass, auch wenn der Pfad häufig im Schatten dichten tropischen Dschungels liegt, viele der Berge mit Schnee bedeckt sind und einige Gletscher haben. Es gibt kein anderes Tal in Südamerika, das so verschiedene Schönheiten und so viel Charme hat.

Hiram Bingham in National Geographic, 1913

Mit seinen fruchtbaren Böden und dem angenehm milden Klima war das tief in die Berge eingeschnittene Tal des Urubambaflusses zwischen Ollanta und Pisaq für die Inka von großer Bedeutung. Feldbauterrassen ziehen sich die Berghänge bis in schwindelnde Höhen hinauf, um jeden Fleck der ertragreichen Erde zu nutzen.

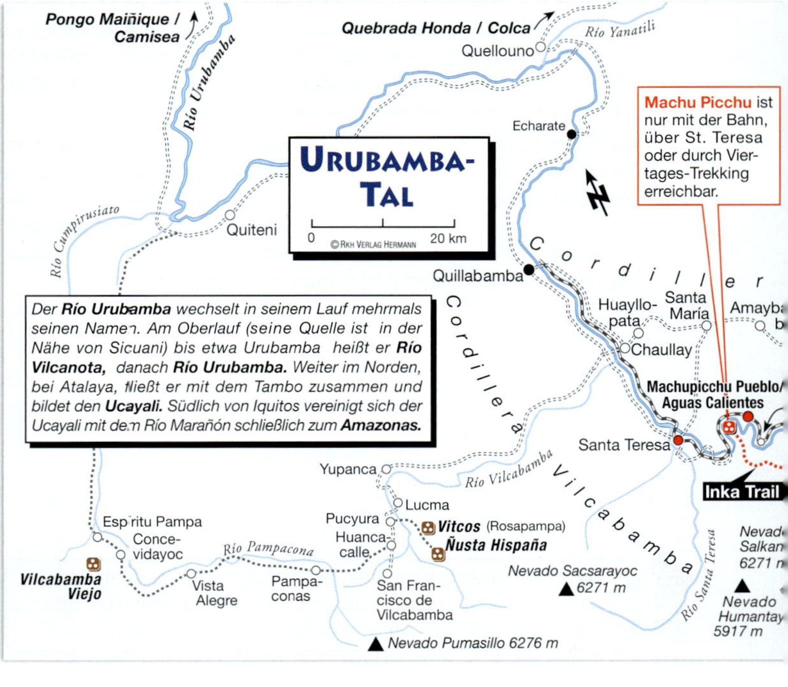

Landschaftsszene Valle Sagrado

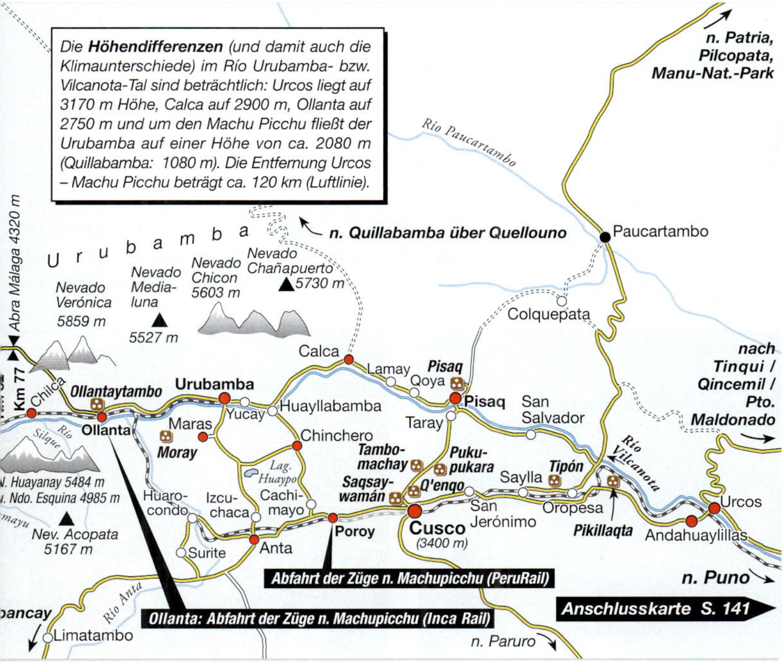

Der **Terrassenbau** ist eine der herausragenden und augenfälligen Kulturleistungen der Inka. Erst durch die Terrassierungen, die bis auf 4500 Meter Höhe reichen, konnte ausreichend landwirtschaftliche Nutzfläche geschaffen werden, um die Bevölkerung des Hochlandes zu versorgen. Auch wurde so das schnelle Abfließen des Regenwassers ermöglicht und die steilen Hänge vor Bodenerosion geschützt.

Terrassenanlagen müssen ständig gewartet werden, da sie sonst in kürzester Zeit weggeschwemmt oder verfallen würden. Das Regenwasser wird in einem ausgeklügelten System über die Terrassen geleitet. Dabei wird das Oberflächenwasser von der oberen Terrasse noch vor der Stützmauer in den Boden geleitet, wo es danach die nächste Terrasse bewässert. Bis heute ist das **Valle Sagrado de los Incas** eine wichtige landwirtschaftliche Anbaugegend Perus, von hier stammt der weiße, schmackhafte Riesenmais. Farbenfrohe Märkte, faszinierende Ruinen, Sagen und Legenden ziehen fast jeden Perubesucher an.

Markt und Ruinen von Pisaq

Berühmt ist Pisaq vor allem für seinen traditionellen **Sonntagsmarkt.** Schon vor Sonnenaufgang laden die Marktfrauen ihre Produkte und Waren von den Transportern ab und breiten ihr Angebot auf dem Kopfsteinpflaster aus. Alles, was in der Region wächst, ist hier zu finden: Zwiebeln, Kartoffeln, Mangos, Mais, Avocados, Kohlköpfe, Kräuter, Melonen, Bananen, Zitrusfrüchte – um nur eine kleine Auswahl zu nennen. Langsam schiebt sich die Sonne über den Berg. Ihre Strahlen tauchen die friedliche Szene in ein warmes Licht, die gelegentlich von einer nicht immer melodiös spielenden Blaskapelle begleitet wird. Von den Garküchen ziehen verlockende Gerüche über den Platz. Fleisch, frittierte Fische, Mais, gekochte Kartoffeln, Reis und Suppen werden frisch zubereitet. Besucht wird der Markt von unzähligen Touristen, und so ist auch das Angebot an

Auf dem Markt von Pisaq

Hoch über dem Ort befindet sich die einstige Inka-Bergfeste

Textilien und Souvenirs groß. Gegen Nachmittag, wenn der Mark zu Ende geht, bieten sich gute Möglichkeiten zum Feilschen.

Ruinen von Pisaq

Hoch über der kleinen Stadt thronen die mächtigen **Ruinen von Pisaq.** Dorthin führt ein Weg durch Terrassenanlagen über steile Stufen, die in die Geländemauern eingelassen sind. Der Aufstieg nimmt mindestens eine Stunde in Anspruch, doch die mit jedem Schritt schöner werdende Aussicht über das Tal des Río Urubamba und auf die Berge der Umgebung lohnt die Mühe.

Auf einem schmalen Bergvorsprung, 300 Meter über dem Tal, errichteten die Inka nicht nur eine Festung, sondern eine regelrechte Stadt, die durch eine Befestigungsmauer, Tore und Bastionen geschützt war. Sie konnten von hier oben sowohl das Urubambatal als auch die umliegenden Seitentäler überblicken. So hatte Pisaq auch eine hohe strategische Bedeutung und war nach Cusco eine der wichtigsten Städte der Inka.

Die ganze Anlage erstreckte sich über mehrere Quadratkilometer und umfasste Häuser, Paläste und Tempel. Sogar ein riesiger Friedhof mit unzähligen Felsgräbern und ein 16 Meter langer, unterirdischer Gang sind vorhanden. Herausragend im doppelten Wortsinn ist der *Intiwatana*, ein senkrecht nach oben ragender, reich verzierter Felszacken, in seiner Form einem Zuckerhut ähnlich. Anhand seines Schattens wurde der tägliche Sonnenverlauf beobachtet. Das Heiligtum ist von einer außergewöhnlich sorgfältig gearbeiteten Mauer umgeben. Interessant ist auch die Bewässerungsanlage, die noch immer funktioniert.

Sehr beeindruckend ist das **Freilichtmuseum** in der Nähe von Calca. Acht verschiedenen altperuanischen Kulturen wurde jeweils ein Haus gewidmet, das nach historischem Vorbild errichtet wurde. Infos: www.museoinkariy.com. 35 Soles.

Panorama von Ollantaytambo – Blick vom unvollendeten Sonnentempel

Die Festung Ollantaytambo

Ollanta

Seit der Inkazeit veränderte sich der Grundriss des kleinen, verschlafenen Ortes **Ollanta** so gut wie nicht. Er gilt als einer der ältesten, ständig bewohnten Orte Südamerikas. Mit dem Ortsnamen ist auch das einzige, nur mündlich überlieferte Drama der Inkazeit, *Ollanta,* verbunden: Der Feldherr *Ollantay,* von einfacher Herkunft, verliebt sich in die schöne Inkaprinzessin *Cusi Coyllur* (Morgenstern), Tochter des Inca Pachacuti. Ihr Vater ist gegen die Verbindung, da Ollantay nicht aus demselben Stand kommt. Pachacuti schikaniert die beiden so lange, bis sich Ollantay nach einem siegreichen Feldzug gegen ihn erhebt und die Inkaprinzessin heimlich heiratet. Der Inca lässt daraufhin die Prinzessin in einem Gefängnis „verschwinden".

Der Nachfolger Pachacutis, sein nichtsahnender Sohn Inca Túpac Yupanqui, befreit seine Schwester Cusi Coyllur aus dem Gefängnis. Er hat Verständnis für die Liebenden und rehabilitiert Ollantay. Ollanta wird heute gelegentlich als Nationaldrama in Saqsaywamán aufgeführt.

Festung Ollantaytambo

Wie ein Adlerhorst thront über Ollanta die **Festung Ollantaytambo.** Hier, an einer strategisch wichtigen Stelle im Heiligen Tal, ließ sich von dem mächtigen Bergsporn aus die gesamte Gegend kontrollieren. Auch nach dem Eindringen der Spanier in das Reich der Inka wurde die Festung weiter ausgebaut und diente den letzten Inka als Bastion, gegen die die Eroberer vergeblich anstürmten. Ollantaytambo hatte aber auch eine große religiöse Bedeutung, denn hier wurden die Herzen der toten Inkaherrscher bestattet, die Mumien dagegen im Sonnentempel in Cusco aufbewahrt.

Inkastatue in Ollanta

Über schier endlos scheinende Stufen führt der steile und beschwerliche Weg über Terrassen hinauf auf den Bergsporn. Über einen Felspfad gelangt man zu einem unvollendeten Sonnentempel. Seine Mauer besteht aus sechs tonnenschweren, kunstvoll glatt geschliffenen Megalithen aus rötlichem Granit, die jedoch nicht in der typischen Bauweise der Inka fugenlos aneinandergefügt wurden, sondern kleine, mit passgenauen Steinen aufgefüllte Zwischenräume aufweisen. Die riesigen Steinblöcke wiegen bis zu 50 Tonnen. Es ist kaum vorstellbar, wie die Baumeister der Inka diese monumentalen Steinblöcke, ohne Benutzung von Rad oder Flaschenzug, vom Steinbruch auf der anderen Talseite über den steilen Berg hinauftransportiert haben. Unterhalb der Festung liegt das *Baño de la Ñusta,* das „Bad der Prinzessin", das aber kein Bad, sondern eine heilige Quelle aus der Vorinkazeit ist. Sie war dem Wassergott zur Erhaltung der Fruchtbarkeit der Felder geweiht. Über eine mit einem geometrischen Ornament verzierte Steinplatte läuft

9

Ollantaytambo-Baukunst mit Hebewülsten beim Mondtor

Markt in Chinchero

das Wasser in ein Becken und weiter in die umliegenden Gärten. Bemerkenswert ist auch ein Operationstisch für Trepanationen (operative Schädelöffnungen, s.S. 81). In seine Vertiefungen passt ein Kopf genau hinein.

Marktplatz Chinchero

Jeden Sonntag findet auf dem idyllisch gelegenen Hauptplatz vor der Kirche Chincheros ein malerischer Mark statt, der sowohl für Reisende als auch für die Bewohner des Valle Sagrado ein Anziehungspunkt ist. Hier werden neben Textilien und Souvenirs für die Touristen vor allem Obst und Gemüse, Mais, Kartoffeln und Chicha angeboten. Ursprünglich war dies ein traditioneller Tauschmarkt, die Kundschaft besteht heute fast ausschließlich aus Touristen. Bekannt ist Chinchero aber hauptsächlich für seine traditionellen Webarbeiten. In wundervolle Trachten gekleidete Einheimische zeigen Interessierten ihre Kunstfertigkeit.

Der Hauptplatz wird von alten Inkamauern mit Trapeznischen eingerahmt, unterhalb der Kirche sind einige Ruinen zu sehen, wahrscheinlich Reste eines Palastes des Inca Túpac Yupanqui.

Alte und neue Terrassen

In der Nähe von Urubamba liegen zwei ganz unterschiedliche Terrassenanlagen: Die Salinas von Maras und die Ruinen von Moray. Die **Salinas von Maras oder Pichingote** sind eine Salzgewinnungsanlage, die aus rund 4500 übereinander am Berghang angeordneten Becken besteht – ein beeindruckendes Labyrinth aus strahlend weißen Teichen, die durch ein ausgeklügeltes Bewässerungssystem miteinander verbunden sind. Über dieses wird Salzwasser aus einer

Weben in den Anden

Textilhandwerk und Weben gehen in Peru Tausende von Jahren zurück. Älteste textile Funde werden auf rund 2500 v.Chr. datiert. Berühmt sind die *mantos,* Grabtücher der Paracas. Neben Baumwolle wurde nach der Domestizierung von Lamas und Alpakas auch deren Wolle mit ihrer natürlichen Färbung verwendet. Seit etwa 1000 v.Chr. kommen Webgeräte zur Anwendung, die Herstellung des Garns erfolgt mit Hilfe von Handspindeln. An der Spindel hängt unten ein Schwunggewicht, der sogenannte „Wirtel" zum Straffen des des Garns *(Abb. oben rechts und Foto unten).*

Bekannt sind drei Arten von Webgeräten: Der vertikale Webstuhl, der horizontale sowie der **Rückenbandwebstuhl,** noch heute ein gebräuchliches Webgerät in Peru. Er besteht aus zwei parallelen Holzstäben, wobei der sogenannte „Kettbaum" an einem Baum oder Pfahl befestigt wird, der „Brustbaum" mit einem Gurt wird um den Rücken der Weberin geschlungen. Durch Vor- oder Zurücklehnen werden die Fäden gespannt oder gelockert. Diesen Rückenwebstuhl benutzten sowohl die Völker der Küste *(s. Abb. oben links auf einer Mochica-Keramik)* als auch die Frauen der Inka *(Abb. Mitte).* [HH]

Das blendende Weiß der Solebecken der Salineras de Maras

Die landwirtschaftlichen Terrassen von Moray

nahe gelegenen Quelle in die Teiche eingespeist. Nachdem das Wasser verdunstet ist, bleibt reines Salz zurück. Betrieben wird die Anlage von lokalen Kooperativen, die von April bis November aus jedem Becken monatlich rund 300 Kilo Salz gewinnen. 10 Soles.

Wesentlich älter, aber nicht minder beeindruckend sind die kreisförmigen Terrassen von **Moray** aus der Inkazeit, die an ein Amphitheater erinnern. Vermutlich aber dienten die übereinander angeordneten Terrassen der Agrarforschung. Auf den verschiedenen Ebenen wurden verschiedene Pflanzenarten ausgesät und beobachtet, in welcher Lage sie am besten gedeihen.

Unterkünfte im Valle Sagrado

Urubamba

Hospedaje Los Jardines, Av. Convencion 459, Urubamba, Tel. 20-1331, http://hospedajelosjardines.blogspot.com. Inmitten einer schönen Gartenanlage gelegenes, ruhiges Hostal. DZ ab 55 Soles.

San Agustín Monasterio de la Recoleta Boutique, La Recoleta (Ortsausgang Richtung Pisaq), Urubamba, Tel. 20-1666, www.hotelessanagustin.com.pe. Ein schönes ehemaliges Franziskanerkloster aus dem 16. Jahrhundert, heute ein sehr geschmackvolles Touristenhotel, doch recht spartanische Zimmer. DZ/F ab 176 US$ (20–50% bei Online-Reservierung).

Hotel Rio Sagrado, km 75,8, außerhalb von Urubamba Richtung Ollantaytambo, Tel. 20-1631, www.riosagradohotel.com. Luxus-Hotel der Orient-Express-Kette direkt am Fluss Urubamba mit großzügiger Gartenanlage.

Pisac

Pisac Inn, Plaza Constitucion 333, Pisaq, Tel. 20-3061, www.pisacinn.com. Direkt an der Plaza von Pisaq gelegen, ideal zum Marktbesuch. Sehr gutes angeschlossenes Restaurant. DZ/F ab 206 Soles.

Ollanta

El Albergue Ollantaytambo, direkt am Bahnhof, etwa 1 km von der Plaza, Tel. 20-4014, www.elalbergue.com. Gepflegtes, schönes Haus, 6 saubere Zi., Sauna. DZ/F ab 230 Soles, Reserv. sinnvoll.

Weitere Unterkünfte s. Karte Ollanta.

10 Machu Picchu

... Der Bauer sagte, dass (es) auf der Höhe eines prächtigen Abgrundes in der Nähe einige Ruinen in einem Ort, der Machu Picchu genannt werde, gäbe (...). Er bot an, mir die Ruinen zu zeigen, (...) wenn ich ihn für diesen Dienst gut bezahlen würde. Seine Vorstellung einer angemessenen Bezahlung waren 50 Cent pro Tag. (...) Abgesehen von einer Hütte und ein paar steingefassten Terrassen schien es hier keine Ruinen zu geben, und ich begann zu denken, dass ich meine Zeit verschwendet hatte. (...)

Alsdann fanden wir uns in der Mitte eines tropischen Waldes wieder, unter dem Schatten der Bäume konnten wir eine große Menge alter Mauern ausmachen, die Ruinen von Gebäuden aus Granitblöcken, einige von ihnen waren wunderschön im höchst verfeinerten Stil der Inka-Architektur ineinander gepasst. (...) Dies brachte mich zu der Überzeugung, dass sich Machu Picchu als die größte und wichtigste Ruine erweisen könnte, die in Südamerika seit der Eroberung durch Spanier entdeckt wurde.

Hiram Bingham in National Geographic, 1913

Wer morgens die noch still vor einem liegende Felsenstadt Machu Picchu im weichen Licht der aufgehenden Sonne sieht, wird diesen majestätischen Anblick niemals vergessen.

Machu Picchu in Nebelschwaden. Rechts das „Haus des Wächters" (Recinto del Guardián)

Wie verwunschen liegt die Stadt zwischen den mächtigen, dicht bewachsenen Bergen, langsam steigt der Morgennebel empor und gibt einen Blick über die Ruinenstadt frei, die tatsächlich genau so aussieht, wie man sie von unzähligen Fotos kennt. Das sagenumwobene Machu Picchu gilt als Höhepunkt jeder Perureise. Doch nicht nur die Felsenstadt selbst, auch der Weg dorthin gerät zum unvergesslichen Erlebnis: Faszinierend ist die Anreise mit dem Inkazug durch das Urubambatal, legendär die mehrtägige Wanderung auf dem Inka Trail.

Die Zugfahrt

Begonnen wurde mit dem Bau der Schmalspurbahn nach Aguas Calientes, der Talstation am Fuß von Machu Picchu, im Jahr 1913. Die Trasse erforderte viele Sprengungen, Tunnel mussten durch den Fels gebohrt werden. Von Poroy westlich von Cusco fährt der Zug nach Ollantaytambo und ab da entlang des Río Urubamba immer weiter hinab in das tropisch-üppige Grün des Bergregenwaldes, vorbei an kleinen Dörfern und mächtig aufragenden, schneebedeckten Bergriesen. Die Fahrt mit dem Zug ist neben dem Inka Trail zu Fuß die einzige Möglichkeit, nach Machu Picchu zu gelangen. Touristen können zwischen den beiden Gesellschaften *Peru Rail* und *Inca Rail* wählen, die jeweils unterschiedliche Züge und Wagenklassen mit den Abfahrtsorten *San Pedro* (Cusco), *Poroy* (bei Cusco) und *Ollanta* (Heiliges Tal) anbieten. Pro Strecke werden mindestens 50 US$ fällig, in der Luxusvariante „Hiram Bingham" sogar knapp 400 US$! Der nur wenige Soles kostende Tren Local ist den Einheimischen vorbehalten, ihn zu benutzen ist Touristen bei Strafe untersagt.

Camino Inca

Der ehemalige Versorgungs- und Nachschubweg der Inka für Machu Picchu ist der am häufigsten begangene Trail Südamerikas. Zigtausende Wanderer stellen sich jedes Jahr den Herausforderungen der knapp 45 Kilometer langen Strecke. Zeltplätze wurden knapp und Müll zu einem immer größeren Problem. Die Zahl der Wanderer wurde daher beschränkt und der Pfad darf nur noch in Gruppen und mit lizenzierten Führern begangen werden.

Der 1942 wiederentdeckte Pfad führt über karge Hochplateaus, vorbei an schneebedeckten Gipfeln und Inkaruinen durch teils unberührte Natur. Vier Tage dauert die Wanderung auf dem mit grobem Pflaster belegten Pfad. Steile Stufen schlängeln sich die Pässe hinauf, Stege führen über kleine Wasserläufe. Gleich am ersten Tag ist der wohl schwierigste Punkt des Trails zu meistern: Der 4200 Meter hohe *Abra Warmiwañusqa,* der „Pass der Toten Frau", ist der höchste der Strecke,

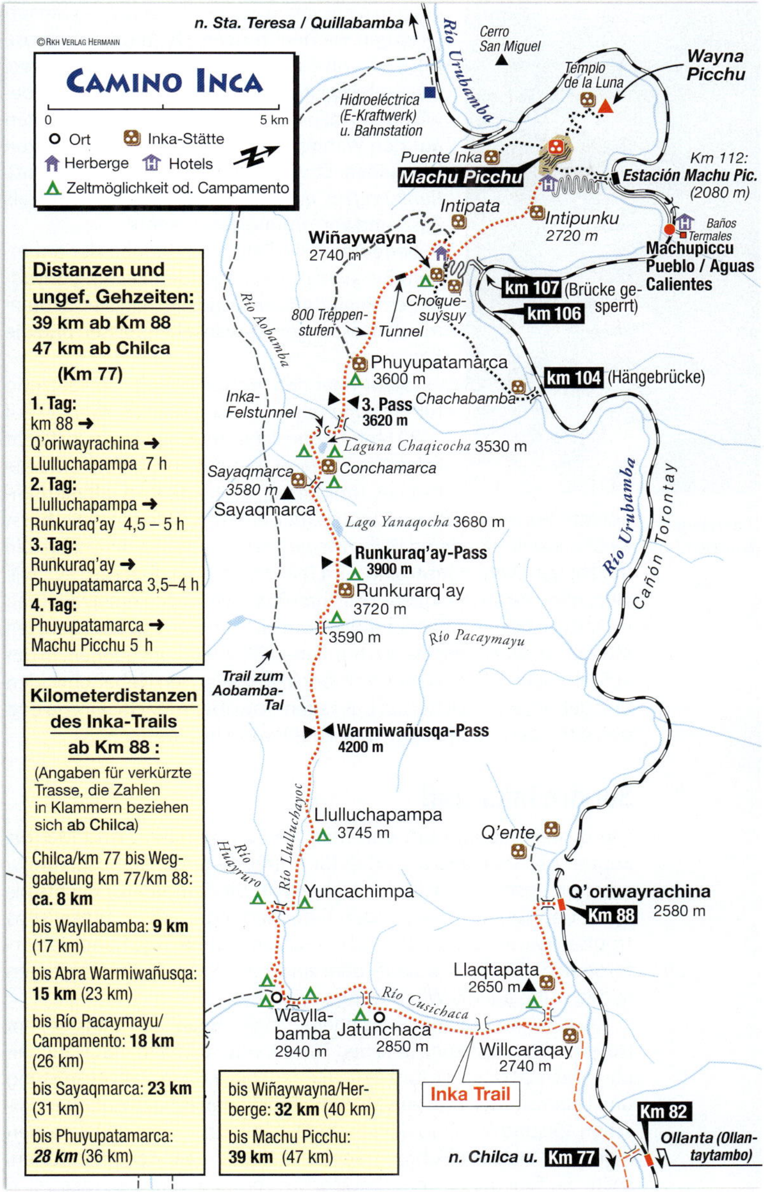
©RKH VERLAG HERMANN
CAMINO INCA
0
5 km
Ort
Inka-Stätte
Herberge
Hotels
Zeltmöglichkeit od. Campamento
n. Sta. Teresa / Quillabamba
Río Urubamba
Cerro San Miguel
Wayna Picchu
Templo de la Luna
Hidroeléctrica (E-Kraftwerk) u. Bahnstation
Puente Inka
Machu Picchu
Km 112:
Estación Machu Pic. (2080 m)
Intipata
Intipunku 2720 m
Baños Termales
Machupiccu Pueblo / Aguas Calientes
Wiñaywayna 2740 m
km 107 (Brücke gesperrt)
km 106
Choquesuysuy
800 Treppenstufen
Tunnel
Río Aobamba
Phuyupatamarca 3600 m
km 104 (Hängebrücke)
Inka-Felstunnel
3. Pass 3620 m
Chachabamba
Laguna Chaqicocha 3530 m
Conchamarca
Sayaqmarca 3580 m
Sayaqmarca
Lago Yanaqocha 3680 m
Runkuraq'ay-Pass 3900 m
Runkurarq'ay 3720 m
Río Urubamba
Cañón Torontay
3590 m
Río Pacaymayu
Trail zum Aobamba-Tal
Warmiwañusqa-Pass 4200 m
Llulluchapampa 3745 m
Q'ente
Río Huayruro
Río Llulluchayoc
Yuncachimpa
Q'oriwayrachina
Km 88
2580 m
Llaqtapata 2650 m
Waylla-bamba 2940 m
Jatunchaca 2850 m
Río Cusichaca
Willcaraqay 2740 m
Inka Trail
Km 82
Ollanta (Ollantaytambo)
n. Chilca u. Km 77
Distanzen und ungef. Gehzeiten:
39 km ab Km 88
47 km ab Chilca (Km 77)
1. Tag: km 88 → Q'oriwayrachina → Llulluchapampa 7 h
2. Tag: Llulluchapampa → Runkuraq'ay 4,5 – 5 h
3. Tag: Runkuraq'ay → Phuyupatamarca 3,5–4 h
4. Tag: Phuyupatamarca → Machu Picchu 5 h
Kilometerdistanzen des Inka-Trails ab Km 88 :
(Angaben für verkürzte Trasse, die Zahlen in Klammern beziehen sich ab Chilca)
Chilca/km 77 bis Weggabelung km 77/km 88: ca. 8 km
bis Wayllabamba: 9 km (17 km)
bis Abra Warmiwañusqa: 15 km (23 km)
bis Río Pacaymayu/Campamento: 18 km (26 km)
bis Sayaqmarca: 23 km (31 km)
bis Phuyupatamarca: 28 km (36 km)
bis Wiñaywayna/Herberge: 32 km (40 km)
bis Machu Picchu: 39 km (47 km)

Unterwegs auf dem Inka Trail

auf den nicht selten erschöpfte Wanderer hinaufgetragen werden müssen. Doch der grandiose Ausblick von ihm entschädigt für die Strapazen. Dies ist bei weitem nicht der einzige Pass, der bewältigt werden muss. Doch immer wieder warten auf den Wanderer „Belohnungen" in Form von Inkaruinen. Etwa das aus hellem Granit erbaute *Runkuraq'ay,* ein Stützpunkt, der den Inka als Rast- und Versorgungslager diente.

Bedeutend sind auch die Ruinen der auf einem Bergvorsprung liegenden Festung *Sayaqmarca.* Beeindruckend sind die massiven Schutzmauern, die engen, verwinkelten Gassen und die Kanäle.

„Stadt über den Wolken" ist die Übersetzung für *Phuyupatamarca,* einen Namen, den die auf 3630 Meter Höhe liegende Ruinenstadt zu Recht trägt. Am Eingang spendet eine gefasste Quelle frisches Trinkwasser, bis heute sind raffiniert angelegte Wasserkanäle und Steinbäder erhalten. Wie ein Adlerhorst klebt die kleine Siedlung *Wiñaywayna* am terrassierten Berghang. Die unzähligen Wohnhäuser sind zum Teil vom Urwald überwuchert, wie verzaubert liegen Steinbäder mit ihren kunstvollen Steinmetzarbeiten im satten Grün. Ein beliebter Platz um zu Campen und am nächsten Morgen in aller Frühe die letzten sieben Kilometer anzugehen. In der aufgehenden Sonne heben sich langsam die letzten Nebelschwaden und geben den Blick frei auf das sagenumwobene Machu Picchu und den dahinter aufragenden Sporn des Wayna Picchu.

Service Inka Trail

Die besten Monate um den Inka Trail zu begehen, sind Mai bis September. Im Februar wird er für Aufräum- und Instandsetzungsarbeiten geschlossen. In den Höhen fällt die Temperatur nachts bis unter den Gefrierpunkt, in den tiefer liegenden Abschnitten ist es tropisch warm. Wegen den hohen Pässen ist eine gute Kondition erforderlich, wer an Kreislauf- oder anderen Gesundheitsproblemen leidet, sollte auf die Wanderung verzichten.

Pauschal-Arrangements beinhalten in der Regel den Transfer vom Hotel in Cusco bis zum Trail, den Eintritt von 50 US$ in den Nationalpark Machu Picchu, die Kosten für Führer, Träger, Koch, Zelt, Ausrüstung und Lebensmittel. Die Preise für eine Tour liegen je nach Anbieter zwischen 450 und 600 Euro oder mehr. Da täglich nur noch 500 Personen – und das inklusive Führer, Träger und Köche – auf den Pfad dürfen, sollte die Tour mindestens drei Monate vorher gebucht werden.

Zugangsbeschränkungen

Der Zugang zum Inkatrail ist streng limitiert, der Trek darf nur mit lizenziertem Führer begangen werden. Lediglich 500 Wanderer, und zwar inklusive Bergführern, Trägern und Köchen, dürfen sich pro Tag auf den Weg machen. Die Teilnehmerzahl beträgt bei einem Gruppenarrangement maximal 16 Personen. Das reicht bei weitem nicht aus, um die starke Nachfrage zu decken, so dass die Plätze, besonders in den Spitzenzeiten Juni bis September, oft schon lange im Voraus ausgebucht sind. Wer nach Peru reist und den Inkatrail begehen will, sollte bereits Monate im Voraus von Deutschland aus bei einem Veranstalter buchen. Im Februar ist der Trail wegen Wartungsarbeiten nicht begehbar. Mit weiteren restriktiven Bestimmungen ist zu rechnen.

Touranbieter

Trekperu, Tel. 65-0603, www.trekperu.com. Hilfsbereiter peruanischer Anbieter, gute Organisation, zuverlässige Träger, nachhaltiger Tourismus.

Personal Travel, Portal de Panes 123, Tel. 24-4036, www.shareinperu.com. Ausflüge und Touren rund um Cusco und nach Machu Picchu, Mietwagen. Spezialisiert auch auf den Besuch von Willoc, einer intakten indigenen Comunidad nahe Ollanta.

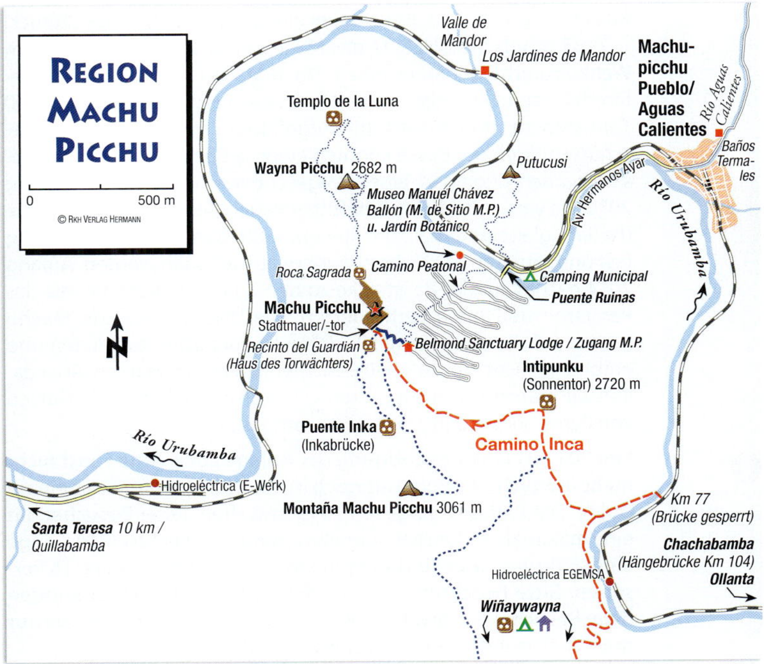

Die Inkastadt Machu Picchu

Chronisten hatten die sagenumwobene Stadt erwähnt und bis in die Neuzeit blieben die Erzählungen von ihr und verborgenen Schätzen lebendig. Immer wieder machten sich Abenteurer und Entdecker auf, um nach der Inkastadt zu suchen. Der deutsche Goldschürfer *Rudolf August Berns* gilt seit 2008 als Wiederentdecker Machu Picchus, auch wenn im Jahr 1867 kaum jemand von seiner Entdeckung erfuhr. Den Ruhm erntete hingegen der US-Amerikaner *Hiram Bingham,* der im Juli 1911 mit seiner von der Universität Yale ausgerüsteten Expedition mit Hilfe einheimischer Führer nach Machu Picchu vordrang. Gesucht hatte der US-Senator dabei eigentlich nach einer anderen Inka-Stadt, nach *Vilcabamba,* die er übrigens auch gefunden, jedoch die Bedeutung der Ruinen nicht erkannt hatte. Bingham verbrachte in den folgenden Jahren sehr viel Zeit in Machu Picchu und betrieb umfassende Forschungen. Alle archäologischen Funde ließ er in die USA schaffen, Peru selbst besaß kein einziges Objekt, das in Machu Picchu gefunden wurde und forderte die von Bingham nach Yale entführten Artefakte zurück. Zu den Feierlichkeiten 2011 anlässlich 100 Jahre seit der (Wieder-)Entdeckung der Ruinenstätte erhielten die Peruaner einen Teil der Fundstücke zurück.

Hiram Bingham

1983 erhob die UNESCO das Machu Picchu-Schutzgebiet zum Weltkulturerbe der Menschheit. Doch Machu Picchu ist heute gefährdet. Täglich werden in der Hochsaison etwa mindestens 3000 Touristen zur Ruinenstadt hinaufgefahren. Die permanenten Erschütterungen der Busse könnten einen größeren Erdrutsch auslösen, warnen Geologen. Einen Vorgeschmack darauf gab es Anfang 2010: Da verschüttete nach heftigen Regenfällen eine Gerölllawine die Bahngleise unterhalb der Ruinen. 3500 Touristen saßen tagelang fest und mussten mit Hubschraubern ausgeflogen werden. Anfang 2014 gab es auf der Busstrecke zu den Ruinen Erdrutsche, die das Passieren der Busse verhinderten. Die UNESCO erwägt, Machu Picchu auf die Liste der gefährdeten Kulturstätten zu setzten und empfiehlt, nicht mehr als 800 Besucher täglich einzulassen. Aber davon will man in Peru nichts hören – zu groß ist der finanzielle Nutzen von Perus bedeutendster Touristenattraktion.

Seit 2017 ist eine Besichtigung der Anlage auf eigene Faust nicht mehr möglich, sondern nur noch in einer Gruppe und mit einem Guide. Der Einlass erfolgt seit 2019 gestaffelt, jeder Besucher hat eine maximale Aufenthaltsgenehmigung von vier Stunden. Länge einer Führung zwei bis drei Stunden, Gruppengröße max. 16 Personen. Bitte beachten Sie auch die zeitlichen Einschränkungen beim Besuch des Intiwatana, Kondor- und Sonnenempels, die nur noch drei Stunden am Tag versetzt geöffnet sind.

Rätselhafte Geschichte

Bis heute ist wenig über die auf 2400 Meter Höhe liegende Inkastadt bekannt, umso zahlreicher und abenteuerlicher sind die Theorien, die verbreitet werden. Die plausibelste Erklärung ist jedoch überraschend einfach: Wahrscheinlich diente die in gemäßigter Höhenlage errichtete Festung mit ihrem milden Klima dem Inkaherrscher in den kalten Andenwintern als Rückzugsort.

Machu Picchu wurde in der Anfangszeit der Inka gegründet und um 1450 ausgebaut, zumindest sprechen Keramikfunde und der typische Baustil mit trapezförmigen Türen und Nischen sowie die kissenartig vorgewölbten Granitsteine der fugenlosen Mauern für den Cusco-Stil zu Zeiten des 9. Inka-Herrschers Pachacuti Yupanqui. Der an drei Seiten von schroffen und steilen Felsen umgebene Ort war genial gewählt für eine Schutzburg und Festung, unklar ist jedoch, gegen wen sich die Inka hier verteidigen wollten. Mächtige Mauern schützten Machu Picchu, mittels „hängender Gärten" war es autark und konnte rund 1000 Menschen ernähren.

Machu Picchu, die Ikone des Inkareichs, erhebt sich imposant und in trotzigem Stolz hoch über dem Urubamba-Tal. Vorn der Bereich der Wohnhäuser der obersten Klasse, links das Stadttor Huaca Puncu, mittig die Intiwatana-Anhöhe und das Intipampa-Sonnenfeld mit einer langen Treppe, die zum sogenannten „Viertel der Intelektuellen" führt – alles überragt vom mächtigen Sporn des Wayna Picchu und des kleineren Huchuy Picchu, links daneben.

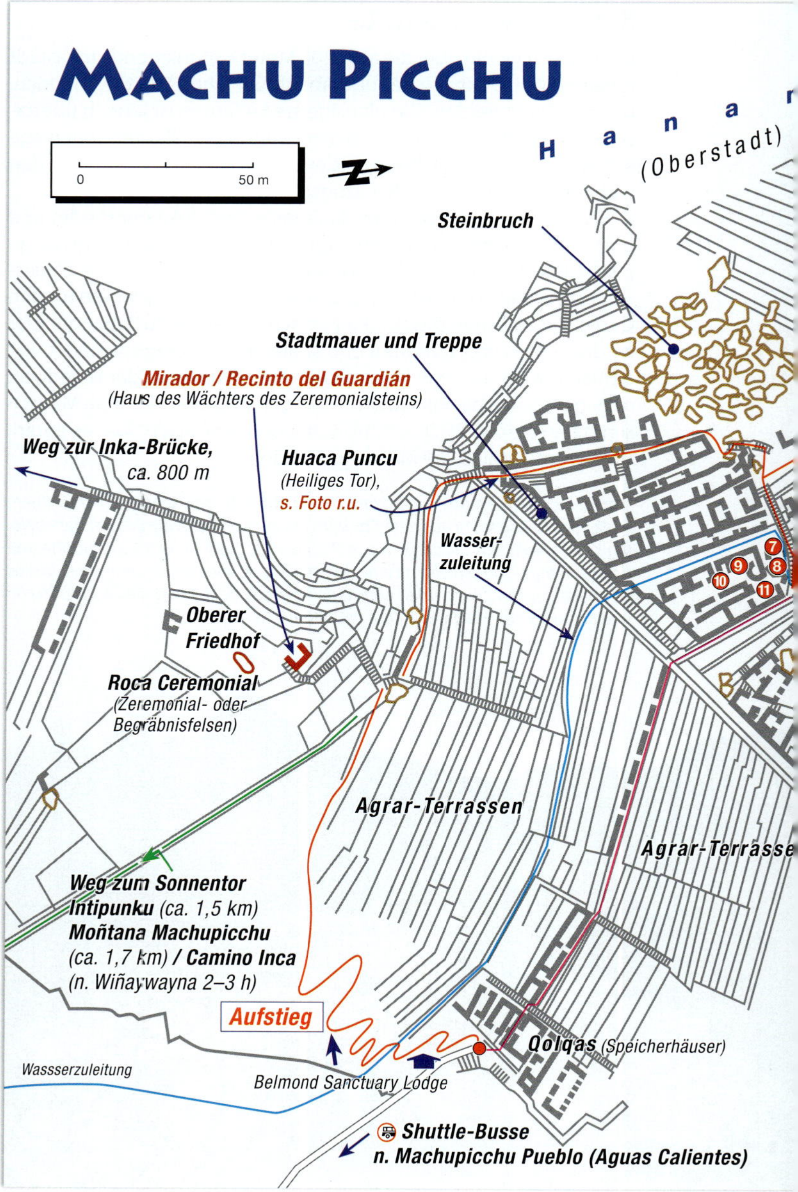
Machu Picchu
0
50 m
N
H a n a
(Oberstadt)
Steinbruch
Stadtmauer und Treppe
Mirador / Recinto del Guardián
(Haus des Wächters des Zeremonialsteins)
Weg zur Inka-Brücke,
ca. 800 m
Huaca Puncu
(Heiliges Tor),
s. Foto r.u.
Wasser-
zuleitung
7
8
9
10
11
Oberer
Friedhof
Roca Ceremonial
(Zeremonial- oder
Begräbnisfelsen)
Agrar-Terrassen
Agrar-Terrasse
Weg zum Sonnentor
Intipunku (ca. 1,5 km)
Moñtana Machupicchu
(ca. 1,7 km) / Camino Inca
(n. Wiñaywayna 2–3 h)
Aufstieg
Qolqas (Speicherhäuser)
Wassserzuleitung
Belmond Sanctuary Lodge
Shuttle-Busse
n. Machupicchu Pueblo (Aguas Calientes)

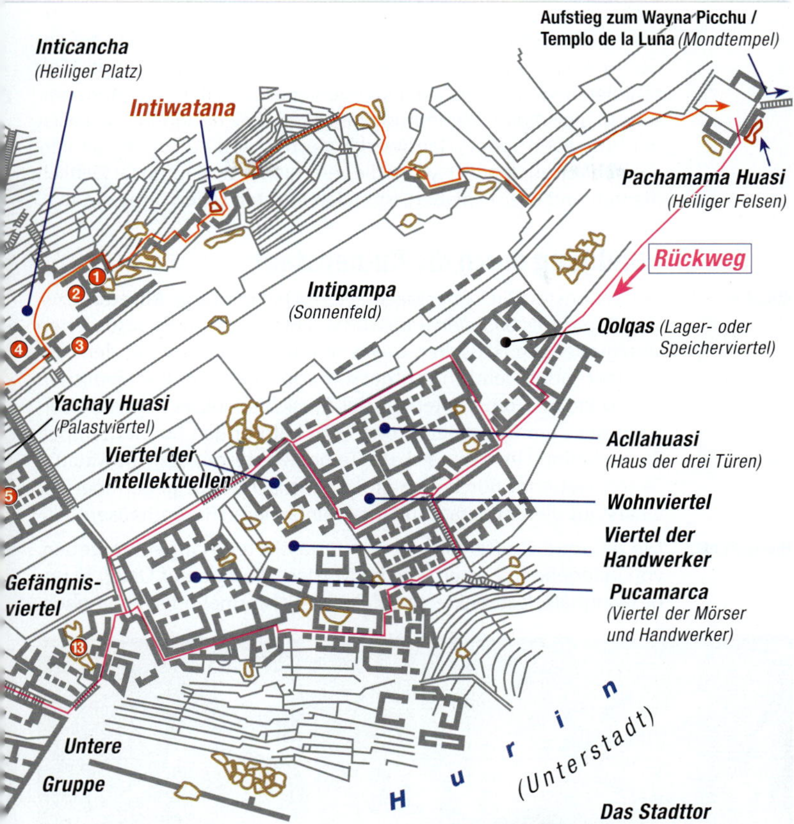

1 Kapitelsaal/Sakristei
2 Carpahuasi (Haupttempel)
3 Tempel der drei Fenster (tres ventanas)
4 Palacio del Willac Umu (Oberpriester)
5 Sektor der Dienerschaft
6 Incahuasi/Casa del Inca (Haus des Inca)
7 Huarirona
8 Bad des Inca
9 Sonnentempel (Sonnen-Torreón)
10 Palacio de la Ñusta (Pal. der Prinzessin)
11 Mausoleum der Könige
12 Amanahuasi (Ritualbäder)
13 Tempel des Kondors

Das Stadttor

Die Stadt ist voller architektonischer und natürlicher Besonderheiten, die Bezug zu den Tag- und Nachtgleichen und dem Lauf der Gestirne haben. Zahlreiche Symbole der Inka-Religion und die Vielzahl der um Machu Picchu liegenden *huacas,* heiligen Stätten, weisen auf die religiöse Bedeutung hin. Alle Bezeichnungen wie „Palast der Prinzessin" oder „Handwerkerviertel" sind Versuche, die Vergangenheit zu deuten – wozu die verschiedenen Bauten tatsächlich dienten und wie sie hießen, ist in den meisten Fällen unbekannt.

Rundgang durch die Ruinenstadt

Mirador

Den schönsten Blick über Machu Picchu hat man vom **Mirador** bzw. vom *Recinto del Guardián* (Haus des Wächters), einem rekonstruierten spitzgiebeligen Häuschen etwas oberhalb der Stadt, an dem der Inkatrail endet. Deutlich sichtbar sind von hier die unterschiedlichen Stadtsektoren: Vorne, unterhalb des Aussichtspunktes, liegt die Oberstadt mit dem Palastviertel und dem halbrunden Sonnentempel-Turm, dahinter erstreckt sich das Tempelviertel mit dem Intiwatana-Felsen. Getrennt durch eine große Grasfläche liegt gegenüber der Oberstadt die Unterstadt mit ihren einfacheren Bürgerhäusern.

Huaca Punku

Die gesamte Stadtanlage ist von terrassierten Hängen umgeben, von „hängenden Gärten", die im Norden, Westen und Osten in unbezwingbare, fast senkrecht abfallende Felsformationen übergehen.

Blick auf die Wohnhäuser der obersten Klasse. Der halbkreisförmige Turmstumpf bei dem strohgedeckten Gebäude ist der Sonnen-Torreón. Bildmitte unten: die schwarze Linie ist die Wasserzuleitung.

Im Süden schützte ein unüberwindbares und leicht zu verteidigendes Tor, **Huaca Puncu,** die Stadt. Zugbrücken, Zugtore und Schutzwälle außer- und innerhalb der Anlage verstärkten die Verteidigungsmöglichkeiten.

Begräbnisfelsen

Hinter dem Aussichtspunkt lliegt der **Roca Ceremonial** (Zeremonial- oder Begräbnisfelsen). Der Stein hat die Form eines schlittenförmigen Altars, der am oberen Ende bugförmig zusammenläuft und eine Art steinerne Kopfhaube bildet. Rechts und links sind in den Stein Stufen eingeschlagen, auf dem sich Trauernde niederknien konnten.

Betreten wird die Stadt nach einem kurzen, steilen Abstieg durch das erwähnte Huaca Puncu, das sehr gut erhaltene „Heilige Tor" mit seinem mächtigen Türsturz. Innen sind die Steinbolzen und -zapfen für das Zugtor zu erkennen. Hinter dem Stadttor führt der Weg über Treppen hinunter zu den mit Wohnhäusern bebauten Terrassen und weiter hinab in das Palastviertel.

Königliche Paläste ...

Amanahuasi

Rechts und links der Treppen, ausgehend vom Stadttor, befinden sich die **Amanahuasi,** 16 aufeinander folgende steinerne Becken, die durch ein ausgeklügeltes Wasserleitungsystem miteinander verbunden sind. Dabei stürzt das Wasser jedes Mal aus etwa ein Meter Höhe in eine Wanne aus Granit. Ob diese Wannen zur Wasserversorgung genutzt wurden oder aber für religiöse Zeremonien von Bedeutung waren, ist nicht geklärt.

Mausoleum der Könige

Rechts vom **„Bad der Inka" 8** liegt das **Mausoleum der Könige 11,** eine Gruft, der Bingham diesen Namen gab, nachdem er hier zwei vornehm gekleidete Mumien entdeckte, die mit Gold und Silber verziert waren, den Insignien der Herrscherfamilien. Die Wände im Innern der Höhle wurden sorgfältig bearbeitet und mit den typischen, trapezförmigen Nischen versehen. Im Blickpunkt steht, gleich rechts vom Eingang, ein gewaltiger Granitblock, der 30 scharfkantige Stufen aufweist.

Sonnentempel

Über dem Mausoleum liegt auf einem Felsen der halbkreisförmige **Sonnentempel** oder **Sonnen-Torreón 9.** Er darf wegen Einsturzgefahr nicht mehr betreten werden, lediglich die unter ihm liegende höhlenartige Kammer. Mit einem Durchmesser von knapp elf Metern ist er eine architektonische Meisterleistung, gebaut aus gradlinigen, feinpolierten Steinen, die sich kissenartig hervorwölben. Wegen diesem baulichen Aufwand wird vermutet, dass der Turm religiöse Bedeutung hatte. In seinem Innern befinden sich drei trapezförmige Nischen. Das Mauerwerk durchbrechen zwei Trapezfenster und eine ungewöhnliche, türartige Öffnung nach Norden. Das Trapezfenster in der Mitte der Rundmauer ist genau auf die Sonnwende ausgerichtet.

10

Am 21. Juni fällt der Strahl der Sonne in einer Linie durch das Trapezfenster direkt in eine wannenartige Vertiefung eines gewölbten Felsentisches, der die Mitte des Sonnentempels einnimmt.

Palast der Prinzessin

Südlich neben dem Sonnentempel liegt ein prachtvolles, zweistöckiges Haus, das als der **Palast der Prinzessin** 10 bezeichnet wird (*Palacio de la Ñusta*). Im Inneren sind noch gut die Vorsprünge zu sehen, auf dem die Deckenträger auflagen, auch sind einige Nischen zu erkennen. Rechts vom Eingang des Hauses führt eine steinerne Außentreppe zu einer Art Dachterrasse, die gleichzeitig ein Patio ist. Der Eingang in das Obergeschoss ist wieder in typisch trapezförmiger Form ausgeführt.

Königlicher Palast

Nördlich vom Sonnentempel liegt die **Herrschaftsresidenz** mit dem *Incahuasi,* dem **Königlichen Palast** 6, der durch ein Trapeztor betreten wird. Zwar fehlen in Machu Picchu bisher zweifelsfreie archäologische Beweise dafür, wer wo gewohnt hat, doch die sorgfältige Bauausführung weist auf die hohe Stellung der ursprünglichen Bewohner dieser Gebäude hin. Die Mauern des Königlichen Palastes sind akkurat bearbeitet, die Granit-Türstürze wiegen bis zu drei Tonnen. In den kleinen Räumen ist auf dem Boden noch eine steinerne Kanalisation zu erkennen, und auch hier finden sich oben an den Mauern steinerne Zapfen oder Zylinder, die zur Befestigung der Dachkonstruktion gedient haben könnten.

!

Hinweis: Dieses Viertel wird nicht von allen Führern besucht, vorab klären.

... heilige Tempel

Inticancha

Oberhalb des Palastviertels liegt der „Heilige Platz" **Inticancha,** der von tempelartigen Gebäuden umgeben ist. Das Gebäude mit den zwei Eingängen und neun Trapeznischen war wahrscheinlich der **Palast des Hohen Priesters** 4. Er war als Magier, Wissender und oberster Sonnendiener genauso mächtig wie der Inka-Herrscher und stammte meist aus dem gleichen Geschlecht.

Tempel der drei Fenster

Nördlich daneben liegt der **Tempel der drei Fenster** 3, der seinen Namen den drei großen, trapezförmigen und nach Osten ausgerichteten Fenstern verdankt, die von riesigen Steinquadern gebildet werden. Auffällig ist, dass kein Mauerwerk in Richtung des Heiligen Platzes vorhanden ist und der Tempel eher einer Halle ähnelt. Die aufgehende Sonne fällt durch die Fensteröffnungen direkt auf den Heiligen Platz.

Carpahuasi

Im rechten Winkel dazu liegt der **Carpahuasi** 2, der Haupttempel. Seine nördliche Mauer ist aus tonnenschweren Blöcken geschlagen. Beeindruckend ist der über vier Meter lange Opferstein oder Altar,

Blick von oben in den Sonnentempel

Blick auf den „Heiligen Platz" Inticancha mit angrenzenden Tempelbauten. Hinter dem (beschädigten) Haupttempel Carpahuasi führen Treppenstufen hoch zum Intiwatana.

der aus einem einzigen geschliffenen Monolithblock besteht und von kleineren Steinblöcken flankiert wird. In einem nördlichen Anbau befindet sich eine Art Sakristei mit einer Steinbank und einem Monolithen, der auf seinen verschiedenen Flächen nicht weniger als 32 Ecken aufweist.

Intiwantana

Über eine Treppe gelangt man zum Allerheiligsten von Machu Picchu, zum **Intiwatana,** dem „Ort, an dem die Sonne angebunden ist". Der aus einem Felssockel herausragende Granitblock diente astronomischen Zwecken. Sonnenlauf, Tageszeit, Sternbilder und Planetenbahnen konnten damit verfolgt werden. Die Neigung des Granitblocks steht im direkten Bezug zum Äquator, die vier Scheitelpunkte markieren die vier Himmelsrichtungen.

Intipampa

Vom Intiwatana führen über Terrassen Treppen hinunter zum **Intipampa,** dem „Sonnenfeld", das die Palast- und Tempelbezirke von den Wohn- und Arbeitervierteln trennt. Nördlich davon liegt der **Pachamama Huasi,** der „Heilige Felsen". Der gewaltige Felsblock hat nach links die Form eines Fisches und nach rechts die Form eines Meerschweinchens. Auffallend ist, dass die Kontur des Felsblockes mit den Umrissen des dahinter liegenden Bergzuges identisch ist. Wer den Wayna Picchu erklimmen will, muss sich hier registrieren.

Blick auf das „Viertel der Intelektuellen" am oberen Ende der Treppe rechts, auf das darüberliegende „Haus der Sonnenjungfrauen" (Acllahuasi) und in das „Viertel der Mörser und Handwerker" (Pucamarca) vor dem Treppenbeginn rechts

… und Bürgerhäuser

Der Rückweg führt entlang und durch die Unterstadt. Sie ist in verschiedene Ebenen unterteilt, die untereinander mit Treppen verbunden sind. Die einzelnen Sektoren sind in sich abgeschottet und lassen sich meist nur durch einen einzigen Zugang betreten. Hier finden sich Wohn- und Speicherbezirk, das Handwerker- und das sogenannte „Gefängnisviertel". Überragt wird letzteres von einem in Form eines Kondors behauenen Felsen, der als **Tempel des Kondors** 13 bezeichnet und von einem Turm gekrönt wird. Der Kondor war für die Inka eine Gottheit der Kraft oder Energie.

Service Machu Picchu

Eintrittskarten Während der Hochsaison besichtigen bis zu 3500 Besucher pro Tag Machu Picchu, frühmorgens und nachmittags ab 15 Uhr ist die Ruinenstadt jedoch ein wenig ruhiger. **Eintrittskarten müssen mindestens einen Tag vorher im Internet gebucht und mit Kreditkarte bezahlt werden**, www.machupicchu.gob.pe. Verschiedene Eintrittsturnusse. Eintritt 152 Soles, Studentenpreis bis 18 Jahre, unter 8 Jahre frei. Der Zugang zu den Bergen Machu Picchu und Wayna Picchu (siehe unten) muss gegebenenfalls zusammen mit dem Eintritt zur Ruinenstadt bezahlt werden.

Wanderungen in die Umgebung

Ein kleines Stück vom Inkatrail Eine dreiviertelstündige Wanderung führt über den Inkatrail zum Intipunku, dem Sonnentor. Der leicht begehbare Weg beginnt unterhalb des Miradors (Aussichtspunkt, s.o.) und führt sanft aufwärts bis zur *Apacheta,* der wichtigsten Kontrollstelle des Inkapfades. Danach steigt der Weg bis zum Sonnentor rampenartig an. Zu bestimmten Zeiten kann man die Sonne in diesem Tor aufgehen sehen. Vom Sonnentor führt der Inkatrail nach einer neunzigminütigen Wanderung nach *Wiñaywayna* (s.S. 176).

Puente Inca Ein anderer Weg führt vom Begräbnisfelsen (s.S. 183) zum **Puente Inca.** Die Wanderung über den am Fels klebenden Pfad ist nicht ungefährlich und nur etwas für diejenigen, die absolut schwindelfrei sind. An manchen Stellen bricht die Wand unter einem mehrere hundert Meter tief ab. Nach einem Felsspalt ist der Pfad gesperrt, etwas unterhalb ist die Inka-Brücke sichtbar. Wo heute drei Meter lange Holzbalken die Inka-Brücke markieren, war früher der zweite Zugang zu Machu Picchu.

Wayna Picchu Wer schwindelfrei ist und über eine gute Kondition verfügt, den mag die Besteigung des **Wayna Picchu** locken, der wie ein Sporn 300 Meter hoch hinter Machu Picchu aufragt. Täglich dürfen maximal 400 Besucher den Aufstieg wagen. Man sollte sich also frühzeitig auf den Weg

Blick vom Wayna Picchu auf die Stadtanlage von Machu Picchu. Links die Serpentinen der Auffahrtsstraße vom Tal des Río Urubamba.

machen. Der erste Zugang ist 7 Uhr, der zweite 10 Uhr. Der schmale, steile Pfad beginnt mit der „Titanenleiter“, rund 600 beschwerliche, rohe Trittstufen, die fast senkrecht hinaufführen. Kurz vor dem Gipfel muss auf allen Vieren durch einen engen Felstunnel gekrochen werden. Rund eine Stunde dauert der Aufstieg, der mit einem weiten Panoramablick über Machu Picchu, Urubambafluss und steile Bergflanken belohnt wird. Beim Abstieg bietet sich ein Abstecher zum Mondtempel an, der in einer großen Höhle liegt. Drei Stufen führen zu einer Grotte nach oben, in die durch einen Felsspalt Licht eindringen kann.

Inka-Brückenwächter vor einer Hängebrücke

Inka-Hängebrücken

Die höchste Stufe der inkaischen Brückenarchitektur waren die Hängebrücken, die noch heute reißende Schluchten überspannen. Dabei werden mindestens drei tragende Hauptseile aus Agavenfasern über die Schlucht gespannt, die mit steinernen Brückenköpfen im Boden verankert werden. Auf die drei unteren Hauptseile werden Querhölzer gelegt und mit Pflanzenfaserschnüren aus Ichú-Gras verbunden. Die Zwischenräume werden mit Ästen, Zweigen und Tierhäuten soweit abgedeckt, dass sogar Lamas über die Brücken laufen können. Geländerseile rechts und links in einem Meter Höhe bilden den seitlichen Abschluss. Zweige werden zwischen den Trag- und Geländerseilen eingeflochten, so dass die gesamte Hängebrücke in sich geschlossen ist. Unter den Inka wurden alle Brückenübergänge, insbesondere die Hängebrücken, scharf bewacht, da sie die schwächsten Punkte ihres Straßensystems waren. Die Dorfgemeinschaften mussten unter der Anleitung eines Brückenmeisters dafür sorgen, dass die Brücken intakt blieben und laufend ausgebessert wurden. Heute gibt es nur noch wenige solcher Konstruktionen. [HH]

Machupicchu Pueblo (ehemals Aguas Calientes)

Das einst verschlafene Dorf Machupicchu Pueblo am Urubamba ist heute ein lebhafter Touristenort, in dem viele der Besucher Machu Picchus übernachten. Seinen ursprünglichen Namen verdankt es heißen Quellen, die oberhalb des Ortes in Thermalbecken fließen. Hier lässt es sich nach durchwanderten Tagen wunderbar in dem 40 Grad heißen Wasser entspannen.

Eingeklemmt zwischen Bergen: Machupicchu Pueblo (Aguas Calientes)

Valle de Mandor

Eine Wanderung bietet sich ins **Valle de Mandor** an. Der schöne Pfad führt hinter Puente Ruinas zunächst entlang der Schienen und nach einer kleinen Hütte den Berg hoch durch Pflanzungen und zu einem Wasserfall, der nach eineinhalb Stunden erreicht wird.

Service Machupicchu Pueblo

i-Peru, Av. Pachacutec Cuadra 1 s/n, Centro Cultural del INC, Oficina 4, Tel. 21-1104, iperumachupicchu@promperu.gob.pe, 9–20 Uhr, sowie im neuen Bahnhof. Tel.-Vorwahl: 084

10

Viele Hostales entlang des Bahngleises sind etwas laut, insbesondere dann, wenn im Erdgeschoss ein Restaurant betrieben wird. Ruhiger sind die Unterkünfte entlang der Av. Pachacútec in Richtung Thermalbad. Achtung: Durch den enormen Besucheransturm kosten selbst weniger attraktive Unterkünfte bereits 100 US$!

Unterkunft

Hostel Pachakúteq, Av. Pachacutec 809s/n, Tel. 21-1061. Familiäres Hosteal, reichhaltiges Frühstück. DZ ab 50 US$.

Rupa Wasi Lodge, Calle Huanacaure 105, Tel. 21-1101, www.rupawasi.net. Einfaches, aber gemütliches Baumhausflair. Angeschlossenes Gourmetrestaurant Tree House. DZ/F um 100 US$.

Casa Andina Classic Machu Picchu, Prol. Imperio de los Incas E-34, Tel. 21-1017, www.casa-andina.com. Modernes Haus der bekannten peruanischen Kette. DZ/F ab 154 US$.

Pueblo Hotel Inkaterra, km 110, am Bahngleis Richtung Cusco, Tel. 21-1122, www.inkaterra.com. Klassische Touristenanlage mit Adobe-Häuschen im Bungalowstil, semitropischer Garten mit Orchideenpfad, Pool, Heizung. DZ/F ab 274 US$.

Sumaq Machu Picchu Hotel, Av. Hermanos Ayar Mz 1 L3, letztes Hotel am Ortsausgang rechts, Tel. 21-1114, www.sumaqhotelperu.com. Luxushotel mit allen Annehmlichkeiten und entsprechendem Preis.

Machu Picchu Sanctuary Lodge, Ruinas de Machu Picchu, Tel. 21-1038, www.orient-express.com oder www.sanctuarylodgehotel.com. Das einzige Hotel direkt an der Ruinenanlage mit bequemer Ausstattung, doch völlig überteuert!

Restaurants

Die zahlreichen Restaurants und Kneipen entlang des Bahngleises liegen preislich höher als im Ort; einfach entlangbummeln und dort, wo es gefällt, einkehren. Empfehlenswert ist immer *trucha al ajo* (Forelle in Knoblauch). Etwas versteckt liegt das „Indio Feliz", sehr gute Karte und gemütliches Ambiente mit Bar, aber etwas überteuert.

Unterhaltung

Das Thermalbad liegt in einer Seitenschlucht, gut zehn Fußminuten nordwestlich vom Hotel Machu Picchu Inn. Zum Abendessen gibt es in *Totos House* am Bahngleis Folkloretänze.

Kleinkamele der Anden

In den Anden sind vier kamelartige Tiere beheimatet: *Guanakos, Vicuñas, Lamas* und *Alpakas.* Lamas (spanisch *Llama*) und Alpakas sind Haustiere, die bereits vor über 7000 Jahren von den damaligen Andenbewohnern domestiziert wurden, während Guanakos und Vicuñas in freier Natur leben und nicht domestiziert wurden. Ihr elastisches Sohlenpolster ermöglicht den Kleinkamelen das Gehen auf lockerem Untergrund. Deshalb ist das Lama auch das ideale Tragtier, das seine Lasten ausdauernd und trittsicher über Geröllflächen und steile Felspfade trägt. Genügsam trotzt es den eisigen Stürmen und Temperaturschwankungen in über 4000 Meter Höhe.

Der **Guanako** ist die wilde Stammform des Lamas. Er wird nur rund 1,10 Meter hoch und kommt nur noch selten in den Gebirgssteppen Südperus und Chiles sowie in den Bergen Patagoniens vor. Guanakos leben in kleinen Familienherden von 15 bis 25 Tieren, die von einem Leithengst angeführt werden. Pumas und Kondore sind die natürlichen Feinde der Guanakos. Ihr Fell ist grau bis rotbraun, zur Bauchdecke hin wird es gelbweiß.

Lamas sind mit einer Schulterhöhe von 1,20 Meter etwas höher als der Guanako und haben ein dichteres Wollfell. Die Fellfarbe variiert zwischen weiß, schwarz, braunrot oder buntgescheckt, doch die Wolle eignet sich nur bedingt zur Textilienverarbeitung. Ein Lama kann eine Last von maximal 25 kg auf einer Tagesetappe von ungefähr 20 Kilometer tragen. Sollte ihm auch nur ein Kilogramm zu viel aufgeladen werden, legt sich das Tier wegen seines äußerst ausgeprägten Gewichtsgefühls einfach zu Boden. Eine Lamakarawane besteht nur aus männlichen Tieren, die von einem Leittier angeführt wird, dem alle übrigen im Gänsemarsch folgen.

Alpakas wurden gleichfalls aus dem Guanako gezüchtet und anschließend mit wilden Vicuñas gekreuzt. Sie leben in Höhen zwischen 4000 und 5000 Metern, in tieferen Regionen kann sich das Alpaka nicht so gut entwickeln und auch die Wollqualität leidet. Hauptmerkmal des Alpakas ist sein langes, feines Fell in den Farben Schwarz, Weiß oder Rotbraun, zottelige Gesichtsbehaarung, kürzere Beine, kürzere Ohren und einen kürzeren Hals als das Lama. Es ist das „Wollknäuel" unter den Kleinkamelen. Die Verarbeitung der Wolle ist unterschiedlich: Die Frauen auf dem Land verspinnen die Rohwolle traditionell mit Handspindeln zu groben Wollfäden und stricken daraus warme Kleidungsstücke. Daneben gibt es noch die industrielle Alpakawolle, die meist in den Spinnereien in Arequipa verarbeitet wird. Da es für die Wollverarbeitung praktischer ist, weiße Wolle zu haben, werden dunkle Tiere systematisch geschlachtet. Waren vor 50 Jahren noch 70 Prozent der Alpakas farbig, so sind es heute noch ein Prozent. So ist schwarze Alpakawolle heute selten und damit am teuersten. Inzwischen wird die Zucht von farbigen Alpakas gefördert. Alpakas sind aber nicht nur Woll-, sondern auch geschätzte Fleischlieferanten für delikate Braten.

Das **Vicuña** ist die Wildform des Alpakas. Es ist das zierlichste unter den vieren, und mit einer Schulterhöhe von ungefähr 80 Zentimetern auch das kleinste. Es hat sich am besten an den andinen Lebensraum angepasst. Sogar das Blut weist eine besondere, höhenspezifische Eigenschaft auf. Vicuñas können in Höhen bis zu 5000 Metern genauso überleben wie in nahezu wüstenartigen Steppen, wobei sie aber selten unter 3500 Metern zu sehen sind. Das Fell ist von gelb- bis rotbrauner Farbe, das Bauchkleid jedoch weiß/beige. Bei den Inka durfte nur der Herrscher Gewänder aus der seidenfeinen, kostbaren Vicuña-Wolle tragen.

Auf das Töten eines Vicuñas stand die Todesstrafe. Vicuñawolle ist die teuerste Naturfaser der Welt, dreimal so fein und viermal so teuer wie Kaschmirwolle. Deshalb wurde das Tier früher erbarmungslos gejagt und drohte auszusterben. Seit 1964 ist die Jagd verboten, die Tiere dürfen nur zur Schur vorübergehend eingefangen werden. Dabei verteilen sich, nach der alten Inkatradition *chaccu,* Männer mit einem kilometerlangen Seil über ihre Weidegebiete, um die Vicuñas in Pferche zu treiben. Pro Tier wird dabei nur etwa ein Pfund Wolle gewonnen, das Kilogramm kostet bis zu 500 Euro. [HH]

Die Prinzessin der Anden

Um die grazilen, scheuen Vicuñas ranken sich Sagen und sie sind Stoff zahlreicher Legenden: Einst, so erzählt man es sich heute noch in den Anden, verliebte sich ein fünfzigjähriger König in ein hübsches, sechzehnjähriges Mädchen. Doch so sehr er sie auch umwarb, sie erhörte ihn nicht, im Gegenteil. Nach einigen Monaten war sie von den Annäherungsversuchen des Königs so verstört, dass sie ihm versprach ihn zu heiraten, wenn er ihr ein gänzlich aus Gold gewirktes Kleid bringe. Der König versammelte sogleich die besten Handwerker seines Reiches, doch keiner von ihnen vermochte Gold zu spinnen. So setzte er einen Preis aus: Wem es gelänge, aus dem harten Metall ein weiches Kleid zu machen, werde reich belohnt. Wer es aber versuche und nicht schaffe, müsse sterben.

Auf seiner Reise mit dem Mädchen zu den Webern des Landes wurden sie eines Tages an den Ufern eines Sees von der Dunkelheit überrascht und mussten dort übernachten. Das Mädchen beschloss ein Bad zu nehmen. Der König folgte ihr heimlich, denn wenn er sie schon nicht besitzen konnte, so wollte er sie wenigstens einmal nackt sehen. Dies erzürnte einen der Berggötter, Apu. Er verwandelte das Mädchen, gerade in dem Augenblick, da sie nackt aus dem Wasser stieg, in ein Vicuña. Sogleich sprang das Mädchen, nunmehr als graziles Tier, in dem ersehnten goldenen Kleid davon. Dem König sagte der Apu: „Du wirst das Kleid der Frau, die du begehrst, tragen können, doch sie selber wird dir niemals gehören." Vicuñas galten fortan als heilig. Sie zu töten galt als Frevel, und ihre Wolle durfte nur von Königen und ihren Familien getragen werden. Und niemals, so heißt es, sei ein Vicuña gezähmt worden. [KN]

11 Abstecher von Cusco

... Der Wald war wirklich entzückend und hochromantisch. Fortwährend zeigten sich hoch interessante Felspartien, Steine wie große Teller oder Tische standen umher. Lianen hingen über den Bach, Affen jagten davon und Papageien flogen kreischend auf.

Albert Perl: Durch die Urwälder Südamerikas, 1904

Mit Einbruch der Dämmerung beginnt ein ohrenbetäubendes Urwaldkonzert: Es zirpt und pfeift, quakt und quietscht, während der aufgehende Mond die gerade noch sattgrüne Urwaldpracht am still vorbeiziehenden Fluss in silbernes Licht taucht ...

Perus Provinz **Madre de Dios** beherbergt ein weltweit einzigartiges Spektrum tropischen Regenwaldes, der von den Hängen der Anden bis zur Amazonastiefebene reicht. Es ist eines der wenigen noch zusammenhängenden, großen und intakten Ökosysteme im amazonischen Regenwald und gilt als eines der artenreichsten Südamerikas.

Im **Manu-Nationalpark,** dem größten Urwaldschutzpark der Erde, sind noch Jaguare heimisch, leben die berühmten Riesenotter, schwarze Mohrenkaimane, Tapire, zahllose Affenarten, Wasserschweine, Papageien und noch unzählige andere Tierarten.

11

Die internationale Brücke über den Río Madre de Dios

Puerto Maldonado

Nur eine halbe Flugstunde von Cusco entfernt liegt Puerto Maldonado, das Sprungbrett in den Regenwald Südostperus. Auf dem Landweg über den Ort Quincemil dauert die Reise von Cusco in die Urwaldstadt mindestens drei Tage. Seit einiger Zeit hat sich die kleine Goldgräberstadt zum Anlaufpunkt für „urwaldhungrige" Touristen gemausert, die von hier aus Touren in den Regenwald unternehmen. Doch nach wie vor ist Puerto Maldonado ein richtiges Urwaldstädtchen mit einstöckigen Holz- und Wellblechhütten, einem kleinen Markt und staubigen Pisten, die sich in der Regenzeit in Morast und Schlamm verwandeln. Und noch immer liegt ein Hauch von Goldfieber in der Luft ...

Faszination Regenwald

Kaum jemand kann sich dem Bann entziehen, den der Regenwald mit seiner unverfälschten Natur ausübt. Eine Exkursion durch Primärregenwald ist ein unvergessliches Erlebnis. Die Pfade sind teilweise so zugewuchert, dass sie von den Führern mit der Machete freigeschlagen werden müssen. Sie erklären ausführlich, wie die einzelnen Pflanzen von den Einheimischen genutzt werden, aus welchen Lianen Wasser getrunken werden kann und welche Baumrinden gegen Rheuma, Fieber oder Moskitos helfen. Zu bestaunen sind auch verschiedenste Urwaldriesen, wie etwa der „Telefonbaum": Schlägt man gegen seine wuchtigen Brettwurzeln, erzeugt dies einen starken Ton, der noch in zwei Kilometer Entfernung zu hören ist. Nach der Demonstration antwortet oft jemand von einem anderen „Telefonbaum".

Doch auch im tiefsten Regenwald haben Menschen ihre Spuren hinterlassen, die jedoch nach und nach von der „grünen Hölle" verschluckt werden. Legendär ist die Geschichte, die sich um das Schiffswrack „Fitzcarraldo" rankt und Werner Herzog zu seinem gleichnamigen Film inspirierten. Wahrscheinlich gehörte das Schiff Ende des 19. Jahrhunderts dem Kautschuckbaron Carlos F. Fitzcarrald, der es von Iquitos über den Río Urubamba bis zum Oberlauf eines Nebenflusses des Río Mishagua steuerte. Dort ließ der als skrupellos bekannte Kautschuckbaron von Hunderten von Ureinwohnern eine Schneise durch den Urwald schlagen und danach das Schiff über den später nach ihm benannten *Istmo de Fitzcarrald* zum Oberlauf des Río Manu wuchten. Das Schiff diente als Kautschuktransporter, der peruanischen Flussmarine und ab 1940 einem Arzt als Hospitalschiff. Bei einem Jahrhunderthochwasser im Jahr 1960 wurde die Fitzcarraldo in den Urwald gedrückt. Das Wasser fiel so schnell, dass das Schiff in einer Urwaldsenke auf Grund lief. Jeder Versuch, es aus dem Urwald zu ziehen, schlug fehl. So rostet das Wrack mit den deutschen Armaturen heute still vor sich hin ...

Service Puerto Maldonado

Av. Fitzcarrald 411, Tel. 57-1413 und auf dem Flughafen.
Tel.-Vorwahl: 082

Unterkunft

Cabaña Quinta Hotel, Moquegua 422, Tel. 57-1045, www.hotelcabanaquinta.com. Freundlich und familiär, mit schönem Garten, inkl. Transfer vom Flughafen. DZ/F 160 Soles.

Wasaí Lodge & Expeditions, Guillermo Billinghurst, Plaza Grau 1, Tel. 57-2290, www.wasai.com. Kleines Hotel mit AC, Pool, Wasserski, eigenes Tourenprogramm, auch nach Manu. DZ/F ab 70 US$.

Hotel Don Carlos Puerto Maldonado, Av. Leon Velarde 1271, Tel. 57-1029, www.hotelesdoncarlos.com. Das beste Hotel im Städtchen mit Pool und Restaurant. DZ/F 60 US$.

Restaurants

Typische Spezialitäten und traditionelle Gerichte der Region sind *Machagua con plátanos* (Schildkröteneier mit grünen Bananen, aus Tierschutzgründen bitte meiden!), *Patarashca* (in Bananenblätter eingewickelter Fisch) und *Parrillada a la Selva* (Urwaldgrillfleisch), *Arroz chaufa amazonica* (gebratener Reis mit brasilianischer Wurst) sowie *Tacacho con cencina*. Empfehlenswerte Restaurants sind *Asadazo* an der Plaza sowie *Leña y Sazón* in der Madre de Dios.

Unterhaltung

Zum Tanzen bieten sich die Discos *Anaconda,* Loreto 230, und *Garotas Night Club,* San Martín 173, an.

Urwaldlodgest

Cayman Lodge Amazonie, Arequipa 655, Tel. 57-1970, www.cayman-lodge-amazonie.com, Service-Tel. 800-771-3100. Franz.-peruan. Unternehmen, sehr schöne Programme ab 3 Tage/2 Nächte in kleinen, individuellen Gruppen. Gepflegte Lodge in traumhafter Gartenanlage.

Tambopata Research Center, www.perunature.com oder über Rainforest Expeditions in Cusco, Portal de Carnes 236, Tel. 23-2772. Das Research Center wurde mit dem ECO Tourism Award ausgezeichnet, die mittlerweile sehr luxuriös eingerichtete Lodge ist nur 500 m von der weltweit größten Salzlecke Collpa de los Guacamayos entfernt. Basisprogramm 5 Tage/4 Nächte ab 972 US$.

Land der Orchideen und Schmetterlinge

Die Urwaldregion um Puerto Maldonado und hier insbesondere das Gebiet des Bahuaja-Sonene Nationalparks gilt als wahres Orchideen- und Schmetterlingsparadies. Von den farbenprächtigen Schmetterlingen, die wie elfenartige Wesen auf der Suche nach Nektar von Blüte zu Blüte tänzeln, wurden inzwischen über 3700 Arten gezählt (zum Vergleich: in Deutschland kommen nur 185 vor). Verschiedene Vertreter der wohl schönsten und größten seiner Art ist der Blaue Morphofalter, der hier durch den Urwald flattert und nur gesehen wird, wenn ein Sonnenstrahl durch das Blätterdach stößt. Auch die Reichhaltigkeit an Orchideen in Peru ist überwältigend. In den verschiedenen Höhenlagen des Landes wurden insgesamt über 3000 Arten registriert, die in beeindruckenden Farben und in zierlicher Pracht nicht nur Botaniker, sondern jeden Pflanzenfreund begeistern. Allein in der Gegend von Machu Picchu kommen über 200 Arten vor, und es werden immer wieder neue entdeckt. Orchideenfreunde finden vor allem Repräsentanten der Arten *Lycaste macrophylla, Hesperoxiphion, Chondrorhyncha* und *Comparettia.* [SW]

Salzlecken – Collpas de los Guacamayos

Jeden Morgen wird an der roten Erdklippe *Collpa de los Guacamayos* im Nationalpark Tambopata-Candamo aufs Neue ein buntes und lautes Spektakel veranstaltet: Tausende von Papageien und Aras treffen sich an der Salzlecke, um die mineralreiche Erde zu fressen. Ein weltweit einzigartiges Naturschauspiel. Rund 25 solcher *collpas* (Quechua für „salzige Erde") hat man an den Flussufern im Südosten Perus gefunden, wobei die *Collpa de los Guacamayos* mit 200 Meter Länge die größte Südamerikas ist. Der Besuch einer solchen Salzlecke bietet eine Garantie dafür auch seltene Vögel, wie zum Beispiel Grünflügel- und Gelbbrustaras, Goldwangen- und Schwarzohrpapageien beobachten zu können.

Nicht nur die Vögel wissen die Wirkung dieser speziellen Erde zu schätzen. Auch Affen, Tapire und Wildschweine suchen die Salzlecken auf, dann nennt man die Salzlecken *collpas de mamíferos* (Säugetierlecken). [HH]

Manu – Das verlorene Paradies

Der Manu-Nationalpark ist eines der wenigen noch intakten Urwaldgebiete der Welt. Das 1987 von der UNESCO zum Weltnaturerbe erhobene Gebiet ist mit seinen knapp zwei Millionen Hektar der größte Urwaldnationalpark der Erde.

Hier darf weder gejagt noch gefischt noch dem Urwald etwas entnommen werden, schon gar keine Bäume. Auch in das Flusssystem darf nicht eingegriffen werden. Um einerseits dieses einzigartige Naturreservat zu schützen, andererseits aber auch Besuchern die Möglichkeit zu geben, es kennenzulernen, wurde der Manu-Nationalpark in drei Zonen unterteilt.

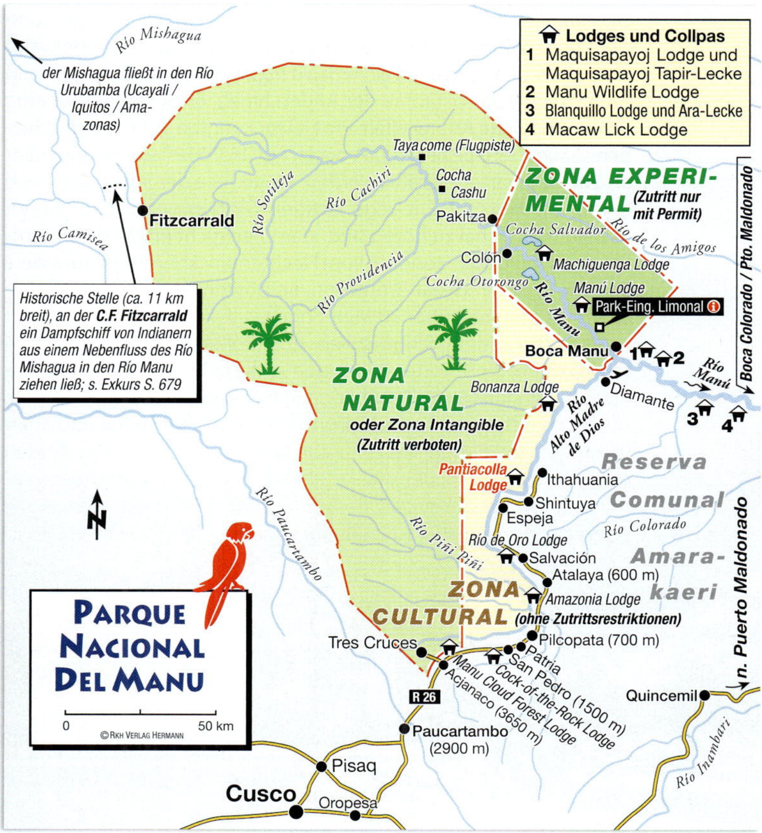

Zonen

Nur die **Zona Cultural** ist frei zugänglich, hier befinden sich einige Lodges. Der Zutritt zur **Zona Experimental** ist Touristen nur nach der Erteilung einer Genehmigung erlaubt. Die Genehmigungen sind limitiert und nur über Agenturen zu bekommen, die ausgewiesenermaßen Öko-Tourismus anbieten. Die rund Dreiviertel des gesamten Nationalparks einnehmende **Zona Natural** darf bloß von Wissenschaftlern und Anthropologen betreten werden. Daneben gibt es noch eine vierte Zone für die Volksstämme der *Nahua* und *Kugapakori,* in der die Indigena ihrem traditionellen Urwaldleben nachgehen können.

Unzählbare Artenvielfalt

Der Manu-Nationalpark erstreckt sich über drei unterschiedliche Öko- bzw. Höhenzonen: Von der *Puna* mit nur spärlicher Vegetation zieht er sich über den tierreichen *Bosque nublado* (Berg-Nebelwald) bis in die fauna- und florareiche *Selva tropical* (tropischer Regenwald Amazoniens) am Ostabfall der Anden hinab. Er ist Habitat für eine unvergleichliche Artenvielfalt. Pro Hektar konnten über 200 verschiedene Säugetier-Spezies, 1000 Vogelarten, 15.000 Pflanzen- und mehr als 200 Baumarten gezählt werden. Weite Teile des Parks sind noch immer unerforscht. Die eigenartigen Glockengeräusche, die im Urwald manchmal zu hören sind, stammen nicht etwa von entfernten Kirchenglocken, sondern vom Flechtenglöckner-Vogel, und viele Bäume, in deren Geäst Bromelien, Epiphyten und Baumfarne wuchern, werden hier über 30 Meter hoch.

Bis zu sechs Meter lange Brillen- und Mohrenkaimane, Schienenschildkröten, Riesenotter und Jaguare, die in weiten Teilen Amazoniens bereits ausgerottet sind, können hier noch beobachtet werden. Auch Ameisenbären, Tapire, Brillenbären, Sumpfschweine und Affen leben hier. Unter den dreizehn vorkommenden Affenarten finden sich Zwergseidenäffchen, Kaiserschnurbart- und Baumrückentamarine sowie der *Musmuqui,* der einzige Nachtaffe der Welt. Auch *Tamarine,* die kleinsten Äffchen der Welt, sind hier zu Hause.

Capybaras (Wasserschweine) im Manu-Nationalpark

Seltene und ungewöhnliche Vogelarten sind etwa der schneckenfressende Kragenkranich oder der Rote Felsenhahn, dessen Ruf so klingt wie ein Hammerschlag auf einen Stein. Oder die blätterfressenden *Hoatzine* (Stinkvögel) mit Pansenmagen und die kormoranartigen Schlangenhalsvögel. Und dazwischen immer wieder unzählige Kolibris, die in allen Nuancen des Farbspektrums chancieren und die leuchtenden Blüten der zahlreichen Orchideen aufsuchen.

Service Manu-Nationalpark

Nationalparkbehörde

Administracón del Parque Manu, Micaela Bastidas 310, Wanchaq, Cusco, Tel. 24-0898, pqnm@terra.com.pe; Gebühr 50 Euro.

Touranbieter in Cusco

Pantiacolla Tours, Garcilaso 265, 2. Stock, Oficina 12, Tel. 23-8323, www.pantiacolla.com. Spezialisiert auf die Yine-Lodge in Manu sowie eigene Pantiacolla Lodge, kleine Gruppen, exzellenter Service, hochwertige Ausrüstung, auch Individualarrangements.

Amazon Wildlife Peru, Calle Plateros 321, Tel. 77-7738, www.amazonwildlifeperu.com. William ist aus Bonanza, einem Ort im Manu-Park und kennt sich hervorragend mit der Tierwelt aus. Eigene Lodges, Busse und Boote. Ausgezeichneter Service.

Manu Wildlife Center, Ricardo Palma 31, Sta. Monica, Tel. 25-5255, www.inkanatura.com. Treffpunkt für TV-Filmteams, Biologen und Naturfilmer, circa 1,5 Stunden mit dem Boot von Boca Manu auf dem Madre de Dios flussabwärts.

Manu Explorers, Calle Triunfo 392, 2 .Stock, Tel. 23-4192, www.manuexplorers.com. Vielfältiges Programm bei exzellentem PLV, wahrscheinlich einer der preiswertesten Anbieter für Manu überhaupt. Sehr freundlich.

Montaña de Siete Colores

Der Regenbogenberg Vinicunca

Der rund 75 Kilometer südöstlich von Cusco liegende Regenbogenberg tauchte erst 2015 auf der touristischen Landkarte Perus auf. Bis dahin wussten nur die Bewohner kleiner Dörfer in der Region rund um den Vinicunca, dass die meist unter einer Schneedecke verborgene, 5200 Meter hohe Kuppe des Berges in allen Regenbogenfarben schimmert. Es sind Mineralien, die ihn eisenrot, schwefelgelb und kupfergrün färben. Seit das wärmer werdende Klima den Schnee schmelzen lässt, entwickelt sich der Besuch des Berges trotz der langen Anfahrt von Cusco und des anstrengenden Aufstiegs im wahrsten Sinne des Wortes zu einem der Höhepunkte für wanderfreudige Perureisende. Das dürfte der abgelegenen Region einen Aufschwung bescheren, über den sich bereits die Bewohner des nahe gelegenen „roten Tales" freuen.

Die früh am Morgen beginnende Tagestour zum Regenbogenberg kann in allen Reiseagenturen Cuscos gebucht werden. Sie beginnt mit einer dreistündigen Busfahrt, auf die eine etwa ebenso lange Wanderung folgt. Wem der Aufstieg zu mühsam ist, kann auch ein Pferd mieten um den Gipfel des Berges zu erreichen.

Ayacucho – Der Winkel der Toten

Sandsäcke versperrten das Kirchentor bis auf Brusthöhe. Eine Kreidetafel verkündete, das Gebäude werde derzeit einer Generalrenovierung unterzogen. (...) Keine Holzbänke, keine Heiligen. Kein Abendmahltisch. (...) Eine drei Zentimeter dicke Pressholzplatte schwang unter meinen Füßen, wo die Granate explodiert war. Dunkle Flecken zogen sich über den Boden bis zum Eingang. Wessen Körper hatten sie da nach draußen gezerrt?

Nicholas Shakespeare: Der Obrist und die Tänzerin, 1995

„Winkel der Toten" bedeutet „Ayacucho" auf Quechua. Fast scheint es, als sei der Name der Stadt und des gleichnamigen Departamentos bedeutungsgleich für die peruanischen 1980er Jahre. Denn die Aktivitäten der Terrororganisation *Sendero Luminoso* (s.S. 204) und der Gegenterror des peruanischen Militärs forderten alleine hier in diesem bitterarmen Landstrich 20.000 Todesopfer. Doch schon sehr viel früher stand diese Region im Mittelpunkt. Funde des Piquimachay-Volkes wurden auf 20.000 v. Chr. datiert, und die Wari gründeten hier die Hauptstadt ihres andinen Präinkareichs. Die heutige Hauptstadt des Departamentos Ayacucho liegt auf 2761 Meter Höhe und wurde 1539 von den Spaniern unter dem Namen *Huamanga* gegründet, um den wichtigen Handelsweg von Lima nach Cusco zu sichern. 1824 fand hier eine der Entscheidungsschlachten im Unabhängigkeitskampf Südamerikas statt: Die spanische Armee musste kapitulieren und der spanische Vizekönig sich General Sucre ergeben. Danach erhielt die Stadt ihren alten Namen zurück.

Heute ist Ayacucho mit ihren 180.000 Einwohnern ein geruhsamer Ort, mit einem angenehmen, trockenen Klima. Die typische Kolonialstadt wartet mit nicht weniger als 36 Kirchen auf und ist zugleich ein wichtiges Universitätszentrum. Jedes Jahr zur Karwoche zeigt sich Ayacucho von seiner schönsten Seite: Mit zahlreichen Prozessionen und Fiestas wird die *Semana Santa* begangen.

Die Plaza Mayor in Ayacucho

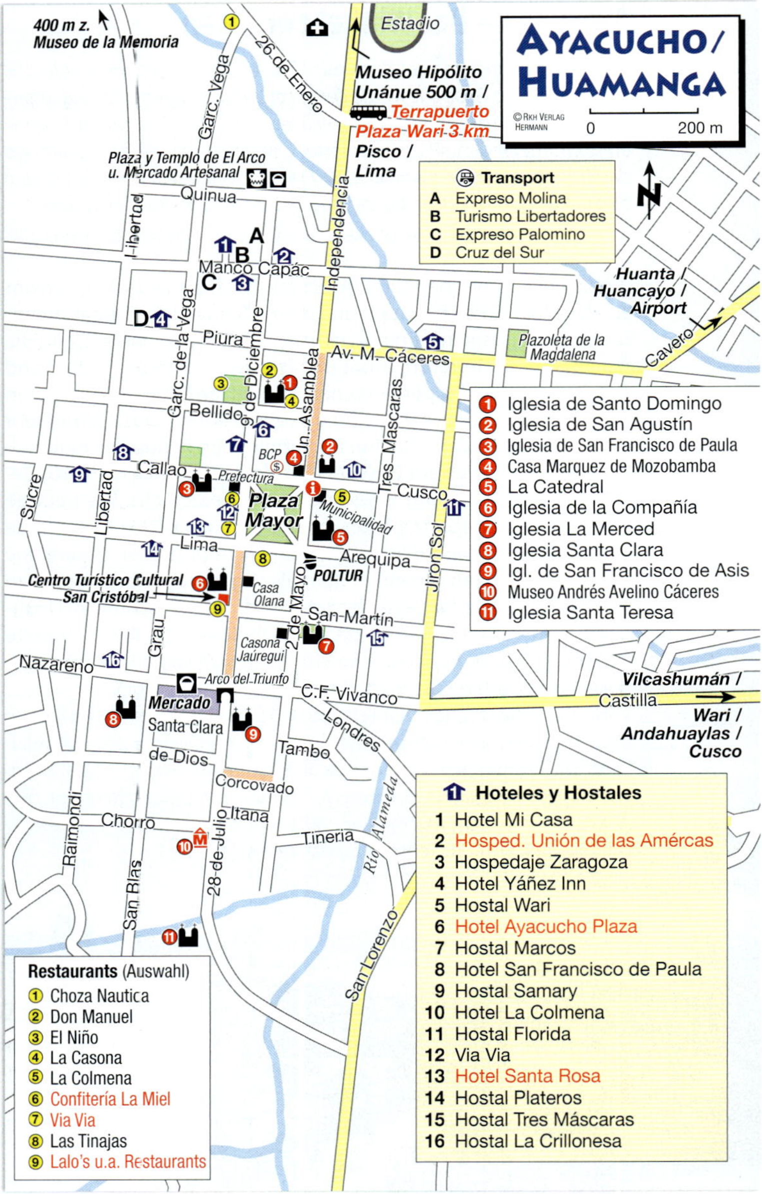
AYACUCHO/ HUAMANGA
© RKH VERLAG HERMANN
0 200 m
400 m z. Museo de la Memoria
Estadio
Museo Hipólito Unánue 500 m /
Terrapuerto Plaza Wari 3 km
Pisco / Lima
Plaza y Templo de El Arco u. Mercado Artesanal
Transport
A Expreso Molina
B Turismo Libertadores
C Expreso Palomino
D Cruz del Sur
Huanta / Huancayo / Airport
Plazoleta de la Magdalena
Cavero
26 de Enero
Garc. Vega
Quinua
Libertad
Manco Capác
Independencia
Garc. de la Vega
Piura
9 de Diciembre
Av. M. Cáceres
Jn. Asamblea
Tres Mascaras
Bellido
Callao
BCP
Prefectura
Sucre
Plaza Mayor
Municipalidad
Cusco
Jirón Sol
Lima
Arequipa
POLTUR
Centro Turístico Cultural San Cristóbal
Casa Olana
2 de Mayo
San Martín
Casona Jaúregui
Grau
Nazareno
Arco del Triunfo
C.F. Vivanco
Mercado
Santa Clara
de Dios
Tambo
Londres
Corcovado
Vilcashumán /
Castilla
Wari / Andahuaylas / Cusco
Itana
Chorro
Raimondi
Tineria
Rio Alameda
28 de Julio
San Blas
San Lorenzo
1 Iglesia de Santo Domingo
2 Iglesia de San Agustín
3 Iglesia de San Francisco de Paula
4 Casa Marquez de Mozobamba
5 La Catedral
6 Iglesia de la Compañía
7 Iglesia La Merced
8 Iglesia Santa Clara
9 Igl. de San Francisco de Asis
10 Museo Andrés Avelino Cáceres
11 Iglesia Santa Teresa
Hoteles y Hostales
1 Hotel Mi Casa
2 Hosped. Unión de las Amércas
3 Hospedaje Zaragoza
4 Hotel Yáñez Inn
5 Hostal Wari
6 Hotel Ayacucho Plaza
7 Hostal Marcos
8 Hotel San Francisco de Paula
9 Hostal Samary
10 Hotel La Colmena
11 Hostal Florida
12 Via Via
13 Hotel Santa Rosa
14 Hostal Plateros
15 Hostal Tres Máscaras
16 Hostal La Crillonesa
Restaurants (Auswahl)
1 Choza Nautica
2 Don Manuel
3 El Niño
4 La Casona
5 La Colmena
6 Confitería La Miel
7 Via Via
8 Las Tinajas
9 Lalo's u.a. Restaurants

Fest in Ayacucho

Kirchen, Kirchen, Kirchen …

Ausgangspunkt des Stadtrundgangs ist die hübsche *Plaza de Armas,* wegen des Reiterstandbilds von *José de Sucre* in der Mitte auch *Plaza Sucre* genannt. Hier befinden sich die Municipalidad, der Regierungspalast und die Prefectura. Beherrscht wird die Plaza jedoch von der Kathedrale. In dem mächtigen Bau aus dem Jahr 1671 sind die für Ayacucho typischen Goldaltäre in stark überladenem barocken Baustil zu bewundern.

In der *Iglesia de San Agustín* finden sich sehenswerte Gemälde, meistens ist sie jedoch geschlossen. Mehr Glück hat man in der *Iglesia de Santo Domingo,* auffallend an dem von 1548 bis 1562 errichteten Bau ist der wie ein italienischer Campanile von der Kirche getrennt stehende Glockenturm, an dem von der Inquisition die zum Tode Verurteilten aufgehängt wurden. Ausnehmend schön ist der mit Kunstwerken ausgeschmückte Kreuzgang.

Hinter der ungewöhnlichen klassizistischen Fassade der *Iglesia de San Francisco de Paula* aus dem 18. Jahrhundert verbergen sich neben der wohl schönsten Kanzel Ayacuchos sechs Taschentücher, die 1768 ein Geschenk des spanischen Königs waren. Die Jesuitenkirche *Iglesia de la Compañía* aus dem Jahr 1605 beeindruckt mit einem außergewöhnlich schönen barocken Hochaltar und dem Gemälde des Todeskampfes Jesu, das am Karfreitag in einer großen Prozession durch die Straßen Ayacuchos getragen wird. Das karge Äußere der *Iglesia Santa Clara* steht im Gegensatz zur prächtigen maurischen Kassettendecke mit vergoldeten Medaillons und der Kanzel aus Zedernholz. Und die *Iglesia San Francisco de Asís* beeindruckt mit ihren prächtigen Goldaltären.

... und dazwischen Weltliches

Auch weltliche Pracht ist zu bestaunen, wie etwa die *Casa Olano,* ein sehenswertes und stilvoll restauriertes Kolonialhaus, oder die koloniale *Casa de los Jaúregui* aus dem 16. Jahrhundert mit ihrem reich verziertem Portal und Balkon. In einem anderen reizvollen Kolonialhaus, der *Casona Vivanco* aus dem 17. Jahrhundert, ist das **Museo Andrés Avelino Cáceres** (Mo–Sa 8–12.30 und 14–18 Uhr, Eintritt) untergebracht. Neben zahlreichen Möbeln, Einrichtungsgegenständen und Gemälden der Cusqueñer Malschule sind vor allem Waffen aus der Kolonialzeit und Artefakte des gleichnamigen Kriegshelden aus dem Salpeterkrieg ausgestellt. Der Aufarbeitung der Terrorzeit in den 80er Jahren ist das **Museo de la Memoria** („Museum der Erinnerung") gewidmet. Die Gedenkstätte wurde von Angehörigen der Verschwundenen gestaltet, ausgestellt werden Erinnerungsstücke an die Toten, wie Kleidung, Briefe und Fotos, mit denen die Opfer des Terrors erstmals ein Gesicht bekommen. Ein eindrucksvolles Haus, in dem an das dunkelste Kapitel aus Perus jüngerer Geschichte erinnert wird. Eintritt.

Ein weiteres interessantes Museum ist das **Museo de Antropología y Arqueología Hipólito Unánue** (Mo–Fr 9–17 Uhr, Sa 9–12 Uhr, Eintritt), in dem vor allem sehr feine, mehrfarbige Keramiken und Monolithen aus der noch kaum erforschten Wari-Kultur ausgestellt werden. Einen Besuch ist auch der reizvolle, täglich stattfindende **Mercado** wert, auf dem typisches Kunsthandwerk der Region zu finden ist: Silberwaren im Mudéjar-Stil, kunstvoll geschnitzte Alabasterfiguren *(Piedra de Huamanga)* und die bis zu einem halben Meter hohe Altarkästchen *(Retablos)* mit bunten Tonfiguren, die aus Mais- oder Kartoffelmehl geknetet werden.

Sendero Luminoso

Der „Leuchtende Pfad" entstand 1980 in den Andentälern um Ayacucho, eine der ärmsten Gegenden Perus, von wo bereits in den Jahren zuvor ständig soziale Unruhen ausgegangen waren. Unter der Führung von Abimael Guzmán kämpfte die Guerilla-Organisation bis in die 1990er Jahre mit Waffengewalt für die Selbstbestimmung der andinen Bevölkerung. In ganz Peru wurden Aufstände angezettelt, Brandanschläge auf Industriegebiete verübt, Hochspannungsmasten gesprengt und Generalstreiks organisiert.

Mit Hilfe der Antiterrorgesetze versuchte die peruanische Regierung der Gewalt Herr zu werden und ordnete Gewaltanwendung, Folter, Bombardierung von Dörfern und willkürlichen Hausdurchsuchungen an. An die Campesinos erging die Aufforderung, Fremde zu ermorden, es entwickelte sich eine Gewaltspirale, die über 20.000 Opfer forderte. Ganze Dorfgemeinschaften wurden verhaftet, 300.000 Andenbewohner verließen das Hochland. Erst mit der Verhaftung Guzmáns gelang es unter Präsident Fujimori 1992 die Terrororganisation weitgehend niederzuschlagen. [KN]

Service Ayacucho

Zwei Frauen in Tracht der Region Ayacucho

i-Peru, die Infostelle von PromPerú, ist im Portal de la Municipalidad 45, Plaza de Armas, Tel. 81-8305, iperuayacucho@promperu.gob.pe, Mo–Fr 9–18 Uhr.
Ayacucho im Internet: www.ayacuchoperu.com und www.ayacucho.info.
Tel.-Vorwahl: 066

Unterkunft

Hospedaje Unión de las Américas, Manco Cápac 319, Tel. 31-2831. Sehr saubere Zimmer in hübschem und freundlichem Ambiente. DZ/F ab 25 US$.

Hotel Santa Rosa, Lima 166, Tel. 31-2083, www.hotelsantarosa.com.pe. Altes Haus im Kolonialstil, sehr freundliches Personal und ein nettes Restaurant. DZ/F ab 125 Soles.

Hotel Ayacucho Plaza, 9 de Diciembre 184, Tel. 31-2202. Koloniales Gebäude mit sehr netter Atmosphäre, gutem Restaurant und gemütlicher Bar, jedoch mit DZ/F ab 85 US$ überteuert.

Restaurants

Zum Frühstück kann das *Lalo's Pan,* Asamblea 458, empfohlen werden. Regionale Fleischgerichte, Pisco und Weine bietet *El Monasterio,* Centro Turístico Cultural San Martín, 28 Julio 178. Regionale Küche mit typischen Gerichten Ayacuchos werden auch im *Urpicha,* Londres 272, und *Miski Mikuy,* Garcilaso de la Vega 461, serviert. Wer Lust auf einen Eisbecher verspürt, ist in der Confitería *La Miel* an der Plaza Portal Constitución richtig. Ein schönes (Reise-)Café-Restaurant ist *Via Via.* Es liegt direkt an der Plaza de Armas, Portal Constitucion No 4. Gute und günstige Gerichte mit herrlichem Blick vom Balkon. Ein paar weitere Vorschläge siehe Stadtplan.

Unterhaltung

Centro Turístico Cultural San Cristóbal, 28 de Julio 178, im ehemaligen Priesterseminar San Cristóbal de Huamanga mit Restaurants, Galerie und Kultureinrichtung, wochentags Freiluftkino (nur abends). Das Nachtleben von Ayacucho ist aus dem Dornröschenschlaf erwacht – im Bereich der Asamblea/Bellido/Cáceres gibt es zahlreiche Kneipen und Discos, wie z.B. *La Nueva Ley* oder *Carpe Diem,* beide in der Av. Cáceres. Eine schöne Peña ist *Los Balcones,* Asamblea 187 (2. Stock).

Touranbieter

Wari Tours, Lima 138 B, Tel. 31-1415, www.waritoursayacucho.blogspot.com. Der älteste und erfahrendste Veranstalter vor Ort, sehr persönlicher Service, freundlich. Auch Touren von Ayacucho nach Cusco oder an die Panamericana (Paracas, Ica, Nazca).

Morochucos Reps, 9 de Diciembre 136, Tel. 31-7844, www.morochucos.com. Empfehlenswerter Anbieter für Ausflüge in die Umgebung, langjährige Erfahrung.

Ausflüge in die Umgebung

Wari und Quinua

Wari

Wie die Stadt der **Wari** einst tatsächlich geheißen hat, ist unbekannt, deshalb wurde sie einfach nach der Wari-Kultur benannt. Hier war das Zentrum einer Zivilisation, die im 9. Jahrhundert n. Chr. ihre Blütezeit hatte. Sie weist deutliche Parallelen zu der klassischen Tiwanaku-Kultur auf, auch Elemente der Nazca-Kultur sind zu finden. Allzuviele Relikte sind nicht erhalten geblieben. Zu sehen sind sorgfältig gearbeitete Steinplatten als Reste oberirdischer Rundbauten, Opfersteine, unterirdische Kammern und gut erhaltene Wassersysteme, daneben viele Scherben bunt bemalter Keramikgefäße und Tonfiguren.

Die Weitläufigkeit der Anlage lässt vermuten, dass hier einmal sehr viele Menschen lebten. Einzelne Viertel, wie etwa das der Handwerker, ließen sich durch die Funde zahlreicher Werkzeuge bestimmen. Außerdem wurde ein großer Fürstenfriedhof entdeckt. Neben der Ausgrabungsstätte befindet sich das neue *Museo del Sitio* mit zahlreichen Keramiken und anderen Fundstücken.

Quinua

Das Töpferdorf **Quinua** mit einer kleinen Kolonialkirche und einem Sonntagsmarkt ist ein beschaulicher, hübscher Ort. Auf allen Hausdächern sind kleine Tonkirchen und Figuren angebracht, um die Bewohner vor bösen Geistern zu schützen. In der Nähe erinnert ein riesiger Obelisk an die Unabhängigkeitsschlacht am 9. Dezember 1824. An dieser Stelle besiegten etwa 6000 Kämpfer unter General Sucre 10.000 Königstreue in der letzten Schlacht um die Unabhängigkeit Perus.

Die Inkaruinen von Vilcashuamán

Ein anderer Ausflug führt durch bizarre Berglandschaften zunächst über einen 4240 Meter hohen Pass ins Tal des Río Mayopampa und weiter in den Ort Vischongo. Die Ruinen von Vilcashuamán zeigen Reste eines Sonnentempels und die Mauern einer alten Festung in typischer Inkabauweise. Im Ort selber befindet sich ein Orakelstein mit zwei welligen Rinnen, in denen früher aus dem Blutstrom eines geschlachteten Lamas geweissagt wurde.

12 Die Nordküste

Das Reisen an der Küste von Peru ist beschwerlich, da die Wege durch Sandflächen führen, in denen man oft 20 bis 30 Meilen weit keine Spur von Vegetation sieht, keinen Tropfen Wasser findet. Man sucht daher so viel als möglich die Nacht zu benutzen, um von der brennenden Tropensonne nicht allzu sehr zu leiden. Wenn aber der Mond nicht scheint, oder der Nebel die sicher weisenden Sterne verschleiert, dann verfehlt man leicht die vorgesetzte Richtung und reitet viele Stunden auf falschem Wege. (...) In diesem Falle ist es gewöhnlich um das Leben des Reisenden gethan (...).

Johann Jacob von Tschudi: Peru-Reiseskizzen aus den Jahren 1838–1842, 1846

So unwirtlich die Nordküste Perus auch ist – dieser Landstrich gilt als Wiege der Hochkulturen des Landes. Hier findet sich die älteste Stadt ganz Amerikas, *Caral,* und der Ruinenkomplex von *Chan Chan,* das einst die größte der Stadt der Welt war. Sagenhafte Schätze wurden in den Herrschergräbern bei Chiclayo gefunden, und ein ganz anderes Erbe ist hier bis heute lebendig geblieben: Hexer und Magier heilen mit uralten Riten die Kranken.

Das Gesicht des Küstenstreifens änderte sich in den letzten Jahren. Fuhr man bis vor einigen Jahren zwischen Chiclayo und Piura noch durch staubtrockene Wüste, so findet man hier heute mancherorts grünen Bewuchs, manchmal sogar Felder. Ursachen sind die Installation von Bewässerungsanlagen sowie das Klimaphänomen El Niño, das immer häufiger stattfindet und durch das verstärkt Niederschläge fallen.

Am Strand von Paita

Perus Norden
0
100 km
© Rkh Verlag Hermann
n. Guayaquil
n. Quito
Machala
Cuenca
Tumbes
Zorritos
Huaquillas
Zarumilla
Arenillas
Máncora
El Alto
Cabo Blanco
Talara
Parque Nac. Cerros de Amotape
ECUADOR
Catacocha
Loja
Macara
Las Lomas
Paita
Sullana
Suyo
Tambo Grande
Ayabaca
Piura
Catacaos
Vicus
Sechura
Chulucanas
Bayobar
Desierto de Sechura
Zumba
La Chonta
Namballe
Huancabamba
Canchaque
San Ignacio
Orellana
Santa María de Nieva
Delfus
Chiriaco
PE 1N
Panamericana
Olmos
Motupe
Bellavista
Jaén
Bagua Grande
Túcume
Sicán
Lambayeque
Chiclayo
Sipán
Reque
Cutervo
Cochabamba
Pedro Ruíz Gallo
Catarata Gocta
Karajía
Mocupe
Zana
Chota
Nuevo Tingo
Chachapoyas
San Miguel de Pallaques
Bambamarca
Chepén
Guadalupe
Pacasmayo
Kuélap
Ollap
Rioja
Moyobamba
Leymebamba
Vent. de Otuzco u. Combayo
Celendín
San Pedro de Lloc
Chilete
Cajamarca
Balsas
Yurimaguas
Pto. Chicama
Paijan
Baños del Inca
Cascas
Cumbemayo
Matará
Ascope
Cordillera Oriental
Lamas
Cachachi
Bolívar
Chan Chan
Tarapoto
Trujillo
Otuzco
Cajabamba
Moche
Usquil
Marca Huamachuco
Huacas Sol u. Luna
Parque Nac. Río Abiseo
Picota
Juanjui
Quirivilca
Pataz
Santiago de Chuca
Aricapampa
Campanilla
Pampas de Sacramento
Parcoy
Gran Pajatén
Pallasaca
Tauca
Polvora
Santa
La Pampa
Sihuas
Tayabamba
Chimbote
Tocache Nuevo
Huallanca
Caraz
Pomabamba
Huacrachuco
Parque Nac. Huascarán
Casma
Sechín
Carhuaz
Huaraz
Huaripampa
Arancay
Culebras
Pativilca
Lima
Recuay
Huanuco
Huarmey
Chavín de Huántar
n. Tingo María

Auf dem Mercado Modelo, Chiclayo

Schilfboote und Fischer am Strand von Pimentel/Chiclayo

Die einstige Metropole Caral

Mitten in staubtrockenem Gebiet liegen rund 200 Kilometer nördlich von Lima die Reste der ehemaligen Metropole Caral. Caral gilt als die älteste stadtähnliche Ansiedlung auf dem gesamten amerikanischen Kontinent. Zwischen 3000 und 1800 v. Chr. siedelten hier bis zu 5000 Menschen. Die Entdeckung Carals im Jahr 2001 galt als Sensation. Bereits 2009 wurde die Ausgrabungsstätte in den Rang eines UNESCO-Weltkulturerbes erhoben.

Zu besichtigen ist vor allem eine Reihe von Pyramiden. Die größte misst 180 Meter im Quadrat und ist etwa 18 Meter hoch. Der Treppenaufgang wird von Monolithen flankiert. Sie sind aus Granit gemeißelt, der in der weiteren Umgebung Carals nicht vorkommt. Das Gestein ohne Kenntnis des Rades hierher zu transportieren, war eine Meisterleistung. Eine weitere Höchstleistung der Caral-Kultur war die Anlage eines ausgeklügelten Bewässerungssystems. Mit dessen Hilfe gelang es den Bewohnern, in der offenbar bereits damals trockenen Gegend Ackerbau zu betreiben. Die Reste des Kanalsystems ziehen sich bis heute durch das gesamte, rund 60 Hektar große Ausgrabungsgebiet. Eintritt 11 Soles, obligatorische Führung, 20 Soles pro Gruppe.

Die Ruinen von Sechín

Rund 170 Kilometer weiter Richtung Norden finden sich in einer gespenstischen Mondlandschaft, in der es nichts als Steine und ein paar riesige Kakteen gibt, die Ruinen von **Sechín.** Die auf 1800 bis 1300 v. Chr. datierte Anlage beeindruckt mit einem quadratischen Hauptbau, der von einer Mauer aus mächtigen Steinpfeilern umgeben ist.

Blick auf Caral mit fruchtbarem Tal im Hintergrund

Szenische Reliefs

Über 300, teils tonnenschwere Reliefplatten sind mit Kampfszenen verziert, die Krieger, Sterbende und Leichenteile zeigen. Die Gesichter weisen eine Übereinstimmung mit der Raubkatzengottheit von Chavín auf, weshalb Sechín dieser Kultur zugerechnet wird. Daneben werden in einem kleinen Museum Keramiken und Mumien ausgestellt. Eintritt.

In der Nähe von Sechín wurden im Jahr 2000 außerdem 35 Meter große Geoglyphen entdeckt, die von einem Hügel aus betrachtet werden können. Vermutlich wurden sie um 1200 v. Chr. erschaffen, doch von wem ist unbekannt.

Bunte Stadt Trujillo

Ein warmes, frühlingshaftes Klima und die farbenfrohe spanische Kolonialarchitektur machen Trujillo zu einem angenehmen Ort. Mit knapp 700.000 Einwohnern ist sie die drittgrößte Stadt Perus. Sie wurde 1534 von Diego de Almagro zu Ehren der spanischen Geburtsstadt Francisco Pizarros gegründet und war Sitz zahlreicher Vizekönige. Dort, wo heute die Avenida España ringförmig um die Innenstadt führt, wurde Trujillo im 18. Jahrhundert zum Schutze vor Seeräubern mit einem Wall umgeben. Während die Stadt Ende des 19. Jahrhunderts ein Handelszentrum für Zuckerrohr war, spielen wirtschaftlich nun neben dem Zucker auch Kupfer und Steinkohle eine Rolle. Trujillo ist stolz auf seine Paso Peruano-Pferde, die jedes Jahr im September beim *Festival de Primavera* (Frühlingsfest) durch die Straßen tänzeln.

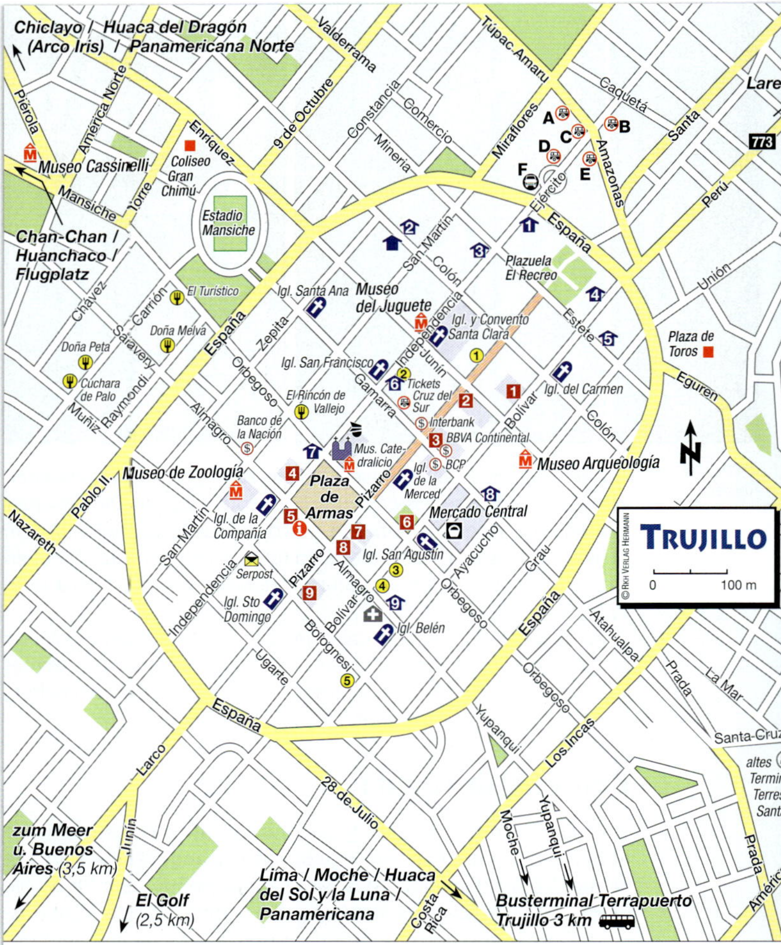

Sehenswertes

1 Teatro Municipal
2 Palacio Iturrégui
3 Casa de la Emancipación
4 Casa Bracamonte
5 Casa de la Identidad
6 Casa Orbegoso
7 Casa Urquiaga
8 Municipalidad
9 Casa de Mayorazgo

Hoteles y Hostales

1 Hotel El Brujo
2 Hostal Bona Nit
3 Hospedaje El Mochilero
4 Gran Bolívar Hotel
5 Hotel El Recreo
6 Hotel Colonial
7 Hotel Libertador Plaza M.
8 Hotel Continental
9 Hotel Chimor

Restaurants (Auswahl)

① Oviedo u. Demarco
② Deza Café
③ El Mochica
④ Bäckerei Fito Pan
⑤ Palermo's
- weitere R. s.

Busgesellschaft

A Cruz del Sur
B Oltursa
C Civa
D Ormeño
E Expreso Cial
F Combis n. Chan Chan, Huanchac Huaca Esmerald

Bunte Kolonialhäuser in der Innenstadt von Trujillo

Koloniale Pracht

Mittelpunkt der Stadt ist die große **Plaza de Armas,** in deren Mitte zur Erinnerung an die hier 1820 erfolgte Unabhängigkeitserklärung Perus ein gewaltiges Freiheitsdenkmal steht. Den Platz säumen bunte Kolonialbauten mit schönen Holzerkern aus der Blütezeit der Stadt im 17. und 18. Jahrhundert, eine der ältesten Kathedralen des Landes, das erzbischöfliche Palais und die Municipalidad. Als einstiger Sitz vieler Vizekönige besitzt Trujillo ein reiches Erbe kolonialer Herrenhäuser, einige sind ausgesprochen gut erhalten und sehenswert. Das prächtigste ist der neoklassizistische **Palacio Iturrégui** aus dem 18. Jahrhundert, benannt nach General Iturrégui, der hier 1820 die Unabhängigkeit der Stadt von den Spaniern vorbereitete. Anhand der zeitgenössischen Möbel und Gemälde erhält man hier eine Ahnung davon, in welch verschwenderischem Luxus die Kolonialherren einst lebten. Gleichfalls geschichtsträchtig ist die **Casa Urquiaga,** die zeitweise das Quartier des Freiheitskämpfers Simon Bolívar war. Die **Casa Deza** beherbergt heute ein sehr stilvolles Restaurant.

Sakrale Schätze

Zahlreiche Erdbeben setzten den zehn Kolonialkirchen im Laufe der Jahre zu, dennoch sind einige schöne Gotteshäuser erhalten geblieben, wie etwa die **Iglesia La Merced** mit einer Rokoko-Orgel aus dem 17. Jahrhundert. Ebenfalls sehr sehenswert ist die **Iglesia La Compañia** aus dem Jahr 1631. Sie besticht innen wie außen vor allem mit ihren wunderschönen Stuckelementen und wurde zum nationalen

Die Plaza de Armas von Trujillo mit Kathedrale und Freiheitsdenkmal

Kulturerbe Perus ernannt. Im Museum, das der **Iglesia El Carmen** angeschlossen ist, werden wertvolle sakrale Kunstschätze gezeigt. Angesichts der schieren Masse kostbarer Gegenstände wird deutlich, wie sehr auch die katholische Kirche von der Goldgier der Spanier profitierte.

Alte Kulturen

Trujillo kann auch auf eine reiche präkolumbische Geschichte zurückblicken. Das Tal des Río Moche wurde um 200 n. Chr. von den Mochica bewohnt, die gewaltige Bauwerke wie die Sonnen- und Mondpyramide schufen. Bekannt wurde die Kultur vor allem durch ihre erotischen Darstellungen auf Keramiken und durch kunstvolle Figuren in Vasenform, aber auch durch Techniken der Metallverarbeitung. Bis heute sind ihre Bewässerungssysteme von Bedeutung. Mit ihnen wurde das Wasser aus den Anden so geschickt verteilt, dass zwei bis drei Ernten pro Jahr möglich waren. Das gigantische Kanalsystem wird von den Bauern der Umgebung noch immer genutzt.

Die Mochica wurden wahrscheinlich um 1000 n. Chr. von den Chimú abgelöst, die von ihrer aus Lehmziegeln erbauten Hauptstadt Chan Chan aus über ein gewaltiges Küstenreich herrschten. Eine große Mochica- und Chimú-Keramiksammlung kann im Museo de Arqueología, Antropología e Historia (Eintritt) bewundert werden, das Museo Casinelli (Eintritt) präsentiert ebenfalls eine beeindruckende Sammlung aus der Mochica-, Chavín- und Chimú-Kultur.

Die Pyramiden der Mochica

Es müssen Abertausende Arbeiter gewesen sein, die um 700 n. Chr. die Tempelanlagen **Huaca de la Luna** und **Huaca del Sol** aus Lehmziegeln errichteten. Dass es sich bei den mächtigen Bauten um Heiligtümer handelte, ist unbestritten, doch die Namen „Mond-" und „Sonnenpyramide" sind frei erfunden. Die 80 x 60 Meter große Mondpyramide besteht aus sechs großen Stufen. Jede der drei Meter

Die Huaca del Sol in weiter Landschaft

Mural-Relief in der Huaca del Sol

hohen Stufen ist mit unterschiedlichen, riesigen Ornamenten bedeckt, die Tiere und Gottheiten darstellen. Im Innern der Pyramide finden sich Malereien und Reliefs, die in mühevoller Kleinstarbeit von Archäologen restauriert wurden.

Die in der Nähe liegende und mit ihren Ausmaßen von 340 x 220 Metern riesige **Sonnenpyramide** gilt als das größte Bauwerk Südamerikas und ist noch weitgehend unerforscht. Um Zerstörungen vorzubeugen, darf sie nicht bestiegen werden. Es wird vermutet, dass dieses Bauwerk ähnliche Schätze birgt wie die Huaca de la Luna. Das Museum **Huacas del Moche** auf dem Gelände der Mondpyramide bietet einen guten Überblick zur Kultur der Moche. Mo–So 9–16 Uhr, Eintritt.

Chan Chan, das Erbe der Chimú

Schätzungsweise 100.000 Menschen lebten im 13. und 14. Jahrhundert in **Chan Chan,** das einst die Hauptstadt des mächtigen Reiches der Chimú war. Damit beherbergte die aus Lehmziegeln erbaute, etwa 20 Quadratkilometer große Stadt zu dieser Zeit die meisten Einwohner der Welt. Bis heute sind die Dimensionen der größtenteils verfallenen Stadtviertel, in denen einst Lagerräume, Truppen und verschiedene Berufsgruppen untergebracht waren, beeindruckend,

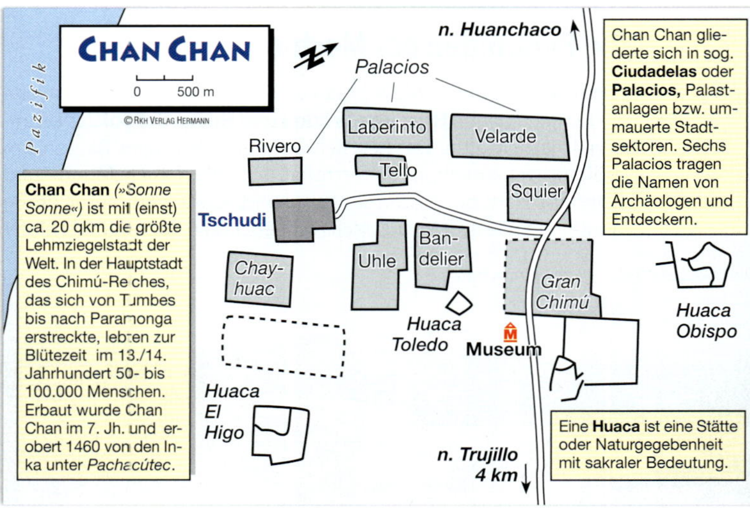

Chan Chan ist die größte Lehmziegelstadt aus vorhispanischer Zeit. Die Aufbauten schützen die Adobemauern vor Niederschlägen.

auch wenn El Niño den Lehmziegelbauten stark zugesetzt hat, so dass sie an ein geschmolzenes Wachskunstwerk erinnern.

Eine gnadenlose Sonne brennt auf die 1988 zum UNESCO-Weltkulturerbe ernannten verfallenen Bauten herab. In der Stille wirbeln Winde Staub auf, der bis in die letzten Ritzen dringt. Es überrascht nicht, dass die Chimú das Wasser besonders verehrten. Sie leiteten das Wasser des Río Moche in die von einer zwölf Meter hohen Mauer umgebenen Stadt und schufen so mitten in der Wüste ausgedehnte Gartenanlagen. Den Inka gelang 1460 ein rascher Sieg über die Chimú, indem sie der Wüstenstadt das Wasser absperrten. Die Chimú waren vor allem berühmt für ihre feinen Goldschmiedearbeiten. Der **Tumi,** ein halbmondförmiges Zeremonialmesser mit dem Griff in Form einer edelsteingeschmückten männlichen Figur, wurde hier gefertigt. Die Inka verschleppten Chimú-Kunstschmiede und Handwerker nach Cusco, was aus der übrigen Bevölkerung Chan Chans wurde, ist nicht bekannt.

Bis heute sind viele der fein gearbeiteten Adobereliefs in dem nach dem Schweizer Südamerikaforscher *Johann Jakob von Tschudi* (1818–1889) benannten **Palacio Tschudi** gut erhalten. Der Zeremonialpalast ist von einer mächtigen Mauer umgeben, dahinter liegen riesige Plätze, Gänge und Hallen, die mit Pelikanen, Fischen und Vögeln verziert sind. 10 Soles.

Tumi

Eingang im Palacio Tschudi von Chan Chan

12

Huacas

Schmuckrelief an der Huaca del Dragón

Außerhalb von Chan Chan lagen die Huacas, pyramidenartige Heiligtümer, die meist dem Mond geweiht waren. Außergewöhnlich beeindruckend ist die **Huaca del Dragón**, ein Tempel der aus der Mochica-Epoche stammt und von den Chimú übernommen wurde. Hinter mächtigen Adobemauern liegt ein gewaltiges Bauwerk, dessen Wände über und über mit gut erhaltenen symbolischen Regenbogen, Drachen (dragón) und Tausendfüßlern verziert sind. In der **Huaca La Esmeralda** sind Fische, Vögel, Rauten und Wellen in fein gearbeiteten Lehmornamenten zu bewundern, das Lehmbauwerk wurde jedoch durch Regenfälle stark in Mitleidenschaft gezogen. (Eintritt der beiden Huacas im Verbund mit Chan Chan).

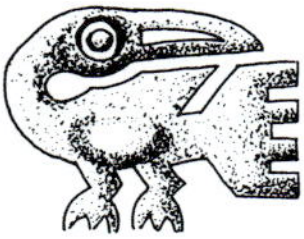

Huanchaco

In dem kleinen Fischerort **Huanchaco** ist ein Erbe aus der Mochica- und Chimú-Epoche lebendig geblieben: Auf aus Schilf gefertigten Booten „reiten" die Fischer damals wie heute rittlings auf das Meer hinaus. Dass sich ihre Meeresfahrzeuge über die Jahrhunderte kaum verändert haben, zeigen über 2000 Jahre alte Keramiken, auf denen die *Caballitos de Totora*, „Schilfrohrpferdchen", abgebildet sind. Einziges Zugeständnis an die moderne Zeit sind leere Plastikflaschen, die als Schwimmkörper eingearbeitet sind.

Service Trujillo

i-Peru, Jr. Diego de Almagro 420, Plaza de Armas, Tel. 29-4561, iperutrujillo@promperu.gob.pe. Tel.-Vorwahl: 044

Unterkunft

Hotel Colonial, Independencia 618, Tel. 25-8261. Zentrale Lage, schönes, ansprechendes Kolonialhaus mit Garten und kleiner spartanischer Dachterrasse; bp, kleines Restaurant, sehr hilfsbereit. DZ/F 120 Soles.

Hotel Libertador Plaza Mayor Trujillo, Independencia 485, Plaza da Armas, Tel. 23-2741, www.libertador.com.pe. Bestes Hotel der Stadt mit Pool. DZ/F ab 250 US$.

Restaurants

Traditionell wird in Trujillo *Cebiche mit Camote und Yuca* gegessen. Spezialitäten der Region sind *Ajiaco de Cuy* (Meerschweincheneintopf) und *Cabrito*, zartes Ziegenfleisch in Maisschnaps mit Bohnen und Reis sowie Fischgerichte.
In der *Casona Deza,* Independencia 630 speist man in hochherrschaftlichem Ambiente von einer eher durchschnittlichen Karte.

Im *El Mochica,* Bolívar 462, gibt es typische regionale Gerichte, familiäres Ambiente. *La Taberna,* Husares de Junín 350 (La Merced), bietet Hähnchenvariationen und am Wochenende regionale Folklore. Ein paar weitere Vorschläge siehe Stadtplan.

Unterhaltung

Die Disco der Stadt befindet sich im Vergnügungskomplex *Luna Rota,* Av. América Sur 2127. Das *Las Tinajas,* Plaza de Armas, ist ein Pub mit angeschlossener Disco im schönen Ambiente eines Kolonialhauses. Die besten Cocktails und Live-Musik von Do–Sa gibt es in der Tributo Bar, Pizarro Cuadra 4, Ecke Plaza de Armas.

Touranbieter

Trujillo Tours, www.trujillotours.com; empfehlenswerter Touranbieter.

Colonialtours, Independencia 618, Tel. 39-1034, www.colonialtoursnorteperu.com. Touren zu allen Sehenswürdigkeiten der Umgebung, freundlich und hilfsbereit. Mit angeschlossenem Hotel (s.o.)

Einkaufen

Shopping Center Apiat, Av. España neben dem Shopping Zona Franca; eine gute Adresse für günstiges Kunsthandwerk und handgefertigte Unikate.

Chiclayo

Die Hauptstadt des Departamento Lambayeque ist mit 650.000 Einwohnern ein rasch wachsendes, geschäftiges Agrarzentrum in trockenheißem Klima und dank künstlicher Bewässerung umgeben von Reis- und Weizenfeldern, Zuckerrohr- und Baumwollplantagen. Chiclayos Hauptattraktion ist der *Mercado de Hierbas*, der Kräutermarkt, auf dem sich die traditionelle Volksmedizin mit Kräutern, Salben und Wundermitteln gegen allerlei Gebrechen und Krankheiten findet. Auch Rehfüße, Stinktierfelle, Tukanköpfe, Schlangenhäute, Zauberstäbe und Heiligenbilder sind hier zu haben: Alles Zutaten, die Schamanen und Quacksalber brauchen um Patienten zu heilen. Wie einst töten hier *Curanderos* Meerschweinchen, studieren den Mageninhalt und stellen danach die Diagnose.

12

Grab des „Herrn von Sipán" in der Huaca Rajada

Grabstätten von Sipán

Chiclayo ist aber vor allem Ausgangspunkt für den Besuch der **Grabstätten von Sipán,** wo erst 1987 ein unberührtes Grab eines Mochica-Herrschers entdeckt wurde. Der Fund des mit reichen Beigaben versehenen Grabes war eine archäologische Sensation, denn nur sehr selten werden unversehrte Königsgräber gefunden. Er rief aber auch unter den Grabräubern der Gegend eine wahre Goldgräberstimmung hervor (s. Exkurs).

Die Grabbeigaben des etwa 35 Jahre alten Mannes waren außerordentlich zahlreich und wertvoll: Eine goldene Totenmaske, Brust-,

Grabräuber

Nachdem 1987 in der Nähe von Chiclayo das Grab des Herrschers von Sipán mit seinen Reichtümern entdeckt worden war, führte dies in Nordperu geradezu zu einer Massenhysterie. In Scharen begann die Bevölkerung in der Erde nach Schätzen zu wühlen, in der Hoffnung, wertvolle Altertümer zu finden, die sich an Sammler verkaufen lassen.

In den letzten 30 Jahren wurden in ganz Peru rund 200.000 archäologische Stätten von *Huaqueros,* Grabräubern, geplündert und Mumien geschändet. Dabei werden ganze Grabgebiete zerstört und für eine wissenschaftliche Erforschung wertlos. In letzter Zeit hat die Zahl der verarmten Bauern, die mit dem Verkauf von Artefakten ihre Familien ernähren, zugenommen. Das Wissen um die besten Fundstellen wird von Generation zu Generation weitergegeben, manchmal werden auch zufällig beim Pflügen neue Gräber entdeckt. Abnehmer für die Schätze sind Kunstsammler aus aller Welt, aber auch Museen, die derzeit von einem Überangebot profitieren. Solange sich die Lebensbedingungen der Landbevölkerung nicht verbessern, wird der Plünderung des kulturellen Erbes Perus kaum beizukommen sein. [KN]

Hüft- und Beinpanzer aus Gold, goldener Nasen- und Kinnschmuck, Ohrpflöcke aus Gold und Türkisen, Kupfer-Sandalen u.a. mehr. Neben dem Herrscher fanden sich die Skelette von sieben weiteren Menschen, die vermutlich während der Beisetzungszeremonie geopfert wurden.

Auch heute noch ist das Grab an der Ausgrabungsstelle *Huaca Rajada* einsehbar, eine Rekonstruktion mit Replikaten im vor Ort befindlichen Museo de Sitio verdeutlicht den ursprünglichen Aufbau sowie die Distribution der Fundstücke. Die originalen Grabbeigaben (Mumien, Schmuckstücke etc.) befinden sich im *Museo Tumbas Reales de Sípan* in Lambayeque. Hier, in einem der beeindruckendsten Museen Perus, werden außerdem die Phasen der Ausgrabungen dokumentiert und eine beachtliche Sammlung von Keramiken, Goldarbeiten, Stoffen und Schmuck der Kulturen der Mochica, Chimú, Vicús, Chavín und Lambayeque gezeigt. Den Grundstock der Sammlungen legte einst der deutschstämmige Kaufmann Heinrich Brüning, der von 1875 bis 1925 in Peru lebte. Di–So 9–17 Uhr, 10 Soles.

Das Tal der Pyramiden von Túcume

Als *El Purgatorio* (Das Fegefeuer) bezeichnen die Einheimischen im Tal von Túcume die oberste Pyramidenplattform, auf der die Spanier 1553 all diejenigen auf Scheiterhaufen verbrannten, die sich nicht taufen ließen. Doch die Gründung Túcumes und die Urheberschaft der 26 mächtigen Adobebauwerke wird der Mochica-Kultur zugeschrieben.

Huaca Larga

Das Zentrum der Anlage wird von dem pyramidenförmigen Berg La Raya mit der **Huaca Larga** gebildet, einer 32 Meter hohen Pyramide. Thor Heyerdahl betrieb hier umfangreiche Forschungen und kam nach Muschelfunden, Ausgrabungen von zwei Schiffstypen der Chimú-Zeit und Reliefes, die Schilfboote darstellen, zu dem Schluss, dass Túcume einst das Zentrum einer maritimen Hochkultur war. Leider ist von dem Ort nur wenig zu sehen. Viele Ausgrabungen wurden wieder zugeschüttet, um sie vor Regen und Zerstörung zu bewahren.

In dem angeschlossenen Museum werden Keramiken, Friesfragmente und Schmuckstücke der Mochica-Kultur und Modelle der Pyramiden gezeigt. Mo–So 9–17 Uhr, 8 Soles.

Pyramiden von Túcume

Die Naymlap-Dynastie

Die mündlichen Überlieferungen der Einwohner von Lambayeque erzählen bis zum heutigen Tage die Geschichte des **Königs Naymlap.** Danach traf dieser König mit seiner Frau *Ceterni* mit einer Binsenboot-Flotte an der Küste von Túcume ein, ließ sich nieder und baute den ersten Pyramidentempel, den er *Chot* nannte. Hier wurde das höchste Heiligtum aufgestellt, ein Abbild ihres Schöpfers, *Yampallec* geheißen (Figur von Naymlap). Naymlap starb und wurde im königlichen Tempel beigesetzt. Sein Enkel *Calla* ließ die Tempelpyramiden in Túcume erbauen. Mit dem zwölften und letzten König *Fempellec,* der wegen eines Frevels ins Meer geworfen wurde, ging die Naymlap-Dynastie zu Ende. Wahrscheinlich war sie mit einer Naturkatastrophe verbunden, ausgelöst durch eine Regen- und Überschwemmungsflut.

Service Chiclayo

i-Peru, Av. Sáenz Pena 838, Tel. 20-5703, iperuchiclayo@promperu.gob.pe. Tel.-Vorwahl: 074

Unterkunft

Hotel El Sol, E. Aguirre 119, Tel. 23-2120. Angenehmes Hotel mit ansprechenden Zimmern und kleinem Pool. DZ 80 Soles.

Hotel Santa Rosa Chiclayo, Av. Luís Gonzáles 927, Tel. 22-4411, www.hotelsantarosachiclayo.com. Schöne Zimmer/bp, Ws, Cafetería, Internet, hilfsbereit und freundlich. DZ/F um 50 US$.

Los Portales Hotel Chiclayo, Av. Saenz Peña 396, Tel. 22-5527, http://chiclayo.losportaleshoteles.com. Modernes Hotel mit komfortablen Zimmern, sehr gutem Restaurant. DZ/F ab 40 US$.

Casa Andina Select Chiclayo, Av. Federico Villareal 115, Tel. 23-4911, www.casa-andina.com. Komfortables Hotel mit großen Zimmern und Pool. DZ/F ab 88 US$.

Restaurants

Eine Spezialität der Küche Chiclayos sind Entengerichte in den verschiedensten Variationen sowie abwechslungsreiche Fisch- und Meeresfrüchtegerichte. Von 9–15 Uhr gibt es im familiären *La Boni,* Juan Cuglevan 1116, lokaltypische Entengerichte. Im gediegenen *Tenedor Huaralino,* La Libertad 155, Sta. Victoria, werden leckere Fischgerichte zu gehobenen Preisen angeboten.

Unterhaltung

Die landestypische Peña *El Embrujo,* Vicente de la Vega 1238, bietet am Wochenende Live-Musik. Einige Discos befinden sich in der Virgilio Dall'Órso.

Touranbieter

Costamar Travel, San José 777, Tel. 27-4149; Touren zu allen Sehenswürdigkeiten in der Umgebung.

Einkaufen

Paseo de Artesanías, 18 de Abril; täglich großer Kunsthandwerksmarkt.

Strandparadies Máncora

Noch bis vor wenigen Jahren war Máncora ein verschlafenes Fischerdorf, heute ist es der beliebteste Strandort Perus, und das liegt nicht nur an dem feinen, hellgelben Sandstrand, sondern vor allem daran, dass hier, weit weg vom eisigen Humboldtstrom, das tiefblaue Wasser das ganze Jahr über eine angenehme Badetemperatur hat. Die zieht nicht nur reiche Peruaner an, sondern Sonnenbadende aus der ganzen Welt. Máncora ist jung, bunt und voller Leben, für das vor allem die Surfer sorgen, die zwischen November und März zu einem Ritt auf den Wellen hierher kommen. Im November kann man mit etwas Glück neben den coolen Jungs und Mädels auch Buckelwale beobachten, die vor der Küste gen Norden ziehen. Die Strände und das Flair können zwar nicht mit der Karibik mithalten, aber für peruanische Verhältnisse tobt hier das Leben, Kitesurfen und Tauchen inklusive. Der 20 Kilometer lange Sandstrand wird nur von einem beschaulichen Fischerhafen unterbrochen, ansonsten bieten überall am Wasser kleine und größere Bars Cocktails und Seafood an. Trotzdem hat Máncora noch nichts Mondänes an sich, sondern ist so liebenswert chaotisch und beschaulich, wie man es von einem peruanischen Strandbad erwarten darf. Der ideale Ort, um sich am Ende einer langen Reise vor dem Heimflug noch einmal richtig zu erholen.

Schlammbad im Poza de Barro

Der kleine, natürliche Pool *Poza de Barro*, etwa 30 Autominuten von Máncora entfernt, lädt mit seinem schlammbraunen Wasser auf den ersten Blick nicht gerade zum Baden ein. Doch die Quelle, die ihn speist, ist heiß und dem sulfathaltigen Wasser wird eine heilende Wirkung zugeschrieben. Herrlich entspannend ist das Bad allemal.

Strandparadies Máncora

Mangrovenwald an der Küste

Nördlich von Máncora, an der Grenze zu Ecuador, liegt an der Küste mit den **Manglares de Tumbes** der einzige Mangrovensumpf Perus. Hier leben 100 verschiedene Vogelarten, Krokodile und Schlangen. Die tropischen Bäume schützen die Täler der Flüsse Tumbes und Zarumilla vor den heftigen Strömungen aus dem Pazifik. Darüber hinaus stellen die Mangroven eine wichtige Nahrungsgrundlage jeglicher Schalentiere dar. Um langfristig etwas von diesem seltenen Vorkommen an zahlreichen Krabben-, Muschel- und Langustenarten zu haben, schützen die Fischer die Wälder wie Schätze. Das Gebiet wurde 1988 unter Naturschutz gestellt. Besucher können diesen faszinierenden Lebensraum zwischen Meer und Land auf kleinen Pfaden erkunden.

Service Máncora

www.vivamancora.com
Tel.-Vorwahl: 073

Unterkunft

Alle Hotels von Máncora und Umgebung listet www.vivamancora.com. Die besten Unterkünfte befinden sich am Strand *Punta Sal,* 17 Kilometer nordöstlich von Máncora.

Punta Ballenas Inn, Panamericana Norte Km 1164, am südlichen Ortsende von Máncora, Tel. 63-0844, www.puntaballenas.com. Das charmante Hotel liegt direkt am Strand und bietet neben einer großzügigen Gartenanlage mit Pool eine ausgezeichnete persönliche Betreuung seiner Gäste. DZ ab 140 Soles.

Las Pocitas, etwa 2,5 km südlich von Máncora, Anfahrt ab Km 1162 über die alte, nicht asphaltierte Panamericana Norte, Tel. 998-139-711, www.laspocitas.pe. Tolles Strandhotel mit hübschen Zimmern, schöner Pool unter Palmen, Restaurant empfohlen. DZ ab 50 US$.

Vichayito Bungalows & Carpas by Aranwa, Reservierung in Lima Tel. 434-1452, www.aranwahotels.com. 20 Minuten von Mancora entfernt befindet sich ein Strandparadies mit Bungalows und exklusiven Strandwohnzelten. DZ/F um 225 US$. Ideal zum Entspannen. Pool und Restaurant.

Restaurants

Das Restaurant **San Pedro,** Av. Piura 657, bietet täglich frische Meeresfrüchte und Fisch. In der Piura 384 gibt es im **Chan Chan** neben peruanischer Küche auch Italienisches und ab und zu Erdinger Weißbier und Apfelstrudel.

13 Das nördliche Bergland

Hier zieht sich der Weg durch zerklüftete Thäler, über abschüssige Felsen und wilde Gebirgsstöcke; oft, nur wenige Spannen breit, an furchtbaren Abgründen vorbei, in deren Tiefe ein reißender Strom tobt, oder er senkt sich fast lotrecht über steile Bergabhänge in gähnende Schluchten oder verliert sich an den Gletschern der unwägbaren Andenkuppen oder in den verräterischen Sümpfen der Hochebene.

Johann Jacob von Tschudi: Peru-Reiseskizzen aus den Jahren 1838–1842, 1846

Im wilden Bergland im Norden Perus warten herrliche alpine Landschaften auf Wanderer und verlocken die gewaltigen Kordilleren mit dem Huascarán, dem mit 6768 Metern höchsten Berg des Landes, zum Gipfelsturm. Inmitten dieser atemberaubenden Landschaften liegen mit den Stätten **Kuélap** und **Chavín** bedeutende Zeugnisse vergangener Kulturen. Und in **Cajamarca** scheint bei einem Bad im *Baño del Inca* Geschichte lebendig zu werden.

Kaum zu glauben, dass nur relativ wenige Touristen den Weg in diesen ursprünglichen Teil des Landes finden – umso besser für diejenigen, die herkommen und hier dem noch unverfälschten Andenleben begegnen.

Spiegelnde Schönheit – Cordillera Huayhuash

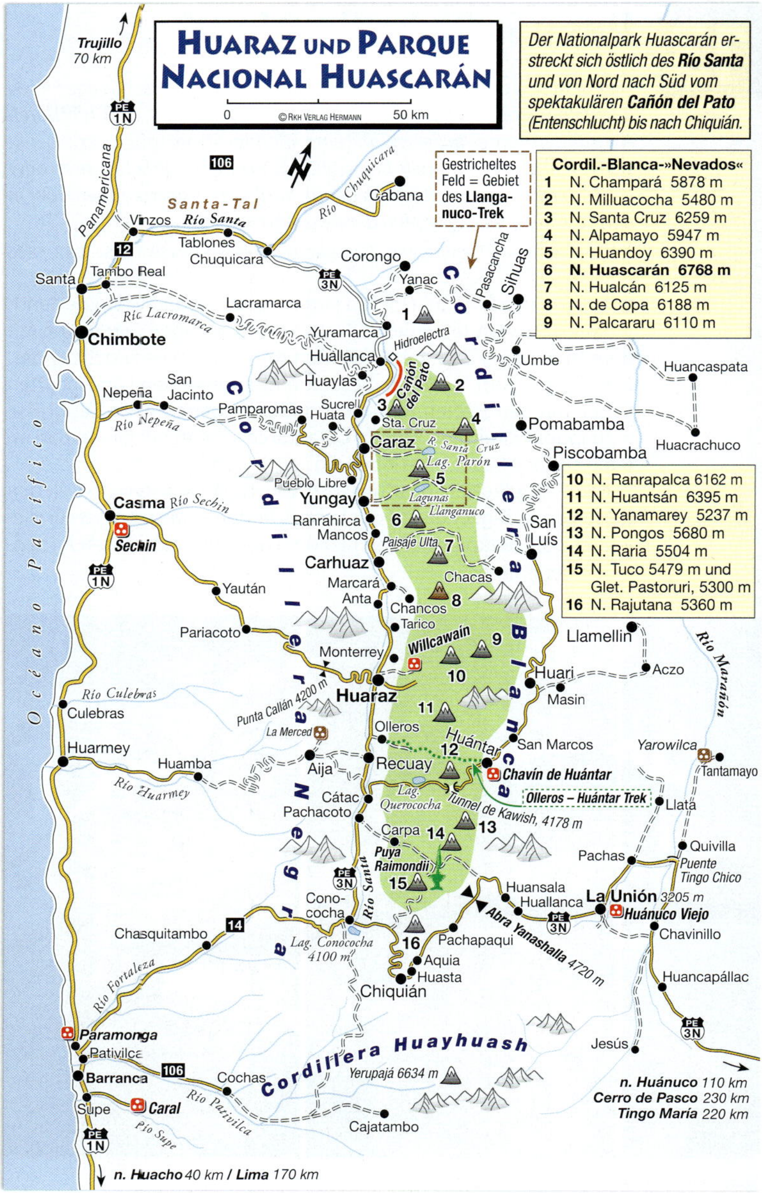
HUARAZ UND PARQUE NACIONAL HUASCARÁN
0 50 km
© RKH VERLAG HERMANN
Der Nationalpark Huascarán erstreckt sich östlich des Río Santa und von Nord nach Süd vom spektakulären Cañón del Pato (Entenschlucht) bis nach Chiquián.
Gestricheltes Feld = Gebiet des Llanga-nuco-Trek
Cordil.-Blanca-»Nevados«
1 N. Champará 5878 m
2 N. Milluacocha 5480 m
3 N. Santa Cruz 6259 m
4 N. Alpamayo 5947 m
5 N. Huandoy 6390 m
6 N. Huascarán 6768 m
7 N. Hualcán 6125 m
8 N. de Copa 6188 m
9 N. Palcararu 6110 m
10 N. Ranrapalca 6162 m
11 N. Huantsán 6395 m
12 N. Yanamarey 5237 m
13 N. Pongos 5680 m
14 N. Raria 5504 m
15 N. Tuco 5479 m und Glet. Pastoruri, 5300 m
16 N. Rajutana 5360 m
Trujillo 70 km
PE 1N
Panamericana
106
Santa-Tal
Río Santa
Río Chuquicara
Cabana
Vinzos
Tablones
Chuquicara
12
Santa
Tambo Real
Corongo
PE 3N
Yanac
Pasacancha
Sihuas
Lacramarca
Río Lacramarca
Chimbote
Yuramarca
Hidroelectra
Huallanca
Cañón del Pato
Umbe
Huancaspata
San Jacinto
Nepeña
Huaylas
Río Nepeña
Pamparomas
Sucre
Huata
Sta. Cruz
Pomabamba
Huacrachuco
Caraz
R. Santa Cruz
Lag. Parón
Piscobamba
Pueblo Libre
Yungay
Lagunas Llanganuco
Casma
Río Sechín
Sechín
Ranrahirca
Mancos
San Luís
Paisaje Ulta
Carhuaz
Chacas
Marcará
Anta
Chancos
Yaután
Tarico
Pariacoto
Llamellín
Willcawain
Monterrey
Huaraz
Huari
Aczo
Masin
Río Marañón
Océano Pacífico
Río Culebras
Culebras
Punta Callán 4200 m
Olleros
La Merced
Huarmey
Huántar
San Marcos
Yarowilca
Tantamayo
Huamba
Aija
Recuay
Chavín de Huántar
Río Huarmey
Cátac
Lag. Querococha
Túnnel de Kawish, 4178 m
Olleros – Huántar Trek
Llata
Pachacoto
Carpa
Puya Raimondii
Quivilla
Pachas
Puente Tingo Chico
Río Santa
Conococha
Huansala
Huallanca
La Unión 3205 m
Huánuco Viejo
Chavinillo
Abra Yanashalla 4720 m
Chasquitambo
14
Lag. Conococha 4100 m
Pachapaqui
Aquia
Huasta
Chiquián
Huancapállac
Río Fortaleza
Cordillera Negra
Cordillera Blanca
Paramonga
Pativilca
Cordillera Huayhuash
Jesús
Barranca
Cochas
Yerupajá 6634 m
Supe
Caral
Río Pativilca
Río Supe
Cajatambo
n. Huánuco 110 km
Cerro de Pasco 230 km
Tingo María 220 km
n. Huacho 40 km / Lima 170 km

Huaraz unter dem 6768 Meter hohen Huascarán-Massiv

Huaraz – Stadt im Schatten des Gipfels

Überragt vom mächtigen Doppelgipfel des Huascarán liegt Huaraz auf 3090 Meter Höhe. Die Stadt ist mit ihren 100.000 Einwohnern Zentrum des Hochtals *Callejón de Huaylas*. 1958 von einer Eislawine verschüttet und 1970 von einem Erbeben zerstört, wurde Huaraz in kurzer Zeit zwei Mal neu aufgebaut, so dass es hier keine alten Gebäude zu bestaunen gibt. Aber täglich strömen die Bewohner der umliegenden Dörfer in die Stadt, um auf den Märkten und in den Straßen ihre Waren und landwirtschaftlichen Produkte zu verkaufen. Der Wasserreichtum der Gegend beschert reiche Ernten und verhilft der Region zu einem vergleichsweise hohen Lebensstandard. Gut ausgebaute Straßen in den Dörfern zeugen von einem bescheidenen Fortschritt. Und auch der **Nationalpark Huascarán,** seit 1985 UNESCO-Weltnaturerbe, trägt zum Reichtum der Region bei, denn seine Wanderwege, Trekkingpfade und Gipfel locken Bergsteiger aus aller Welt an – nicht ohne Grund wird der Callejón de Huaylas auch als die „Schweiz Perus" bezeichnet.

Ausflüge in die Berglandschaft

Die traumhaft schöne Umgebung von Huaraz lädt mit ihren alpinen Landschaften, schneegekrönten Gipfeln und Eukalyptuswäldern zum Erkunden ein. Wir beschränken uns hier auf die Beschreibung kürzerer Ausflüge – auch wenn Naturbegeisterte leicht Tage und Wochen in dieser einmaligen Bergwelt verbringen können – wie beispielsweise auf dem wunderschönen Trek von Llanganuco nach Santa Cruz. Wer dies vorhat, erhält bei der Touristenauskunft und bei der Casa de Guías ausführliche Informationen.

Willcawain

Ein schöner Ausflug ist die leichte Wanderung durch idyllische Andendörfer zu den Ruinen von **Willcawain.** Die dreistöckige Tempelanlage ist eine Miniaturausgabe des Tempels von Chavín, sie wird auf 800–1000 n. Chr. datiert und der Wari-Kultur zugeordnet. Von hier führt ein Fußweg zu den **Thermalbädern von Monterrey** hinunter, wo es sich in dem herrlich warmen (aber nicht unbedingt sauberen) Wasser entspannen lässt.

Lagunas Llanganuco

Ein anderer Tagesausflug führt zu den **Lagunas Llanganuco,** die bereits im **Nationalpark Huascarán** liegen. Auf der Fahrt dorthin wird Yungay passiert, das 1970 Schauplatz einer Tragödie war: Am 31. Mai ergoss sich eine Schlammlawine, ausgelöst durch ein Erbeben, über das Städtchen und zerstörte dieses und andere Orte in der Region. In Yungay waren die einzigen Überlebenden der Katastrophe 92 Trauergäste, die einem Begräbnis auf dem etwas höher gelegenen Friedhof beiwohnten, ein Wunder, das der dort stehenden weißen Christusfigur zugeschrieben wird. Am Jahrestag pilgern Tausende zum *Cristo Blanco* und bitten um göttlichen Beistand.

Der Eingang zum Nationalpark wird von einer tiefen Schlucht markiert, eine holprige Straße führt in Serpentinen hinauf auf 3850 Meter zur **Laguna Chinancocha,** die wie ein Smaragd schimmernd eingebettet zwischen schroffen Bergen liegt. In der Ferne sind schneebedeckte Gipfel sichtbar. Von hier aus führt in fünf Stunden ein Pfad durch die großartige Gebirgslandschaft zu der ebenfalls türkisgrünen **Laguna Orconcocha.**

Bergidylle Llanganuco

Straßenszene im Dorf Chavín

Chavín – Hochkultur in den Bergen

Eine der ältesten archäologischen Stätten ganz Amerikas ist die Tempelanlage *Chavín de Huántar.* Die Fahrt dorthin dauert mindestens drei Stunden und führt über einen 4178 Meter hohen Pass mit spektakulären Blicken in ein tief eingeschnittenes Tal. Nach 110 Kilometern und ungezählten Serpentinen und Schlaglöchern wird das beschauliche Dorf Chavín erreicht.

Die auf 1000 bis 200 v. Chr. datierte Chavín-Kultur hatte maßgeblichen Einfluss auf nachfolgende Kulturen. Reliefs mit an Chavín erinnernden Tierdarstellungen wurden sowohl in den Anden als auch an der Küste gefunden. Im Mittelpunkt der kultischen Verehrung standen vermenschlichte Tiergottheiten wie der Jaguar, der als Götterbote galt, der Kaiman, dem die Herrschaft über das Wasser zugeschrieben wurde und die Harpyie, ein Greifvogel, die über den Himmel regierte.

Cabeza clava – Nagelkopf

Der 1985 zum UNESCO-Weltkulturerbe erklärte Ruinenkomplex in Form einer Tempelburg umfasst zahlreiche Gebäude mit Plattformen und Innenhöfen, die zum Teil durch unterirdische Gänge miteinander verbunden sind. Die Mauern des Castillos waren mit *Cabezas clavas* oder

Hoteles y Hostales

1 Jo's Place
2 Hostel Hatun Wasi
3 Hotel Colomba
4 Alojamiento Posada del Río
5 Hotel Los Portales
6 Hostal Edward's Inn
7 San Sebastian Hotel Boutique
8 Casa de las Guías
9 Hostal El Jacal
10 La Cabaña
11 Residencial Sucre
12 B&B Mi Casa
13 Casa de Zarela
14 Olaza's B&B
15 Amelita Lodging
16 Hostal Tumi II
17 Hotel El Tumi
18 Andino Club Hotel

Restaurants (Auswahl)

① Samuel's
② Salud y Vida (veg.)
③ El Cebiche del Rey
④ Bistro de los Andes
⑤ California Café
⑥ Pizza Bruno
⑦ Brasa Roja
⑧ El Fogón
⑨ Chifa Jim Hua

Touranbieter (Ausw

❶ Pablo Tours
❷ Shelektrek
❸ Active Peru Travel
❹ Huascaran Advent
❺ Solandino
❻ Oficina Parque Na nal Huascarán (SERNAP)

Tempel-Komplex in Chavín de Huántar und unterirdischer Gang im Haupttempel

„Nagelköpfen" verziert, von denen mittlerweile nur noch einer an seinem Originalstandort in Chavín verblieb. Die Steinreliefs zeigen Raubkatzen, zum Teil in Verbindung mit Schlangen und Kondoren, was eine ganz typische Ornamentik ergibt.

Die meisten Chavín-Kunstwerke befinden sich heute im Museo Nacional de Antropología, Arqueología e Historia del Perú in Lima, wie etwa der *Tello-Obelisk*. Die Raimondi-Stele ist im neuen Museum in Chavín. Der 4,50 Meter hohe Granit-Monolith *El Lanzón* steht im Zentrum der unterirdischen Gänge, er zeigt ein Raubtiergesicht mit langen Zähnen und Schlangen als Haare. 11 Soles.

Eine weitere Attraktion in der Gegend um Huaraz sind die schlanken **Puya Raimondii,** die bei der Fahrt zum Gletscher Pastoruri bestaunt werden können. Diese riesigen, bis zu zehn Meter hohen Ananasgewächse werden bis zu 100 Jahre alt, nach nur einmaliger Blüte sterben sie ab.

Größte Ananaspflanze der Welt – Puya Raimondii

Service Huaraz

i-Peru, Pasaje Atusparia, Luzuriaga, Plaza de Armas, Tel. 42-8812, iperuhuaraz@promperu.com.pe. Casa de Guías, Parque Ginebra 28-8, Tel. 42-1811, Mo–Fr 9–13 und 16–20 Uhr. Treffpunkt der Bergsteiger- und Bergwanderer, gute Informationen, Karten, lizenzierte Führer, auch Vermittlung von Trägern und Treibern mit Maultieren. Internet: www.huarazonline.com. Tel.-Vorwahl: 043

Unterkunft

Residencial Sucre, Jose de Sucre 1240, Tel. 42-2264. Einfaches, aber nettes, Hotel mit Dachterrasse. DZ ab 15 US$ (engl.-spr.).

B & B Mi Casa, 27 de Noviembre 773, Tel. 42-3375, https://micasahuaraz.jimdo.com. Klein und familiär. DZ/F um 80 Soles.

Hotel Colomba, Francisco de Zela 278, Tel. 42-1501, www.huarazhotel.com. Hacienda mit Bungalowanlage in schönem Garten, deutschsprachig. DZ/F ab ab 250 Soles.

Andino Club Hotel, Pedro Cochachín 357, Tel. 42-1662, www.hotelandino.com. Komfortable Zimmer, Schweizer Leitung. DZ/F ab 350 Soles (ohne Terrasse).

Restaurants

Das Meerschweinchengericht *Picante de Cuy* mit scharfer Soße und *Chicharrones,* gebratenen Schweinefleischstückchen, sind die Spezialität der Region. Im *Pachamama*, San Martín 687, gibt es im überdachten Patio bei Kaminfeuer und Musik gutes Essen. Der Bergsteigertreff *Casa de Guías,* nähe Plaza de Armas, bietet eine gute, preiswerte Küche. Die *Cebichería Huaraz Querido* ist ein typisches, viel von Einheimischen besuchtes Fischrestaurant.

Unterhaltung

Peña Imantata, Luzuriaga 424, Folklore und Disco, gemischtes Publikum. Der Trekkertreff *Aquelarre,* Luzuriaga/Gabino Uribe, verfügt über eine Kunstgalerie und eine Bar.

Touranbieter

Viele Anbieter haben ihre Büros in der Calle Luzuriaga. besonders

Peruvian Andes Adventures, José Olaya 532, Tel. 42-1864, www.peruvianandes.com

Einziger Anbieter mit ISO-Zertifizierung. Sowohl konventionelle Touren als auch mehrtägige Trekkings und Bergbesteigungen. Sehr professionell.

Cajamarca – Schauplatz der Geschichte

Umgeben von Maisfeldern und Eukalyptuswäldern liegt auf 2750 Metern das geruhsame Cajamarca mit seinen gut 300.000 Einwohnern. Die Stadt wurde bereits von den Inka unter dem Namen *Caxamalca* gegründet und war Schauplatz der Ermordung des Inca Atahualpa. Durch die Entdeckung der reichsten Silberminen Perus im nahe gelegenen Hualgayoc gewann Cajamarca während der Kolonialzeit an Bedeutung. Heute ist die Hauptstadt des gleichnamigen Departamentos ein fast verschlafener Ort. Die Bewohner der umliegenden Dörfer kommen in ihrer typischen Tracht, zu der hier hohe, helle Strohhüte gehören, auf den Markt, wo neben frisch geschlachteten Hühnern und schmackhaften Früchten aller Art auch magische Pulver für Liebe, Geld und einen Arbeitsplatz verkauft werden ...

An Karneval jedoch geht es in Cajamarca rund. Dann finden hier ebenso laute wie farbenfrohe Umzüge statt, wird eine Karnevalsprinzessin gewählt und man bewirft sich gegenseitig mit Wasser- und Mehlbomben.

Besichtigung

Ausgangspunkt für einen Rundgang ist die hübsche **Plaza de Armas,** auf der Atahualpa hingerichtet wurde. Ein Schmuckstück ist der schöne Brunnen von 1526, der aus einem einzigen Stein geschlagen

Die Plaza de Armas von Cajamarca mit der Iglesia de San Francisco

wurde. Im Nordwesten der Plaza ragt die mit Trauben, Blättern, Blumen, barocken Engeln und Giebeln verzierte **Kathedrale** in den Andenhimmel. Sie ist aus Vulkangestein erbaut und wurde erst 1960, nach rund 350 Jahren, endgültig fertiggestellt. Auf einen Glockenturm wurde, wie bei anderen Kirchen auch, verzichtet, da der spanische Vizekönig für jede fertige Kirche eine Steuer einforderte. Auf der anderen Seite der Plaza erhebt sich die **Iglesia San Francisco** mit einer schönen Steinmetzfassade und sehenswerten barocken Altären. Das dazugehörige ehemalige Kloster mit Katakomben wurde als Museum für religiöse und koloniale Kunst eingerichtet. Daneben liegt **La Capilla de la Dolorosa,** die Kapelle der Leidenden (Maria), ein Glanzstück kolonialer Steinmetzkunst mit sehenswerten Gemälden. Ein weiteres schönes Beispiel indigener Handwerkskunst ist die reich verzierte Fassade der **Iglesia Belén.** Die helle und freundliche Kirche überrascht mit einer kunstvoll geschnitzten Kanzel, prächtigen Seitenaltären und einer reich verzierten Kuppel. Angeschlossen ist ein kleines Kulturzentrum mit einer Galerie; nebenan ist das alte Hospital, in dem jeweils zu den verschiedenen Krankheiten passende Gemälde zu sehen sind.

Das älteste Gebäude der Stadt stammt aus der Inkazeit und ist ein geschichtsträchtiger Ort. Ob das **Cuarto del Rescate** aber der Raum ist, in dem Atahualpa gefangen gehalten wurde, oder aber jener, der mit Gold gefüllt wurde, um den Inka freizukaufen, ist ungeklärt. Es befindet sich östlich der Plaza de Armas in der Calle Puga. Eintritt.

Hoteles y Hostales

1 Hostal Los Pinos Inn
2 Hotel El Portal del Marques
3 Hostal Jusovi
4 Las Americas Hotel
5 Hostal Santa Apolonia
6 Hostal Plaza
7 Hotel Costa del Sol Cajamarca
8 Hotel Continental Cajamarca
9 Hospedale Los Jazmines
10 Gran Hotel Continental
11 Casa Chucuall
12 Hotel Casa Blanca
13 Hotel Cajamarca
14 Hostal El Cumbe Inn

Touranbieter (Auswahl)

1 Cumbemayo Tours
2 Mega Tours u. Catequil Tours
3 Cajamarca Travel (Bus- und Flug-Tickets)

Restaurants (Auswahl)

1 Cascanuez Café Bar
2 Chifa Central
3 Salas
4 Chifa Hongkong
5 Querubinos
6 Heladería Holanda
7 Lacteo Los Alpes
8 Tuna Café / Don Paco
9 Renzo's Pizzas Bar
10 La Buena Laya
11 Oasis Café

CAJAMARCA

0 100 m

Cajamarca, Atahualpas Schicksalsstadt

*Zeitgen. Darstellung von **Atahualpa,** des 13. Inka-Herrschers. Nach der von ihm veranlassten Gefangennahme seines Halbbruders Huáscar war er der Alleinherrscher im Inkareich, später in peruanischen Augen »der tyrannische Bastard« (s. umlaufende Schrift). Er wurde 1532 in Cajamarca von den Spaniern erdrosselt.*

Ventanillas de Otuzco

Ausflüge in die Umgebung

Die sanfte, grüne Landschaft um Cajamarca lädt mit ihren geschichtsträchtigen Ruinen zu Ausflügen ein. Eine gute Aussicht auf die Stadt mit ihren weißen, rotgedeckten Häusern ergibt sich vom **Cerro Santa Apolonia,** wo in den Fels gehauen der **Silla del Inca,** der Thron des Inka steht, auf dem Atahualpa angeblich die Huldigungen seiner Untertanen empfangen haben soll.

Ventanillas de Otuzco

Etwa acht Kilometer von Cajamarca entfernt liegen die **Ventanillas de Otuzco,** in den Fels gehauene Nischen, in denen vermutlich vor 1400 Jahren Tote bestattet wurden. Von hier aus bietet sich ein sechs Kilometer langer Spaziergang durch die Hügellandschaft, vorbei an kleinen Adobesiedlungen, zu den **Baños del Inca** an. In den heißen Quellen soll Atahualpa am Tag vor seiner Gefangennahme gebadet haben. Am heilkräftigsten sei das Wasser am Morgen, heißt es, wunderbar entspannend ist es zu jeder Tageszeit.

Cumbemayo

Ein anderer Ausflug führt zu der 20 Kilometer von Cajamarca entfernten archäologischen Zone von **Cumbemayo,** die sich rund 25 Quadratkilometer ausdehnt. Sie wird der *Cajamarquinos*-(Cajamarca-Marañón) Kultur zugeschrieben, die unter dem Einfluss der Chavín stand. Zu sehen ist ein acht Kilometer langer, exakt in den Stein gehauener präinkaischer Kanal, der in Winkeln und geometrischen Figuren verläuft. Daneben gibt es einen heiligen Felsen und einige Höhlen mit Zeichnungen im Chavín-Stil.

Cumbemayo

Koloniale Fassaden in Cajamarca

Service Cajamarca

Conjunto Monumental Belén, Belén 650, Tel. 36-2903. Tel.-Vorwahl: 076

Unterkunft

Hotel Cajamarca, 2 de Mayo 311, Tel. 36-2532, www.hotelcajamarca.com.pe. Hübsches Kolonialhaus mit netten Zimmern. DZ/F ab 25 US$.

Hotel El Portal de Marqués, Jr. Del Comercio 644, Tel. 36-8464, www.portaldelmarques.com. Kolonialgebäude mit ansprechenden Zimmern. DZ/F ab 240 Soles.

Hotel & Spa Laguna Seca, Av. Manco Cápac 1098, in Baños del Inca (6,5 km), Tel. 58-4300, www.lagunaseca.com.pe. Spitzenhotel mit Thermalwasserpools und bequemen Zimmern. DZ/F ab 478 Soles (Nutzung der Thermalbäder im Preis enthalten).

Restaurants

Meerschweinchen mit Kartoffeln, *cuy con papa,* und Schweinefleisch mit gekochtem Mais, *chicharrón con mote,* sowie Grüne Suppe mit Käse und Kartoffeln, *sopa verde,* sind die typischen Speisen der Region. Das *Salas*, Amalia Puga 637 (Nordseite Plaza de Armas), ist eines der besten Restaurants der Stadt und hat ausgesprochen gute Gerichte auf der Karte. Die *Casita de Cuy,* Amazonas 616, ist auf Meerschweinchen spezialisiert. Weitere Restaurants siehe Stadtplan.

Unterhaltung

Discos: *Los Frailones,* Perú 701/Cruz de Piera.
Peña Tupanakuy, Huánuco1279/Ecke 2 de Mayo.

Touranbieter

Cajamarca Travel, 2 de Mayo 574, Tel. 34-0670, www.cajamarcatravel.com.pe. Touren nach Cumbemayo, Ventanillas de Otuzco, Baños del Inca.

Ebenfalls empfehlenswert ist *Mega Tours*, Jr. Amalia Puga 691, Tel. 34-1876, www.megatours.org.

Einkaufen

Los Cajachitos, 2 de Mayo 379; hervorragendes Kunsthandwerk, bei dessen Herstellung auch zugesehen werden kann. Unbedingt auch die Milch- und Käseprodukte der Region probieren!

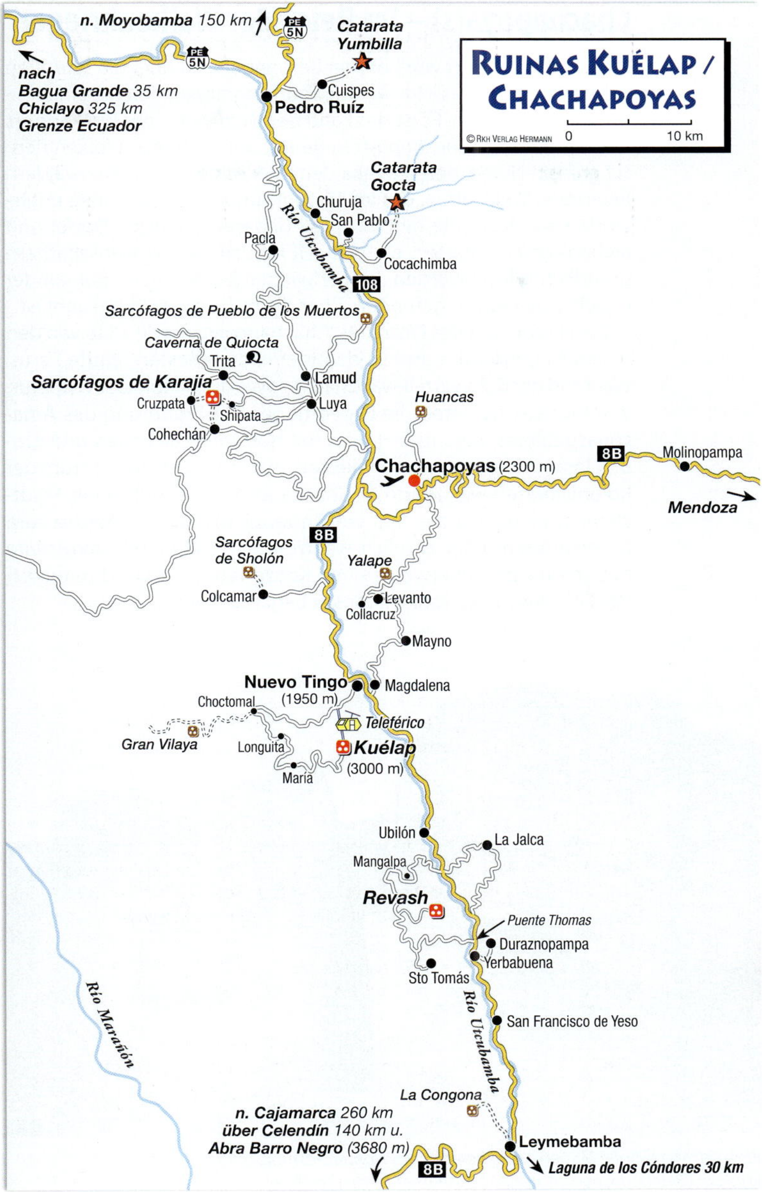
Ruinas Kuélap / Chachapoyas
© Rkh Verlag Hermann
0
10 km
n. Moyobamba 150 km
PE 5N
Catarata Yumbilla
nach
Bagua Grande 35 km
Chiclayo 325 km
Grenze Ecuador
Cuispes
Pedro Ruíz
Catarata Gocta
Churuja
San Pablo
Pacla
Cocachimba
Río Utcubamba
108
Sarcófagos de Pueblo de los Muertos
Caverna de Quiocta
Trita
Lamud
Sarcófagos de Karajía
Cruzpata
Luya
Shipata
Cohechán
Huancas
8B
Molinopampa
Chachapoyas (2300 m)
Mendoza
Sarcófagos de Sholón
Yalape
Colcamar
Levanto
Collacruz
Mayno
Nuevo Tingo
(1950 m)
Magdalena
Choctomal
Teleférico
Gran Vilaya
Longuita
Kuélap
(3000 m)
María
Ubilón
La Jalca
Mangalpa
Revash
Puente Thomas
Duraznopampa
Yerbabuena
Sto Tomás
Río Marañón
San Francisco de Yeso
La Congona
n. Cajamarca 260 km
über Celendín 140 km u.
Abra Barro Negro (3680 m)
Leymebamba
Laguna de los Cóndores 30 km

Chachapoya(s) – Im Reich der Wolkenkrieger

Wild und unberührt wuchert der Bergnebelwald über die schroffen Felsen Chachapoyas. Nur wenige Touristen finden den Weg in diese unberührte Region. Es ist das Land der Orchideen, des Zuckerrohrs und des Kaffees. *Chachapoya* bedeutet auf Quechua „Wolkenmenschen", ein Name, den die Inka dem hier in den Bergnebelwäldern lebendem Volk gaben, das im 15. Jahrhundert von den Inka unterworfen wurde. Heute gibt es in der Gegend zahlreiche Dörfer und archäologische Stätten, die erst seit Kurzem von Wissenschaftlern gründlich erfasst werden. Immer wieder werden neue Ruinen der Chachapoya-Kultur gefunden, über die bislang wenig bekannt ist.

Die Hauptstadt des Distriktes, Chachapoyas, wurde 1538 von den Spaniern gegründet und ist damit eine der ältesten Städte Perus. Während der Kolonialzeit war Chachapoyas die Hauptstadt Ostperus, von hier aus starteten die Expeditionen zur Eroberung des Amazonasgebietes. Koloniale Häuser mit hölzernen Balkonen und großen Innenhöfen erinnern an die Zeit, in der der Ort ein Zentrum der Kolonialherren war. Heute ist Chachapoyas ein geruhsames Städtchen, das jedoch jedes Jahr von Ende Juli bis zum 15. August zum Leben erwacht, dann nämlich, wenn die Stadtpatronin *Mama Asunta* mit grandiosen Feuerwerken und Konzerten geehrt und zeitgleich das Fest des Zuckerrohrschnapses begangen wird.

Bis zu 20 Meter hohe Mauern verleihen der imposanten Festungsanlage Kuélap, Erbe der Chachapoyas-Kultur, einen monumentalen Charakter

Charakteristisch für Kuélaps Gebäude sind runde und ovale Grundrisse

Kuélaps enge Mauergänge waren leicht zu verteidigen

Die uneinnehmbare Festung von Kuélap

Auch wenn die Festung von Kuélap der Inkastadt Machu Picchu kaum nachsteht, wird sie nur von ein paar Hundert ausländischen Touristen jährlich besucht. Dank ihrer abgeschiedenen Lage hat sich die Anlage eine Ursprünglichkeit erhalten, in der sich jeder Besucher wie ein Entdecker fühlen kann.

Die gewaltige Festung ist das größte Bauwerk Südamerikas, in dem dreimal mehr Baumaterial verarbeitet wurde als in der Cheops-Pyramide. Sie wurde von den Chachapoya auf einem 3000 Meter hohen Felssporn, dem höchsten Punkt der Gegend, errichtet, und ist schon von weit unten aus dem Tal zu sehen. Die aus schweren Granitblöcken im 12. Jahrhundert n. Chr. erbaute Anlage war für die Inka uneinnehmbar. Das gesamte Areal ist von einer anderthalb Kilometer langen und knapp 20 Meter hohen Festungsmauer umgeben, nur drei schmale Gänge führen ins Innere. Hier gibt es mehrere Stadtviertel mit über 400 runden Steinhäusern, deren Mauern mit den für die Chachapoya-Kultur typischen geometrischen Mustern verziert sind.

Die vom Bergregenwald überwucherten Ruinen werden von Papageienschwärmen bevölkert und wirken fast wie ein verwunschener Garten, durch den unwegsame Pfade führen. Außer dem Krächzen der Vögel ist nichts zu hören, rundum öffnet sich ein fantastischer Blick auf die umliegende Berglandschaft. Die Anlage kann mit Perus erster Seilbahn erreicht werden. 11 Soles.

Revash: Bestattungsplätze unter Felsüberhängen

Der Totenkult der Chachapoya

Ein besonderes Merkmal der Kultur der Chachapoya ist die Mumifizierung der Toten, ihre Platzierung innerhalb von Sarkophagen und die Errichtung von Begräbnisstätten inmitten hoher, unzugänglicher Felswände wie im **Felsenfriedhof Revash (s. Foto oben).** Hoch oben auf einem Vorsprung hängen die noch vollständig erhaltenen, rot bemalten Grabgebäude der Chachapoya wie Schwalbennester im Fels. Sie können erst nach einer anspruchsvollen Klettertour besichtigt werden, doch der Aufstieg zu den mit geometrischen Formen und Kamelfiguren bemalten Mausoleen lohnt sich.

Eine weiteres Monument aus der Chachapoya-Kultur sind die Kliffruinen von Macro. In den in den Felsen hängenden Grabtürmen hoch über dem Utcubamba-Fluss wurden die Toten beigesetzt. Von hier oben wurde per Signalfeuer mit der in der Ferne sichtbaren Festung von Kuélap kommuniziert.

In dem hervorragenden Museum Mallqui im Städtchen *Leimebamba/Leymebamba* kann eine beeindruckende Sammlung gut erhaltener präinkaischer Mumien besichtigt werden, die 1997 in der *Laguna de los Cóndores* gefunden wurde. Die Toten, die vorher nach Chachapoya-Art begraben waren, waren ausgegraben und neu nach Inka-Art bestattet worden – vielleicht, um den Widerstand der Chachapoya gegen die Inka zu brechen. Neben den Mumien werden Textilien, Keramiken und Waffen der Chachapoya ausgestellt.

Mumienbündel im Museo Leymebamba

Ausflug zum Gocta-Wasserfall

Ein schöner Tagesausflug führt von Chachapoyas zum Gocta-Wasserfall 20 Kilometer nördlich der Stadt. Mit seinen 771 Metern Fallhöhe ist er einer der höchsten der Erde. Offiziell wurde Gocta erst 2002 von einem deutschen Entwicklungshelfer entdeckt. Den Einheimischen ist er hingegen schon seit Jahrhunderten bekannt. Laut einer Legende lebt im Fallbecken eine Sirene, die sowohl die Mutter der Fische als auch die Hüterin eines Goldschatzes ist.

Wer Gocta besuchen will, muss sich in dem Örtchen Cocachimba im Gemeindehaus registrieren und mit einem Führer zwei Stunden wandern. Eintritt: 20 Soles.

Service Chachapoyas

i-Peru, Jr. Ortiz Arrieta 590, Plaza de Armas, Tel. 47-7292, iperuchachapoyas@promperu.gob.pe. Tel.-Vorwahl: 041

Unterkunft

Viele Unterkünfte liegen in den Straßen Amazonas und Ayacucho, wie z.B. **Hotel Gran Vilaya,** Ayacucho 755, Tel. 47-7664, oder das familiäre **La Casona Monsante,** Amazonas 746, Tel. 47-7702, www.lacasonamonsante.com sowie das bessere **Hotel Puma Urco,** Amazonas 833, Tel. 47-7871, www.hotelpumaurco.com.

Restaurants

Eines der besten Restaurants mit großen Portionen ist das **Chacha,** Grau 537, an der Plaza de Armas. Leckere Hähnchen gibt es im **Mama Asunto,** Puno 401.

Unterhaltung

El Salonazo, Santo Domingo 191, Disco. Luz de Luna, Chincha Alta, 2. Block, Disco.

14 Iquitos – Inselstadt im Urwald

Am Abend des 13. Augustes gelangten wir nach Iquitos, dem kleinsten Dorf in dieser Gegend. (...) Nur 18 getaufte Familien bewohnen jetzt den Ort. (...) Ein Schwarm, ganz unbekleidet und größtenteils betrunken, empfing uns beim Landen; da keiner peruanisch sprach, und die Erscheinung eines Europäers, mit mancherlei Geschenken in den Händen, eher die Raubgier der wilden Naturkinder als ihre Gutmütigkeit erregt hatte, war es zum ersten Mal nothwendig bewaffnet unter sie zu treten, und mittels Furcht die Achtung zu erzwingen, die sie nicht menschlich genug waren aus freiem Antrieb dem gutgesinnten Fremden zu gewähren.

Eduard Poeppig: Reisen in Chile, Peru und auf dem Amazonasstrom, 1836

Loreto im Amazonastiefland ist das größte aller peruanischen Departamentos, eine Fläche etwa so groß wie Deutschland, auf der jedoch nur rund 900.000 Menschen leben. Zahllose Flüsse ziehen sich wie Adern durch den in weiten Teilen unberührten Regenwald und münden schließlich in den Amazonas.

Mit seinen 370.000 Einwohnern ist **Iquitos** eine mitten im Urwald gelegene Metropole, die eins mit den Dörfern an den Flussläufen gemein hat: Sie ist nur per Schiff oder aus der Luft zu erreichen. Bis

Iquitos am Río Itaya

IQUITOS
0 200 m
© Reise Know-How Verlag Hermann
zur Bootsabfahrt z. Restaurant Al Frío y al Fuego 400 m
Büro von Explorama 700 m
Puerto Masusa 3,5 km
Recreo Familiar La Casa Fitzcarraldo 4 km
Bellavista/Río Nanay 4,5 km
Jardín Bonifatti
Echenique
Bolívar
Pevas
Tavara
Yavari
Pucallpa
Callao
Loreto
Ocampo
Condamine
Fitzcarrald
Castilla
Nanay
Napo
Putumayo
Plazuela Castilla
Museo Barco Ayapua
Pevas
Nauta
Paseos Amazonicos
Policía de Turismo y Ambiente
Fanning
Calvo de Araujo
Raimondi
Bolognesi
Moore
Mercado Central
Tacna
STAR Perú
Plaza Mayor
Morona
Igl. Matriz
Napo
Parque J. Abensur
Río Itaya
BCP
Casa de Fierro
LATAM
Peruvian
Malecón Maldonado
Militärkomm.
Huallaga
Arica
Lores
BBVA
Brasil
Morona
Policía Nacional
Museo de Culturas Indígenas Amazonicas
Próspero
Ministerio de Cultura
Malecón Tarapacá
Cáceres
R. Palma
Interbank
Plaza 28 de Julio
San Martín
Grau
z. Hotel Sol de Oriente 4,5 km / Flughafen 8 km
Ucayali
Aguirre
F.G. Saenz
Lima
Hurtado
Arana
9 de Diciembre
Abtao
Arica
Próspero
Mercado Belén
Parroquia Fatima
Ugarte
Belén
Restaurants (Auswahl)
1 Kikiriki
2 Maria's Café
3 Bar Francesco
4 El Zorrito
5 Dawn on the Amazon
6 El Mesón
7 Ari's Burger
8 Pizzeria Antica
9 Fitzcarraldo
10 Yellow Rose of Texas
11 Amazon Bistro
12 Gran Maloca
13 Chifa Long Fung
Hoteles y Hostales
1 Hostal Golondrinas
2 Nativa Apartments
3 Hotel Baltazar
4 Hotel Casa Morey
5 Hostal Ambassador
6 Hs. Great Amazon Safari/Hobo Hideout
7 Hospedaje Florentina
8 Htl El Dorado Plaza
9 Hotel Acosta
10 Real Hotel Iquitos
11 Hotel Victoria Regia & Suites
12 Amazon Apart Hotel

Verfallende Häuserpracht in Iquitos

heute verbindet keine Straße die Stadt mit dem Rest Perus. Was nicht mit dem Schiff nach Iquitos gebracht werden kann, muss eingeflogen werden. Entsprechend teuer ist das Leben hier, doch dies hält, speziell US-amerikanische Touristen, nicht davon ab, den oft nicht mehr ursprünglichen Regenwald rund um Iquitos zu erkunden

Iquitos am Río Amazonas strahlt eine Leichtigkeit aus, die bereits an das nahe Brasilien erinnert. Trotz ihrer offensichtlichen Armut scheinen die Bewohner stets fröhlich zu sein, und an jeder Ecke erklingt Musik. Auf den Straßen sind neben klapprigen bunten Bussen fast ausschließlich dreirädrige Motorradtaxis zu sehen, die preiswert und knatternd Passagiere und Lasten transportieren.Die Gründung der Stadt geht auf Jesuiten und Franziskaner zurück, die hier Mitte des 17. Jahrhunderts mehrere Missionen errichteten. Ein großer Entwicklungsschub setzte 1880 mit dem weltweiten Bedarf an Kautschuk ein, der Boom versiegte jedoch, nachdem es einem Engländer gelungen war, Samen des Gummibaumes außer Landes zu schmuggeln. Danach verfiel ab 1913 der Weltmarktpreis dramatisch. 1938 setzte nach einem Erdölfund ein weiterer Boom ein. Bis 1965 machten Überseedampfer aus Europa und Nordamerika nach ihrer 3700 Kilometer langen Fahrt von der Amazonasmündung den Fluss hinauf an der Uferpromenade von Iquitos fest. Doch nachdem sich die Sandbänke mit der Zeit verlagerten, musste der Hafen verlegt werden.

Verfallender Charme

Iquitos empfängt seine Besucher mit feuchtheißer Luft und dem morbiden Charme halbverfallener Häuser, deren bunter Putz langsam abbröckelt. Auf dem Weg von der Plaza de Armas hinunter zur Flusspromenade stehen stumme Zeugen einstigen Reichtums, wie etwa die von dem Franzosen Eiffel für die Weltausstellung in Paris konstruierte **Casa de Fierro,** die 1897, zur Zeit des Kautschuk-Booms, nach Iquitos verschifft wurde.

Auf der 1995 renovierten Uferpromenade stehen Bronzeplastiken von Lettersten, die verschiedene Ureinwohner Amazoniens darstellen. Jeden Abend erwacht der **Malecón** zum Leben: Kinder verkaufen Luftballons, Popcornverkäufer, Gaukler und Clowns mischen sich zwischen die Paare und Familien, die in der frischen, vom Amazonas herüberwehenden Brise spazieren gehen. Die Bars servieren bunte Cocktails, und bis spät in die Nacht hinein wird getanzt.

Marktviertel von Belén

Flussaufwärts beginnt das **Marktviertel von Belén.** Hier werden unzählige Fischarten verkauft, enthäutete Affen zum Grillen, Flussschildkröten, zahllose Früchte und vieles andere mehr. Zwischen all den Ständen herrscht ein abenteuerliches Gewusel von Kunden und fliegenden Händlern. In einer Gasse werden nahezu alle medizinischen Kräuter, Wurzeln und Rinden angeboten, die im Urwald zu finden sind.

Das Wasser des Amazonas kann in der Regenzeit bis zu 10 Meter höher stehen als in den trockenen Monaten, deshalb sind die Bretterbuden, die das schwimmende Belén bilden, teils auf Stelzen, teils auf Flößen erbaut. Auf die Frage, wovon all die Bewohner Beléns denn leben – immerhin rund die Hälfte aller Einwohner von Iquitos –, antwortete ein Pater aus Iquitos „von einem Wunder", und beim Anblick all des Unrates, den das jährliche Hochwasser wegschwemmt, der schwarzen Geier und der räudigen Hunde ist der Besucher gerne geneigt, dies zu glauben. Dennoch ist das quirlige Belén weniger bedrückend als andere Slums. Bei hohem Wasserpegel gleicht es einem amazonischen Dschungel-Venedig – zwar nicht so prächtig wie die Stadt an der Adria, dafür aber umso interessanter, bunter und aufregender.

Laguna Quistococha

Ein beliebtes Naherholungsziel ist die **Laguna Quistococha,** 15 Kilometer südlich von Iquitos. Hier besuchen vor allem am Wochenende Familien den kleinen, nicht sehr artgerechten Zoo. Auf einem Holzsteg lässt sich durch eine schöne Tropenwaldlandschaft um den kleinen See wandern, und mit etwas Glück sieht man einen Paiche auftauchen oder Affen durch die Bäume turnen.

Marktviertel von Belén

Filmgeschichte

Kinofans ist der Klassiker **Fitzcarraldo** von Werner Herzog bekannt, der hier von 1977–1981 mit Klaus Kinski und Claudia Cardinale in den Hauptrollen gedreht wurde und die wahre Geschichte eines verrückten Kautschukbarons (s.S. 195) erzählt. Paul Hittscher, der den Kapitän spielte, wurde 1995 auf dem Friedhof von Iquitos beigesetzt, der Filmkoch Huerequeque lebt noch in Iquitos, ebenso wie der Produktionsleiter Walter Saxer, der heute mit dem *Recreo Familiar La Casa Fitzcarraldo* ein tropisches Paradies für Touristen betreibt und ihnen gerne Rede und Antwort steht. Auch die bei den Dreharbeiten als „Molly Aida" eingesetzten Schiffe existieren noch: Die „Juliana" wurde wieder flottgemacht, während die „Huallaga" als Frachtschiff zwischen Iquitos und Yurimaguas verkehrt.

Ausflüge in den Urwald

Auch wenn Iquitos mitten im Urwald liegt, ist der Primärregenwald in einem Radius von etwa 100 Kilometern inzwischen verschwunden. Wer den Dschungel erleben will, muss deshalb mit einem Boot mehrere Stunden flussauf- oder -abwärts fahren, wo verschiedene Anbieter Urwaldlodges betreiben. Eine wirklich ursprüngliche Begegnung mit der Natur wird der Reisende hier nur selten haben, doch die Einblicke in die „Grüne Hölle" sind trotzdem faszinierend. Die palmgedeckten Hütten der Lodges sind einfach, aber idyllisch ausgerüstet mit Moskitonetzen, Parafinlampen und Waschgelegenheiten, jedoch oft ohne elektrisches Licht und fließendes Wasser. Von dort aus werden unterschiedliche Touren in den Urwald unternommen.

Regenwaldsiedlung am Fluss Yanayacu

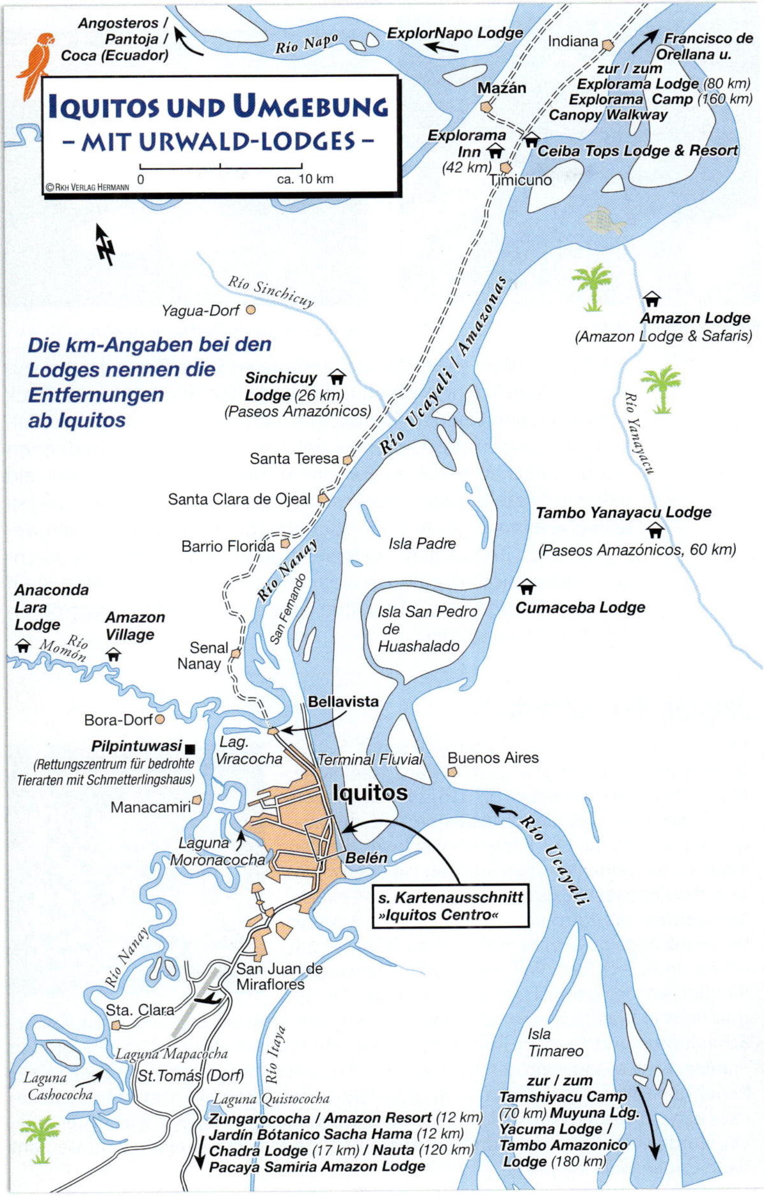
Iquitos und Umgebung
– mit Urwald-Lodges –
0
ca. 10 km
©Rkh Verlag Hermann
Angosteros / Pantoja / Coca (Ecuador)
Río Napo
ExplorNapo Lodge
Indiana
Francisco de Orellana u. zur / zum Explorama Lodge (80 km) Explorama Camp (160 km) Canopy Walkway
Mazán
Explorama Inn (42 km)
Ceiba Tops Lodge & Resort
Timicuno
Río Sinchicuy
Yagua-Dorf
Amazon Lodge (Amazon Lodge & Safaris)
Die km-Angaben bei den Lodges nennen die Entfernungen ab Iquitos
Sinchicuy Lodge (26 km) (Paseos Amazónicos)
Río Ucayali / Amazonas
Río Yanayacu
Santa Teresa
Santa Clara de Ojeal
Tambo Yanayacu Lodge (Paseos Amazónicos, 60 km)
Barrio Florida
Isla Padre
Río Nanay
San Fernando
Anaconda Lara Lodge
Amazon Village
Río Momón
Senal Nanay
Isla San Pedro de Huashalado
Cumaceba Lodge
Bellavista
Bora-Dorf
Pilpintuwasi
(Rettungszentrum für bedrohte Tierarten mit Schmetterlingshaus)
Lag. Viracocha
Terminal Fluvial
Buenos Aires
Iquitos
Manacamiri
Laguna Moronacocha
Belén
Río Ucayali
s. Kartenausschnitt »Iquitos Centro«
Río Nanay
San Juan de Miraflores
Sta. Clara
Laguna Mapacocha
Laguna Cashococha
St.Tomás (Dorf)
Río Itaya
Isla Timareo
Laguna Quistococha
Zungarococha / Amazon Resort (12 km)
Jardín Bótanico Sacha Hama (12 km)
Chadra Lodge (17 km) / Nauta (120 km)
Pacaya Samiria Amazon Lodge
zur / zum Tamshiyacu Camp (70 km) Muyuna Ldg. Yacuma Lodge / Tambo Amazonico Lodge (180 km)

Blasrohrpräsentation

Kleines indigenes Dorf nahe Iquitos

In kleinen Booten geht es in die schmalen Seitenflüsse des Amazonas, tagsüber können Vögel und Flussdelfine und mit etwas Glück auch Affen und Faultiere beobachtet werden, nachts wird dem vielfältigen Konzert des Urwaldes gelauscht und nach schlafenden Tieren Ausschau gehalten. Bei einem Gang durch den Regenwald bekommt man die verschiedenen Pflanzen erklärt. Die Besuche bei teilweise extra angesiedelten Stämmen hingegen erinnern ein wenig an einen Zoobesuch. Auch wenn Blasrohrvorführungen durchaus interessant sind, mutet es doch seltsam an, wenn sich Menschen nur zur Belustigung von Touristen bemalen und mit den Baströcken ihrer Vorfahren kleiden.

Jaguar, der Götterbote

Der Jaguar ist in Peru als *Otorongo* bekannt. Seinen Namen erhielt die ursprünglich in ganz Lateinamerika verbreitete Großkatze von den Tupí, einem Volk aus Amazonien. Das „fleischfressende Tier", das ausgewachsen bis zu 110 Kilogramm schwer werden kann, ist mit seinen riesigen Pranken ein ebenso gewandter Kletterer wie guter Schwimmer. Ausgewachsen beträgt die Körpergröße bis nahezu 2 Meter (Schwanzlänge 50–75 cm, Höhe bis zu 0,75 cm) mit einem rötlich-gelben Fell mit großen, schwarzen Ringflecken, gelegentlich auch ganz schwarz. Der Jaguar lebt in Waldgebieten und jagt überwiegend Wasserschweine, Affen, Fische, Schildkröten und Kaimane. Mit seiner immensen Körperkraft und den sehr großen Pranken kann er sogar ein geschlagenes Pferd oder Rind wegschleifen. Wegen seines begehrten Felles wird ihm extrem nachgestellt und er ist in vielen Gebieten Südamerikas nahezu ausgerottet. In den präkolumbischen Kulturen Perus, etwa bei den Chavín, wurde er als Gott oder Götterbote verehrt. Bei den Inka war er der Repräsentant der hiesigen Welt, *kay pacha*. [SW]

Canopy Walkway

Hoatzin

Eine besondere Attraktion ist der **Canopy Walkway,** ein Hängebrückensystem, das sich auf 500 Meter Länge von Baumwipfel zu Baumwipfel zieht. Von den Aussichtsplattformen lassen sich in den Morgen- und Abendstunden Vögel und Affen beobachten und es ergibt sich ein faszinierender Einblick in die verschiedenen Stockwerke des Regenwaldes.

Pirañas angeln, ein Ausflug zu den riesigen, kreisrunden Blättern der Riesenseerose Victoria Regia und ein Besuch in einem der typischen, auf Stelzen gebauten Dörfer der Flussanwohner zählen zu den weiteren Programmpunkten.

Service Iquitos

i-Peru, Calle Loreto 201/Ecke Raymondi, Tel. 23-6144, iperuiquitos@promperu.gob.pe
und am Flughafen, Tel. 26-0251, iperuiquitosapto@promperu.gob.pe.
Tel.-Vorwahl: 065

Unterkunft

Real Hotel Iquitos, Malecón Tarapacá, Tel. 23-1011. Altes Haus mit Charme und schönen Zimmern. DZ ab 30 US$.

Recreo Familiar La Casa Fitzcarraldo, Av. La Marina 2153 (4 km nördlich), Tel. 25-2053, www.lacasafitzcarraldo.com. Großzügige Apartments und Bungalows in tropischem Garten mit Pool unter Schweizer Leitung. Apartment ab 120 Soles, Bungalow ab 150 Soles.

Victoria Regia Hotel & Suites, Ricardo Palma 252, Tel. 23-1983, www.terraverde.pe. Schönes Hotel mit Pool, Bar und Restaurant, familiäres Ambiente. DZ/F ab 372 Soles (Onlinetarif abrufen!)

Der „Spiegelurwald" von Pacaya Samiria

Restaurants

Siehe die Restaurant-Listung im Stadtplan.

Typische Speisen des Amazonastieflandes sind *Tacachos*, „Urwaldknödel" aus Kochbananen und Speck, Fleisch und/oder Fisch. Dazu wird oft *ensalada de chonto* (Palmherzensalat) gereicht.

Ein sehr schönes Restaurant mit einmaligem Ambiente ist das *Restaurante flotante Al Frio y al Fuego*, ein schwimmendes Restaurant mit Pool und Blick auf Iquitos, seine Häfen und umgebenden Wälder. Sehr gute Fischgerichte, oft mit exotischen Früchten serviert. Lage nördlich des Stadtplans.

Unterhaltung

Am Malecón finden sich zahlreiche Bars, in denen Cocktails und ein kühles Bier serviert werden.

Touranbieter

Muyuna Lodge & Expeditions, Calle Putumayo 163, Tel. 24-2858, www.muyuna.com. Die Lodge befindet sich circa 140 km mit dem Boot stromaufwärts und ist eine der wenigen Lodges im Primärwald. Sehr bequeme Bungalows mit Terrasse, ein Paradies für Ornithologen.

Explorama Tours, Av. La Marina 340, Tel. 25-2526, www.explorama.com. Explorama betreibt fünf verschiedene Lodges, deren Standard vom Luxusresort mit Pool und Klimaanlage bis zur einfachen Unterkunft ausgestattet mit Hängematten, reicht. Überwiegend Pauschaltouristen.

Pacaya Samiria Amazon Lodge, www.pacayasamiria.com.pe. Die Lodge befindet sich direkt am Eingang zum Naturschutzgebiet Pacaya Samiria. Sehr gepflegte Anlage direkt am Fluss mit individuellen Bungalows, idealer Ausgangspunkt für Erkundungen in die Primärwälder.

Einkaufen

Kunsthandwerk, meist Schmuck aus bunten Samenkörnern, ist in den Geschäften in dem Stelzenbau vor dem Malecón zu bekommen. Leider werden auch immer wieder Souvenirs aus gefleckten Fellen, Kaiman- und Schlangenhäuten oder Schmetterlinge und Pirañas angeboten. Nicht nur wegen der empfindlichen Strafen vom Kauf Abstand nehmen!

Sonnenuntergang am Río Madre de Dios in der gleichnamigen Provinz

Anhang

Anhang

Dank

Von Katharina Nickoleit: Meinen Eltern für die Deja-vu's und dafür, dass sie den Mut hatten mit einem Kleinkind nach Peru zu ziehen. Christian Nusch für die Fotos und dafür, dass er seine gute Laune auch in schwierigen Situationen nicht verliert und mich bis in die hintersten Winkel dieser Welt begleitet.

Von Sandra Wolf: Juan Carlos Rojas Guevara, der mich auf allen Recherchereisen begleitet, mit seinen Fotos einmalige Momente festhält und mich bei meinen Unternehmungen unterstützt.

Die Autoren

Katharina Nickoleit, (www.katharina-nickoleit.de), (*1974) verbrachte einen Teil ihrer Kindheit in Peru und hat seither das Gefühl, nach Hause zu kommen, wenn sie in Südamerika landet. Nach Abschluss ihres Jurastudiums beschloss sie, ihre Leidenschaft für das Reisen zum Beruf zu machen und beendete 2002 den Aufbaustudiengang Journalismus an der Uni Mainz. Katharina Nickoleit berichtet für den WDR, den Deutschlandfunk und die ARD aus Südasien, Afrika und Lateinamerika über Entwicklungs- und Umweltthemen. Für ihre Arbeit wurde sie mehrfach mit Medienpreisen ausgezeichnet.

Sandra Wolf, Jahrgang 1979, zog nach ihrem Abschluss zur Diplom-Kulturwirtin nach Lima, 2014 ins peruanische Hochland nach Ayacucho und ist dort im Tourismus freiberuflich als Reiseleiterin für Studiosus, Übersetzerin und Autorin tätig. Ihr Reisehandbuch „Peru", zusammen mit Helmut Hermann, gibt es im Reise Know-How Verlag.

Exkurse

KN Katharina Nickoleit **HH** Helmut Hermann **SW** Sandra Wolf

Bildnachweis

© **Alle Karten:** RKH Verlag H. Hermann, Markgröningen

© **Fotos/Abbildungen** in diesem Buch …

Umschlag

Cover/Buchrücken: © 123rf.com (40612780 / Ksenia Ragozina), **Klappe vorne [von oben]:** 1) Sandra Wolf, 2–4) 123rf.com (85130526 / Galyna Andrushko), (76846566 / Diego Grandi), (28957450 / Kent Ellington), **Rückseite:** © 123rf.com (38695131 / Jesse Kraft), **Klappe hinten / innen:** © 123rf.com (50535859 / pakhnyushchyy)

Inhalt

Ferreira Schmidt, Kai: Seite 110, 122, 162, 169, 176, 246 oben

Groenen, Tobias: Seite 218

Hermann, Helmut: Seite 5, 29 l., 46, 51, 52, 53, 55, 57 r., 59 r., 61, 66, 67 l., r., 69, 120, 137, 140 unten, 151 oben, unten, 153, 154, 158 r., 163, 166 l., 179, 181 185 unten, 186, 217 Mitte

iStockphoto LP – www.istockphoto.com (Bildnummer #/ Urheber wie angegeben): Seite 31 (28904500 / hadynyah), 49 (15787562 / hadynyah), 117 (13863610 / hadynyah), 149/150 (809189238 / diegograndi), 161 unten (458112679 / torukojin), 168 (7145265 / DHuss), 176 (869132308 / RPBMedia), 189 (530235407 / tose)

Nickoleit, Katharina: Seite 49, 101, 130 Mitte, 229 oben, 235 oben, 244, 245

Nusch, Christian: Seite 50, 60 r., 114, 121, 130 unten, 160 oben, 165

Patt, Simone und Olaf (www.two-vagabonds.de): Seite 64, 112, 170, 209 unten, 217 oben, 229 unten, 239 r., 240 unten, 240/241

Promperu: Seite 80 oben, 235 unten

Perulinie: Seite 54

Rojas Guevara, Juan Carlos: Seite 3 r., 22, 26 (3x), 27, 28 l., 29 r., 65, 158 l., 196 unten, 203, 204, 205, 207, 210, 251

Shutterstock.com: Seite 126 (387106255 / sunsinger), 221 (231103663 / padchas), 227 (497381887 Christian Vinces),

Wolf, Sandra: Seite 25 unten, 47 oben, unten, 48, 59 l., 59 unten, 60 l., 80 unten, 83, 86, 89, 102, 113 r., 116, 124, 136, 142, 156, 161 oben, 185 oben, 211, 217 unten, 220, 228, 231 unten, 238, 248 l., 248 unten, 249 unten

123rf – www.123rf.com (Bildnummer #/ Urheber wie angegeben): Seite 2/3 von l. nach r. (62023513 / Matyas Rehak), (50535859 / pakhnyushchyy), (50261503 / Gábor Kovács), (61177497 / donyanedomam), (80960825 / sorincolac), 10 (61177402 / donyanedomam), 12/13 (81488699 / Marc Bélair), 15 (26826173 / Sergey Breev), 17 (27171118 / Sven Schermer), 21 (Uhr / 866638408 / FreedomMaster), 25 oben (86551627 / Galyna Andrushko), 28 r. (42843781 / Duncan Andison), 56 oben (22792706 / ostill), Mitte (33720875 / Oliver Nowak), unten (85130526 / Galyna Andrushko), 57 l. (50261503 / Gábor Kovács), 58 (79833280 / Pablo Hidalgo), 62 (17560542 / Pablo Hidalgo), 73 (81252385 / Darko Vrcan),79 (76087745 / alicenerr), 81 (92671665 / Hakan Can Yalcin), 84 (33725398 / Jesse Kraft), 88 (100255986 / robertchg), 91 (38695131 / Jesse Kraft), 94 (53863613 / saiko3p), 96 (38363686 / Jesse Kraft), 98 (53864291 / saiko3p),103 (53876354 / saiko3p), 105 (97779351 / Goran Bogicevic), 106/107 (59023501 / Matyas Rehak), 109 (53864706 / saiko3p), 111 (53864016 / saiko3p), 113 l. (71950777 / dani3315), 115 (85187347 / saiko3p), 119 (43616618 / Shanti Hesse), 123 (13081962 / Rafal Cichawa), 132 (76846566 / Diego Grandi),134 (77535955 / Diego Grandi), 140 l. (10988226 / Jan Treger), 140 r. (108457209 / Erlantz Perez Rodriguez), 144 (26800072 / a41cats),148 (105333525 / mehdi33300), 1160 unten (56819815 / belikova), 166 r. (62023513 / Matyas Rehak), 167 (14330844 / Rafal Cichawa), 171 (55768477 / Sergei Uriadnikov), 172 l. (4595773 / Fabioa Lamanna), 172 r. (61039374 / Matyas Rehak), 173 (50535859 / pakhnyushchyy),188 oben (19424265 / Joerg Sinn), 191 oben (31162877 / Iakov Filimonov), 191 Mitte (61713159 / Maria Itina), 191 unten (85000071 / Nattachart Jerdnapapunt), 192 oben (51911650 / Gábor Kovács), 192 unten (114611590 / Jiri Hrebicek),194 (52056901 Oscar Espinosa), 196 oben (99358729 / Jakub Gojda), 198 (89899461 / Rui Baiao), 199 (89858916 / Rui Baiao), 200 (80960825 / sorincolac), 201 (39413300 / Jesse Kraft), 209 oben (105961607 / markpittimages), 213 (58936325 / Igor Dymov), 214 ()58936325 / Igor Dymov), 215 (17955464 / Luigi Camassa), 216 (81944052 Diego Grandi), 223 (17566018 / Pablo Hidalgo), 225 (89080881 / Galyna Andrushko), 231 l. (10031547 / Mark Green), 231 r. (84420241 / Maria Luisa Lopez Estivill), 233 (67910586 / Matyas Rehak), 236 (59086128 / Matyas Rehak),239 l. (7825705 / yolka), 242 (44546586 / Jesse Kraft), 246 unten (43817606 / Jesse Kraft), 249 r. (11148410 / Sylwia Brataniec), 249 oben (28957450 / Kent Ellington), 250 (89960700 / Rui Baiao)

Checkliste Reiseausrüstung

Reisedokumente

- O Reisepass
- O Internat. Impfausweis (zusätzlich Kopie)
- O Internat. Führerschein (zusätzlich Kopie)
- O Flugticket / Airpass (Ticketnr. notieren)
- O Studentenausweis, sonstige Dokumente
- O Kreditkarte (Notrufnummer notieren)
- O Bargeld

Kleidung, Schuhe

- O warme Jacke mit verschließbaren Innen- und Außentaschen
- O Regencape, leichtes
- O Geldgürtel
- O lange Hose, naturfarben, Mischgewebe, viele Taschen (nicht zu eng, keine Jeans)
- O kurze Hose, dto. / Sporthose
- O Pullover (oder Alpaka-Neukauf)
- O dünner Schal/Kopftuch gegen Staub, Zugluft und Kälte
- O Hemd, langärmlig, naturfarben, Baumwolle/ Mischgewebe mit großen Brusttaschen
- O Hemd, kurzärmelig, dto.
- O T-Shirts, einige, aus Baumwolle
- O Unterwäsche
- O Socken, Wolle oder Baumwolle
- O Badehose/-anzug
- O Stofftaschentücher
- O Feste Halbschuhe oder leichte Bergschuhe oder Dschungelstiefel, evtl. Turnschuhe
- O Badelatschen (billig vor Ort)

Persönliches, Diverses

- O Rucksack/Kofferrucksack
- O Tagesrucksack, kleiner
- O Schlafsack (Qualität je nach Reiseintension, evtl. nur Leinenschlafsack)
- O Fotoausrüstung
- O Handtuch
- O Kulturbeutel: Handrasierer, Hautcreme, (Wasch)seife, Kamm, Zahnbürste/-pasta, Shampoo, Pinzette, Feuchttücher u.a
- O Toilettenpapier, Papiertaschentücher
- O leistungsstarke Taschenlampe, Ersatzbat.
- O Taschenmesser (Kombiversion)
- O Armbanduhr / Reisewecker
- O Nähzeug, Sicherheitsnadeln, Nagelschere
- O Plastikbeutel
- O Vorhängeschloss (evtl.)
- O Feuerzeug, Streichhölzer
- O Schreibzeug
- O Notizheft mit Heimat- und eMail-Adressen; Telefon- und Fax-Nummern
- O Taschenwörterbuch (Spanisch)
- O Landkarte(n)
- O Sonnenschutzmittel (hoher Faktor!)!
- O Sonnenbrille; Brillenträger/Kontaktlinsenträger: Ersatz, Linsenreinigungsmittel
- O Lippenschutz
- O Lärmstopfen für die Ohren
- O Reiselektüre, Taschenrechner
- O Passbilder, Privatfotos, Visitenkarten, Postkarten von seinem Ort

Reiseapotheke, Medikamente

- O Pflaster
- O Mullbinde / Verbandspäckchen
- O Elastische Binde
- O Wunddesinfektionsmittel
- O Moskito-/Insektenmittel, z.B. *Autan active*
- O Wasserentkeimung
- O Durchfallmittel / Elektrolyte
- O Wundsalbe
- O Antibiotikum / Tropenbreitbandantibiotika
- O Halstabletten
- O Ohrentropfen
- O Brand-/Insektensalbe, z.B. Systral
- O Fieber- und Schmerzmittel
- O Malariamittel
- O Skalpell, Einmalspritze (evtl.)
- O Mittel gegen Kreislaufschwäche
- O ggf. Allergiemittel
- O ggf. spezielle persönliche Medikamente
- O Paracetamol

Zusatzausrüstung für Trekking

Vieles (Zelt, warmer Schlafsack, Iso-Matte, Kocher, Kletterausrüstung usw.) kann in den jeweiligen Regionen (Cusco, Huaraz, La Paz) preisgünstig gemietet werden.

- O Daunenjacke und Thermoüberhose
- O Warme lange Unterwäsche
- O Fußdruckpflaster
- O Plastikwasserflasche (1 l mit Becher)
- O Verpflegung als Fertiggerichte, wie Hartwurst, Geräuchertes, Dauerbrot, Suppenwürfel, Teebeutel, Dörrobst, Elektrolytgetränke, Müsl; Rest drüben kaufen.
- O Kompass, Höhenmesser, Fernglas

Abreise-Checkliste

- O Postversorgung regeln
- O Kontaktperson(en) für Notfall bestimmen
- O Evtl. Erreichbarkeits-Adresse hinterlassen
- O Reisekrankenversichg. abgeschlossen?
- O Wohnung sichern, Briefkast. leeren lassen
- O Haustiere und Pflanzen versorgen u.a.m.

Reise-Literatur

Romane

Alfredo Bryce Echenique, *Eine Welt für Julius*

Suhrkamp, Frankfurt a.M. 2002. Der anspruchsvolle Roman wirft durch die Augen eines Kindes einen Blick auf das unerträglich angenehme Leben der peruanischen Oligarchie. Die Geschichte handelt von einer Kindheit zwischen dem schroffen Gegensatz unendlichen Reichtums und der bedingungslosen Liebe der verarmten Dienerschaft zu dem vor lauter Vergnügen vernachlässigten Julius.

Adrian Cueto, *Die blaue Stunde*

Berlin Verlag, Berlin 2007. Wie wirken Terror und Gegenterror der 80er Jahre bis heute nach? Mit dieser Frage befasst sich der höchst einfühlsame Roman und ist damit eine ebenso spannende wie bewegende Auseinandersetzung mit der Vergangenheit. Das Buch ist der erste Roman des in Peru hochgeschätzen Schriftstellers, der auch ins Deutsche übersetzt wurde.

Nicholas Shakespeare, *Der Obrist und die Tänzerin*

rororo, Hamburg 1999. Der verfilmte Roman nähert sich Perus Terrorismus der 80er Jahre auf höchst persönliche Weise. Er verbindet eine leise Liebesgeschichte mit den dramatischen Ereignissen, die sich im Land abspielten. Ohne den Anspruch auf historische Genauigkeit zu erheben, vermittelt das Buch einen guten Eindruck davon, was der Terror des Leuchtenden Pfades für Perus Bevölkerung bedeutete.

Sabrina Janesch, *Die goldene Stadt*

Rowohlt, Berlin, 2017. Der Roman begibt sich auf die Spuren des Deutschen Rudolf August Berns, der 1867 Machu Picchu entdeckte. Das Buch zeichnet den Weg Berns vom Goldwäscher am Rhein über seine Freundschaft zum späteren peruanischen Präsidenten bis in die Berge Perus nach. Ein ausgezeichnet recherchiertes, unterhaltsames und spannendes Buch mit einem überaus sympathischen Helden.

Mario Vargas Llosa, *Die Stadt und die Hunde*

Suhrkamp, Frankfurt a.M. 1980. Zwischen Krimi, Bildungsroman und Gesellschaftsstudie angelegt entlarvt Vargas Llosa die Heuchelei und Doppelmoral der peruanischen Gesellschaft in schockierenden und brutalen Szenarien. Fressen oder gefressen werden – für die jungen Kadetten der Militärakademie Leoncio Prado geht es um das nackte Überleben im hierarchischen und vom Machismo geprägten Mikrokosmos der Schule. Sein radikaler Erstlingsroman machte Vargas Llosa über Nacht berühmt.

Mario Vargas Llosa, *Das Grüne Haus*

Suhrkamp, Frankfurt a.M. 1976. Zwischen der trockenen Wüstenstadt Piura und dem Dschungel von Iquitos entwirft Vargas Llosa am Schicksal des Indígena-Mädchens Bonifacia ein episches und düsteres Bild der peruanischen Realität. Gewalt, Korruption und Machismo, die Ausbeutung der indigenen Bevölkerung und der Missionierungseifer der Kirche lassen den Leser tief in das Wesen Perus eintauchen. Eines der wichtigsten literarischen Zeugnisse des jungen lateinamerikanischen Kontinents – nicht zuletzt auch durch seinen stilistischen und sprachlichen Anspruch.

Reiseberichte

Andreas Drouve, *Liebeserklärung an Südamerika.*

Verlag Stürtz, Würzburg 2015. Seit 30 Jahren bereist der Fotograf und Autor auf abgelegenen Pfaden Südamerika. Seine bewegendsten Abenteuer und Begegnungen schildert er spannend, mitreißend und ungeschönt in dieser sehr persönlichen Liebeserklärung. Ein Buch, das große Lust macht, nicht nur Peru, sondern auch den Rest des Kontinents zu entdecken.

Werner Herzog, *Eroberung des Nutzlosen*

Carl Hanser Verlag, München 2009. Knapp drei Jahre dauerten die Dreharbeiten zu

Werner Herzogs wahnwitzigem Filmprojekt „Fitzcarraldo". Drei Jahre, in denen der Regisseur mit der peruanischen Bürokratie, Regenzeit und einem Berg kämpfte. Seine Tagebuchaufzeichnungen lassen erahnen, was es heißt, im Dschungel einen Film zu drehen. Eine höchst unterhaltsame Lektüre, bei der man dankbar ist, nicht an Herzogs Stelle zu sein.

Karin Muller, *Entlang der Inkastraßen*

National Geographic, München 2002. Die Autorin nimmt den Leser mit auf eine ungewöhnliche Reise durch die Andenstaaten, bei der sie kein Abenteuer auslässt. Während touristische Sehenswürdigkeiten allenfalls am Rande gestreift werden, geben ihre anschaulichen und spannenden Berichte Einblicke in das Leben der Bevölkerung, das dem Reisenden üblicherweise verschlossen bleibt. Ein Buch, das Maßstäbe in der Reiseberichtliteratur setzt.

Flora Tristan, *Meine Reise nach Peru*

Insel Taschenbuch, Frankfurt 2004. 1833 bricht die junge Französin aus ihrer Ehe und der vornehmen Pariser Gesellschaft aus und reist nach Peru. Der lebendige Reisebericht ist eine Gesellschaftsstudie über die sozialen und politischen Verhältnisse. Das Buch gilt als die beste Beschreibung Perus zu jener Zeit.

Juliane Koepcke, *Als ich vom Himmel fiel*

Piper Verlag, 2011. Einzigartiger Bericht der einzigen Überlebenden eines Flugzeugabsturzes 1971 über den Urwäldern von Pucallpa. Die damals 17-jährige Juliane, Kind deutscher Biologen in Peru, überlebt am Vorabend von Weihnachten die Katastrophe, im Gegensatz zu ihrer Mutter, und kämpft sich danach eine Woche durch den Dschungel. 2011 kehrte sie nach Peru zurück um die Forschungsstation ihrer Eltern zu übernehmen.

Kultur, Geschichte und Politik

Eva Maria Grün (Hrsg.), *Die Entdeckung von Peru*

Edition Erdman, Stuttgart 1996. Eine Sammlung von Augenzeugenberichten aus der Zeit der Konquistadoren. Die Tagebuchaufzeichnungen von Eroberern und Missionaren offenbaren schonungslos, wie die indigene Bevölkerung unter den Spaniern litt. Einen besseren Einblick in die Geschichte der Eroberung Perus kann man kaum bekommen.

Astrid Martínez Paternina, *Das Anden-Kochbuch*

Verlag die Werkstatt, Göttingen 2005. Ein Kochbuch, in dem nicht nur die Rezepte für typische Anden-Gerichte stehen, sondern in dem auch viel über die Geschichte der einzelnen Speisen und Zutaten sowie die Kochtradition Südamerikas zu erfahren ist.

Eleanor von Oertzen/Ulrich Gödeking, *Peru*

Verlag Beck 2004. Das Buch beschäftigt sich umfassend und in gut lesbarem Stil über die Geschichte, Politik, Gesellschaft und Kultur Perus. Es schlägt dabei einen Bogen von den frühen Kulturen bis in das neue Jahrtausend und macht komplexe historische Zusammenhänge gut begreiflich.

Viola Zetzsche und Dietrich Schulze, *Bilderbuch der Wüste. Maria Reiche und die Bodenzeichnungen von Nazca*

Mitteldeutscher Verlag 2014. Diese ausgezeichnete Biographie verwebt die Geschichte des Lebens der deutschen Forscherin Eva Maria Reiche mit ihren Erkenntnissen zu den Wüstenbildern von Nazca. Glänzend geschrieben und interessant zu lesen wird erzählt, wie diese außergewöhnliche Frau für den Erhalt der Linien von Nazca gekämpft hat.

Pardo, Cecilia und Fux, Peter, *Nasca – Peru, Archäologische Spurensuche in der Wüste*

Zürich 2017. Die mysteriösen Geoglyphen Perus und die Kultur der Menschen, die sie erschaffen haben.

Bildband

Katharina Nickoleit/Karl-Heinz Raach, *Premium Peru*

Verlag Stürtz, Würzburg 2014. Der aufwendig gestaltete und wunderschön fotografierte Bildband nimmt seine Leser bei der Reise durch Peru nicht nur mit zu den bekannten Sehenswürdigkeiten und bunter Folklore, sondern zeigt auch Natur und moderne Städte.

Sprachhilfe Spanisch

Allgemeine Redewendungen und wichtige Wörter

ja, nein – sí, no

bitte – por favor

danke, vielen Dank – gracias, muchas gracias

Wie geht es Ihnen? – Cómo está (Usted)?

sehr gut (schlecht) – muy bien (mal)

das gefällt mir (nicht) – esto (no) me gusta

ich spreche kein Spanisch – no hablo castellano

sprechen Sie langsamer – hable (Usted) más despacio

Wie heißen Sie? – Cómo se llama (Usted)?

Wie nennt man ...? – Cómo se llama ...?

mein Name ist – mi nombre es

Wie heißt auf Spanisch? – Cómo se dice en castellano?

Wieviel kostet das? – Cuánto vale (cuesta) esto?

das ist sehr teuer – es muy caro

Haben Sie nichts Billigeres? – No tiene (Usted) algo más barato?

Gibt es hier...? – Hay por aquí?

Wann ist geöffnet? – A qué hora está abierto?

Wann wird geschlossen? – A qué hora se cierra?

Wo bekomme ich (-wird verkauft?)? – Donde consigo?

Wie lange wird es dauern? – Cuánto tiempo va a durar?

Generalstreik – huelga total

Ausnahmezustand – garantías suspendidas

Ausgangsverbot – toque de queda

guten Morgen, Tag – buenos días

guten Tag (nach 12 Uhr) – buenas tardes

guten Abend, Nacht – buenas noches

auf Wiedersehen – hasta la vista (adiós)

bis später (morgen) – hasta luego (mañana)

gestern, heute, morgen – ayer, hoy, mañana

morgen früh – mañana por la mañana

Wie alt sind Sie? – Cuántos años tiene (Usted)?

20 Jahre und 6 Monate – veinte años y seis meses

Zahlen

0 cero	22 veintidós
1 un(o)	30 treinta
2 dos	31 treinta y uno
3 tres	40 cuarenta
4 cuatro	50 cincuenta
5 cinco	60 sesenta
6 seis	70 setenta
7 siete	80 ochenta
8 ocho	90 noventa
9 nueve	100 cien(to)
10 diez	101 ciento uno
11 once	110 ciento diez
12 doce	200 doscientos
13 trece	300 trescientos
14 catorce	400 cuatrocientos
15 quince	500 quinientos
16 dieciséis	600 seiscientos
17 diecisiete	700 setecientos
18 dieciocho	800 ochocientos
19 diecinueve	900 novecientos
20 veinte	1000 mil
21 veintiuno	1 Mio. – un millón

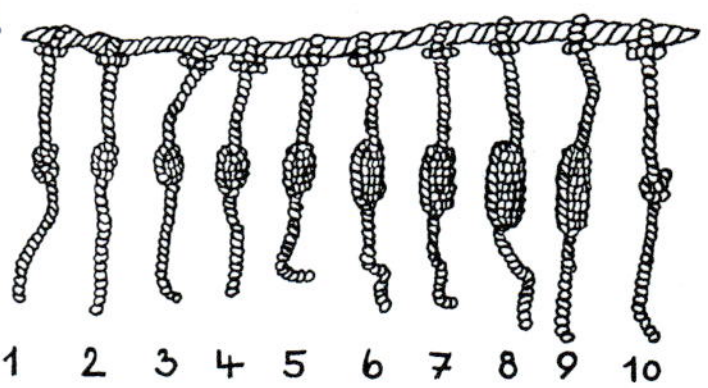

Infos zum Knotenschnur-System der Inkas: Exkurs „Quipus und Tocapus" s.S. 155

Uhrzeit

Wieviel Uhr ist es? – Qué hora es?

es ist halb drei – son las dos y media

Viertel vor neun – un cuarto para las nueve

5 Minuten und 30 Sekunden – cinco minutos y treinta segundos

Wochentage

Montag – lunes

Dienstag – martes

Mittwoch – miércoles

Donnerstag – jueves

Freitag – viernes

Samstag – sábado

Sonntag – domingo

Feiertag – feriado

diese Woche – esta semana

Monate

Januar– enero

Februar – febrero

März – marzo

April – abril

Mai – mayo

Juni – junio

Juli – julio

August – agosto

September – se(p)tiembre

Oktober – octubre

November – noviembre

Dezember – diciembre

nächsten Monat, Jahr – el próximo mes, año

Adjektive

hell, dunkel – claro, oscuro

schwarz, weiß – negro, blanco

rot, braun, gelb – rojo, marrón, amarillo

blau, grau, grün – azul, gris, verde

gut, schlecht – bueno, malo

groß, klein – grande, pequeño

viel, wenig – mucho, poco

leicht, schwer – fácil, difícil

alt, neu, jung – viejo, nuevo, joven

schnell, langsam – rápido, lento

früh, spät – temprano, tarde

billig, teuer – barato, caro

hoch, niedrig – alto, bajo

warm, kalt – caliente, frío

sauber, schmutzig – limpio, sucio

Präpositionen

und, oder, nach – y, o, a

vor, nach (örtl.) – delante de, para

vor, nach (zeitl.) – antes de, después de

auch, auch nicht – también, tampoco

mit, ohne – con, sin

plus, minus – más, menos

mehr oder weniger – más o menos

noch eins mehr – otro más

aber, dann – pero, entonces

in, an, auf – en

weil, wegen – porque, por

dass, als, was – que

Sich zurechtfinden

abbiegen – dar vuelta

Adresse – la dirección

an der Ecke – en la esquina

Die Straße nach ...? – El camino para ...?

diese Richtung! – por aquí (allí)

dort – allí

hier – aquí

immer geradeaus – defrente (todo recto)

Ist es nah? – Está cerca?

Ist es weit? – Está lejos?

Kann ich mit dem Bus dahin fahren? – Puedo ir allí en autobus?

Wissen Sie...? – Sabe Usted...?

nach links – a la izquierda

nach rechts – a la derecha

nahe – cerca

Stadt, Dorf – la ciudad, el pueblo

Welcher Weg? – Por dónde?

Wie komme ich zur Straße nach Cusco? – Cómo voy a la carretera a Cusco?

Wie habe ich zu gehen? – Cómo puedo llegar a?

Wie lange? – Cuánto tiempo?

Wie weit? – Qué distancia?

Wieviele Straßenblocks von hier? – A cuantas cuadras de aquí?

Wo ist? – Dónde está?

Woher kommen Sie? – De dónde viene?

Wohin gehen Sie? – A dónde va?

Bus, Bahn, Flug

reisen, Reise – viajar, viaje

Ich möchte nach... – Quiero ir a...

Welchen Bus? – Cuál autobus?

Gibt es einen Bus nach...? – Hay un autobus para...?

Um wieviel Uhr geht der Bus (Zug) nach..? – A qué hora sale el bus (tren) a...?

Wohin fährt dieser Bus? – A dónde va este autobus?

Wieviel kostet eine Fahrkarte nach...? – Cuánto cuesta un boleto para...?

Ich möchte eine (Rück-)Fahrkarte nach... – Quiero un boleto (de ida y vuelta) a...

1., 2. Klasse – primera, segunda clase

Sind (Sitzplätze) nummeriert? – Estan numerados (los asientos)?

Ich möchte einen Fensterplatz. – Quiero un asiento con ventana.

Wie lange dauert die Reise? – Cuánto dura el viaje?

Fahren Sie an der Plaza vorbei? – Pasa por la plaza?

Können Sie mir sagen, wenn wir die x-Straße erreichen? – Me puede avisar cuando lleguemos a la avenida/calle x ?

Ich möchte aussteigen (beim). – Quiero bajar (en)

Abfahrt, Ausgang – la salida

Ankunft – la llegada

Bahnhof – la estación del ferrocarril

Bushaltestelle – la parada

Busterminal – Terminal de Buses, Terminal Terrestre

Eisenbahn – el ferrocarril

Fahrplan – el horario

Flughafen – el aeropuerto

Flug – el vuelo

Flugzeug – el avión

Gepäck – el equipaje

Gepäckaufbewahrung – Documentación de equipaje / Guardaequipaje

Preis – el precio

Rundreise (hin- und zurück) – viaje de ida y vuelto

umsteigen – transito

Zug – el tren

Hotel

Wo ist das Hotel...? – Dónde está el hotel...?

Wo ist ein Hotel? – Dónde hay un hotel?

Kennen Sie ein gutes (billiges) Hotel? – Conoce (Usted) un buen hotel (barato)?

Haben Sie ein freies Zimmer? – Tiene una habitación libre?

Wie ist der Preis für eine Nacht? – Cuál es el precio por una noche?

Alles inbegriffen? – Todo incluido?

Ich möchte ein Einzelzimmer – Quisiera una habitación simple

Ich möchte ein Doppelzimmer – Quisiera una habitación doble

... mit Doppelbett – con una cama matrimonial

... mit zwei Betten – con dos camas

Wir möchten ein Doppelzimmer mit Dusche/Bad – Quisiéramos una habitación doble con ducha, baño privado.

Kann ich das Zimmer sehen – Puedo ver la habitación?

Dieses Zimmer ist zu laut. – La habitación es demasiado ruidosa.

Gibt es heißes Wasser? – Hay agua caliente?

Klimanalage – aire acondicionado

Ich bleibe drei Nächte. – Me quedo tres noches.

Wir gehen morgen. – Nos vamos mañana.

Ich möchte um ... Uhr geweckt werden. – Quiero que me despierten a las... horas.

Kann ich meine Wertsachen im Safe lassen? – Puedo dejar mis cosas de valor en la caja de seguridad?

Handtuch, Seife – la toalla, el jabón

Bettwäsche, Decke – la ropa de cama, la frazada

Toilettenpapier – el papel higiénico

Gepäck, Rucksack – el equipaje, la mochila

Heizung, Licht – la calefacción, la luz

Schlüssel – la llave

Bedienung – el servicio

Geld

Geld – dinero

Gibt es hier eine Wechselstube? – Hay aquí una Casa de Cambio?

einen Bankautomaten – una Caja automática, Caja permanente

Wie ist der Wechselkurs? – Cúal es el tipo de cambio?

Wieviel Soles bekomme ich für 1$/1 Euro? – Cuántos Soles recibo por un Dollar/un Euro?

Reisescheck – el cheque de viaje

Kann ich Reiseschecks wechseln? – Puedo cambiar cheques de viajero?

Ich möchte Geld wechseln. – Quiero cambiar dinero.

Wann öffnet die Bank? – A qué hora abre el banco?

Banknote – el billete (de Banco)

Kreditkarte – la tarjeta de crédito

Post und Internet

Adresse – la dirección

At-Zeichen (@) – arroba

Post – la oficina de correos

Fax-Stelle – la oficina de fax

Ich brauche Briefmarken – necesito estampillas

für Luftpost nach Deutschland – para correo aéreo a Alemania

Brief, Postkarte – la carta, la tarjeta postal

Briefkuvert – el sobre

Einschreiben, per Eilboten – certificado, con urgencia

postlagernd – postal restante/lista de correos

Päckchen – el paquete pequeño

Paket – el paquete

Telefon

Telefon – el teléfono

Mobiltelefon – teléfono celular

Telefonbuch – el directorio telefónico

anrufen – llamar

Hallo – hola

Ferngespräch – larga distancia

Nummer – el número

Vermittlung – la operadora

Mein Name ist... – me llamo...

besetzt – ocupado

Einkauf

Kennen Sie ein Geschäft für ...? – Conoce (Usted) una tienda de ...?

Wo kann ich ... kaufen? – Dónde puedo comprar ...?

Wieviel kostet das? – Cuánto cuesta? Cuánto vale? En cuánto sale?

Das gefällt mir nicht. – No, gracias, no me gusta.

das ist sehr teuer – es muy caro

das ist zu teuer – es demasiado caro

Haben Sie nichts Billigeres? – No tiene (Usted) algo más barato?

Ich möchte nicht mehr als ... bezahlen. – No, no quiero pagar más de ...

Ich sehe mich nur um. – Estoy mirando, gracias.

billig – barato

Kreditkarte – la tarjeta de crédito

mehr – más

weniger – menos

Preis – el precio

Obst – las frutas

Bäckerei, Süßwaren – panadería, confitería

Kunsthandwerk – artesanías

Markt, Handel – mercado, comercio

kaufen, verkaufen – comprar, vender

handeln, probieren – comerciar, probar

Alpakawolle – lana de alpaca

Baumwolle – el algodón

Holz, Leder – la madera, el cuero

Gramm, Pfund – gramo, medio kilo

Gesundheit, Krankheit – La salud, la enfermedad

Ich fühle mich nicht gut. – No me siento bien.

Ich habe Durchfall. – Tengo diarrea.

Können Sie mir helfen? – Puede (Usted) ayudarme?

Ich brauche einen Doktor. – Necesito un médico.

Wo ist ein Doktor der Englisch spricht? – Dónde hay un médico que hable inglés?

Zahnarzt – el dentista

Krankenhaus / Apotheke – la clínica, el hospital / la farmacia

Ich bin krank. – Estoy infermo.

Ich habe hier Schmerzen. – Siento dolores aquí.

Ich brauche ein Mittel – Necesito un medicamento

gegen Husten – contra la tos (pectoral)

Schnupfen, Grippe – el resfriado, la gripe

Fieber, Schmerzen – la fiebre, el dolor

Kopfschmerzen – el dolor de cabeza

Magen, Bauch – el estómago, el vientre

Durchfall – la diarrea

Krankenwagen – una ambulancia

sich übergeben – vomitar

Notfall / Polizei

Wo finde ich die Polizei? – Dónde encuentro a la policía?

Man hat mir meine Tasche gestohlen. – Me han robado mi bolsa.

Ruf' die Polizei/einen Arzt! – Llame a la policía/ a un doctor!

Informieren Sie bitte die deutsche Botschaft (Konsulat). – Informe (Usted) a la embajada alemana (al consulado), por favor.

Ich habe mein... verloren. – He perdido mi...

Ich habe meine Schecks verloren. – He perdido mis cheques.

Ich möchte den Diebstahl aufnehmen lassen. – Quiero levantar una acta de robo.

eine Anzeige machen – hacer una denuncia

Geld, Reisepass – la plata, el pasaporte

Fotoapparat – la cámara fotográfica

Dieb – el ladrón

Diebstahl – el robo

Überfall – el asalto

Hilfe! – auxilio!

Essen und Trinken

Wo gibt es hier in der Nähe ein Restaurant? – Dónde hay un restaurante cerca de aquí?

Ein Restaurant mit Lokalspezialitäten? – Un restaurante con platos típicos?

Die Speisekarte bitte – La carta, por favor

Was empfehlen Sie heute? – Qué recomienda hoy?

Woraus besteht das? – De qué consiste?

Ist das scharf – Es picante?

Bitte nicht scharf. – No muy picante, por favor.

Bringen Sie mir bitte... – Traígame por favor...

Eine Portion – Una porción

Die Rechnung, bitte – La cuenta, por favor

Wo ist die Toilette – Dónde está el baño?

Wörter

Abendessen – la cena, la comida
Frühstück – el desayuno
Gabel – el tenedor
Gedeck – el cubierto
Glas – el vaso
Löffel – la cuchara
Kellner/in – el/la camarero/a
Krug – la jarra
Messer – el cuchillo
Mittagessen – el almuerzo
Ober – el mozo
Serviette – la servilleta
Speisesaal – el comedor
Teller – el plato
Tasse – la taza
Trinkgeld – la propina
Weinglas – la copa
Zahnstocher – los palitos

Spanische Begriffe

almuerzo – Mittagessen
bodega – Weinkellerei, Weingut, -stube
cebichería – Restaurant für Fischgerichte und Meeresfrüchte
cena – Abendessen
chichería – Chicha-Kneipe, Schenke
chifa – peruan.-chinesisches Restaurant
desayuno – Frühstück
panadería – Bäckerei
peña – Folklorekneipe, auch typisches Wirtshaus
picantería – Spezialitätenrestaurant
quinta – familiäres Wirtshaus, meist mit Live-Musik am Nachmittag
salchichería – Wurstladen

Zubereitung, Gewürze

a la chorillana – mit gebackenen Zwiebeln
a la jardinera – mit Gemüse
a lo macho – Soße aus Meeresfrüchten (bei Fischgerichten)
a la parrilla(da) – vom Grill
a la plancha – in der Pfanne gegrillt
frito – gebraten/frittiert
ají – Chili
ajo – Knoblauch sal – Salz
pimienta – Pfeffer

Speisekarte

el menú
anticuchos (de corazón) – Grillspieße (Rinderherzen)
antipasto mixto – gemischte Vorspeise
caldo de carne – klare Fleischbrühe
caldo de gallina – Hühnersuppe mit Nudeln
cebiche (ceviche) – rohe Fischstücke in Limonensaft
chupe de pescado – dicke Fischsuppe
crema de espárragos – Spargelcremesuppe
crema de tomate – Tomatensuppe
dieta de pollo – Hühnersuppe mit Nudeln und Gemüse
palta a la reina – Avocado mit Huhn
palta rellena – gefüllte Avocado
palta rellena a la jardinera – gefüllte Avocado mit Gemüsesalat
palmitos con jamón – Palmherzen mit Schinken
papa a la huancaína – gekochte kalte Kartoffel mit pikanter Soße
Sopas y Entradas – Suppen und Vorspeisen
sopa a la criolla – Rindfleischsuppe mit Milch, Nudeln, Fleisch, Ei, Toast
sopa a la minuta – Rindfleischsuppe mit Nudeln und Fleisch

Segundo – Hauptgerichte

aceitunas – Oliven
arroz (chaufa) – Reis (gebacken, chinesisch)
ají (salsa de ají) – scharfe Soße
calamares (fritos) – geback. Tintenfische
camarones – (Süßwasser-) Krabben
camote – Süßkartoffel
carne de cerdo, chancho – Fleisch vom Schwein
de ternera, de res – vom Kalb, v. Rind; de cordero (carnero) – vom Lamm (Hammel); de pato – von der Ente

chicharrones – Art Schweinshaxerl, geröstete Schweineschwarten

choclo – Maiskolben

chuleta, guiso – Kotelett, Art Gulasch

churrasco, lomo, bistek – Steak (meist dünn und oft zäh ...)

corvina, cojinova – Fische (o. dt. Namen)

cuy (picante de cuy) – Meerschweinchen (pikant)

empanada (de pollo, carne) – Teigtasche (gefüllt mit Huhn, Fleisch)

ensalada (mixta) – Salat (gemischt)

estofado – Fleischeintopf

frijoles, espinaca – Bohnen, Spinat

hígado, riñones – Leber, Nieren

huevo (pasado, duro) – Ei (weich, hart)

huevos fritos – Spiegeleier

huevos revueltos – Rühreier

lechuga, pepino – grüner Salat, Gurke

langostino – Langustelomo milanesa – (Wiener) Schnitzel

lomo saltado – Minuten-Fleisch aus der Pfanne mit Tomate und Zwiebeln

pan, mantequilla – Brot, Butter

pan tostado con queso – Käsetoast

papas (fritas) – Kartoffeln (Pommes frites)

pejerrey – Königsfisch

pescados y mariscos – Fische und Meeresfrüchte

pollo a la brasa – Huhn vom Drehgrill

puré – Kartoffelbrei

salchicha – Würstchen

salteñas – gefüllte Teigtaschen mit einer Fleisch-, Gemüse- und Eiermischung

salsa – Soße

tallarines (fideos) – breite Nudeln (dünne Nudeln)

tortilla – Art Omelett

trucha (a la milanesa) – Forelle (paniert)

verdura, cebolla – Gemüse, Zwiebeln

vinagre, aceite – Essig, Öl

yuca – Maniokart

Postre – Nachspeisen

azúcar, mermelada – Zucker, Marmelade

ensalada de fruta – Fruchtsalat

flan – Pudding

helado (aber: hielo) – Speiseeis (Eiswürfel!)

mazamorra morada – spez. Maispudding, violett

panqueque (con miel) – Pfannkuchen (mit Honig)

pie (pay) de manzana – Apfelkuchen

torta de chocolate – Schokoladentorte

Bebidas – Getränke

agua mineral – Mineralwasser

Arequipeña – Biersorte aus Arequipa

batida – frisch gepresster Saft mit Milch

café – Kaffee

café con leche – Milchkaffee

cerveza – Bier

Cristal – Biersorte aus Lima

Cuzqueña – Biersorte aus Cusco

gaseosa – kohlensäurehaltige Limonade

hielo – Eiswürfel

Inca Kola – peruanische Limonade

jugo (de naranja) – frisch ausgepresster Saft (Orangen)

leche – Milch

Pisco – Traubenschnaps

Pisco Sour – der National-Schnaps von Peru, aus Pisco, Limonensaft und Eiweiß

té – Tee

vino (tinto, blanco) – Wein (rot, weiß)

Literaturempfehlung:

Der Sprachführer „Spanisch für Peru" aus der Kauderwelsch-Reihe des Reise Know-How Verlages weist in die spanische Grammatik ein und enthält jede Menge Redewendungen, die während der Reise nützlich werden können. Gleichsam nützlich: „Quechua für Peru-Reisende"

Glossar

(q = Quechua, ay = Aymara)

Ayahuasca	Naturdroge aus der Banisteriopsis-Liane zur Herbeiführung von Visionen
Ayllu (q.)	Urform der heutigen *comunidad;* ursprünglich verwandtschaftlicher Organisationsverband im Inkareich; Wohn- und Wirtschaftsgemeinschaft mehrerer Familien
Aymara	altes Kulturvolk um den Titicacasee und dem Hochland Boliviens mit eigener Sprache und Tradition; wahrscheinlich sind sie die Schöpfer der vorinkaischen Tiwanaku-Kultur; die Inka griffen u.a. auch auf die kulturellen Errungenschaften der Aymara zurück
Ayni	traditionelle Form der Hilfe auf Gegenseitigkeit, eine Hilfeleistung wird in Arbeitsstunden zurückerstattet
Balneario	Bad, Seebad
Balsa	Boot aus Totora-Schilf
Barrio	Stadtviertel
Bodega	Weinkellerei
Bosque nublado	(Berg-)Nebelwald
Brujería	schwarze Magie
Brujo	Hexer
Caballitos de Totora	Schilfboote
Caca (ay.)	Fels
Calvario	Kalvarienberg (Schädelstätte)
Campesino	indigene Landbewohner, Kleinbauern und Landarbeiter
Cancha	Inkahof- bzw. Häusergruppe um einen viereckigen Innenhof; das Wort „cancha“ findet sich deshalb immer am Ende einer Häusergruppenbezeichnung, z.B. Condorcancha (Kondorhof), Amarucancha (Schlangenhof), Qorikancha (Sonnenhof)
Carpahuasi	Haupttempel
Casa de Cambio	Wechselstube
Ceja de selva	„Augenbraue des Urwalds“, Ostabhang der Anden
Ch'alla	Opfergruß an die Mutter Erde; bei jeder Trinkrunde, Einweihung eines neuen Hauses oder Kauf eines Tieres wird der „Mutter Erde“ – *pachamama* – gedacht
Chachapoya	Volk der östlichen Andenabhänge in Nordperu
Chakras (q.)	Saatfelder und Äcker, auch terrassierte Felder
Charango	Kleingitarre, Resonanzkörper meist aus dem Panzer eines Gürteltiers

Chasqui	Meldeläufer
Chavín	bedeutendes Kulturzentrum im Huaraz-Gebiet
Chicha	Maisbier aus Maiskeimlingen
Chifa	peruanisch-chinesisches Restaurant
Chimú	Kulturvolk an der Nordküste Perus mit der Hauptstadt Chan Chan
Cholo	herabsetzende Bezeichnung für einen Mestizen; in der Kolonialzeit übernahmen zweisprachige oft die Vermittlung zwischen der indigenen Landbevölkerung und den spanischstämmigen Städtern
Chullpa	Grabturm
Chullu	traditionelle Wollmütze mit Ohrenklappen der Indígena
Chuño (a. Chuñu)	getrocknete Kartoffeln (Gefriertrocknungsverfahren) der Anden, lange haltbar
Coca (q.)	Erythroxylumart, immergrüner Strauch in den subandinen Gebieten Perus und Boliviens, die Blätter sind die Basis für die Kokainherstellung
Cocaleros	Coca-Pflanzer
Cocha	See
Colca (a. Qolqa)	Kornspeicher, Lager
Colectivo	preiswerte Sammeltaxis mit festen Routen im Nah- und Fernverkehr
Colla	Kulturvolk des Altiplano um den Titicacasee
Comedor	Speisesaal, preiswertes Restaurant mit Volksküche
Comunidad	indigene Dorfgemeinschaft mit eigener Organisationsstruktur und speziellen Bewirtschaftungsformen, ursprünglich *Ayllu*
Conquistador	Name für einen Angehörigen der spanischen Eroberungstruppen
Coquero	Coca-Kauer
Cori	Gold
Coricancha	s. Qorikancha
Costa	Bezeichnung des wüstenartigen Küstenstreifen Perus, trockenste Wüstenregion der Erde, von vielen Flussoasen durchbrochen
Coya	Bezeichnung der Ehefrau bei den Inka
Cuadra	Häuserblock
Cumbre	Berggipfel
Curandero	Naturheilpraktiker, Naturheiler, Kräuterhexer
Cuy (a. Quwi)	Meerschweinchen
Departamento	Verwaltungseinheit, die mehrere Provinzen umfasst
Diablada	farbenprächtige Fiesta mit Teufelstänzern in Puno u. Oruro (Bol.)

Encomienda	(span. „Auftrag") durch die Spanier eingeführtes System der Leibeigenschaft, seelsorgerische Betreuung und Arbeitsverpflichtung freier Indigena an die span. Siedler, 1720 endgültig aufgegeben
Escuela Cusqueña	Malschule aus Cusco mit eigenem Malstil
Feria	Fest, Markt
Galeriewald	tropischer Savannenwald entlang der Flüsse
Garúa	Nebel oder Nebelbank, der an der Costa direkt auf dem Boden aufliegt; Niederschlag als Nebelnässe
Geoglyphe	Erdzeichen, Bezeichnung der Bodenmarkierungen von Nazca
Guía	Führer, Reiseleiter
Gringo	ursprüngliche Bezeichnung für US-Amerikaner; heute in Lateinamerika allgemeine Bezeichnung für einen Angehörigen eines westlichen Landes, Menschen mit heller Haut
Guanako (indian./ span., Huanaco, Lama guanacoe)	wildlebende Kleinkamelart in den west. und südl. Anden, Stammform des Lamas
Guano	Vogelmist
Guardia Civil	Polizei
Hacendado	Besitzer einer Hazienda
Hacienda	landwirtschaftliches Gut
Huaca (a. Waq'a)	heiliger Ort; Schrein, Pyramide, Grab, urprünglich Heiliges, auch archäologische Stätte eines vorinkaischen Heiligtumes in Pyramidenform
Huacapata	Heiliger Platz
Huaquero	Keramiksucher i.e. Sinn; Name für Grabräuber
Ichu	Andengras
Incahuasi	Inkapalast
Indígena	autochthone, alteingesessene Anden-Bevölkerung, Nachfahren der Volksgruppen der Inkazeit; heute mehr kulturell-sozialer Erscheinungstyp
Indio	diskriminierende Bezeichnung für die Landbevölkerung in den Anden
Inka/Inca	Herrschervolk, das von Cusco aus seinen Machtbereich zu einem Großreich ausdehnte; Ohrpflöcke tragend, weshalb die span. Eroberer sie auch als *orejones* („Großohren") bezeichneten; auch Herrscherdynastie oder „Sonnensohn", Inca-König
Inti Raymi	Inka-Fest zur Sonnenwende am 24. Juni

Inti	Sonne, Sonnengott, oberste Gottheit bei den Inka
Inticancha	Heiliger Platz
Intiwatana	„Sonne binden", „Ort, an dem die Sonne angebunden ist". Der Intiwatana diente astronomischen Zwecken.
Jalcas	Hochweiden über 4000 m Höhe in der Sierra
Kalebasse	Flaschenkürbis, als Gefäß verwandt, oft mit Bildern verziert
Kili	Totora-Schilfwurzeln
Kordilleren	Gebirgsketten der Anden, von N nach S parallel verlaufend
Kreolen, *criollos*	(span./frz., von lat. *creare* „erschaffen") Bez. für die Nachkommen spanisch-europäischer Einwanderer (weiße Kreolen)
Lama (span. Llama)	Kleinkameltyp, Tragetier
Limeños	Bezeichnung für Einwohner Limas
Machu	alt, groß
Mallku	Berggeist, niedere Gottheit, Schutzgeist
Mamacona	Vorsteherin der Sonnenjungfrauen
Manta	Rückentragetuch, tradit. Kleidungstück
Mate de Coca	Tee aus Coca-Blättern
Mayu	Fluss
Mercado	Markt
Mestizen	(v. lat. mixticius) Mischlinge europäisch-indigener/indianischer Eltern
Mirador	Aussichtspunkt
Misti	Nicht-Indígena, Mitglied der herrschenden Klasse, „Weißer"
Mit'a	Arbeitsverpflichtung für öffentliche Arbeiten während der Inkazeit; später Zwangsarbeit bzw. indigene Form der gegenseitigen Arbeitshilfe, wobei die Leistung des Helfenden mit Naturalien entlohnt wird
Mochica (Moche)	Kultur an der Nordküste Perus
Municipalidac	Rathaus
Naymlap	Dynastie
Nutria	Sumpfschwein
Oca (indian./span.)	Bezeichnung für die Knollen des andinden Sauerkleegewächses Oxalis tuberosa. Die Knollen sind sehr stärkehaltig und ein wichtiges Nahrungsmittel der indigenen Bevölkerung
Orejones (sp.):	Groß- oder Langohren, Bezeichnung der spanischen Eroberer für die inkaischen Adligen in Cusco, da diese durch Ohrpflöcke geweitete Ohrläppchen hatten

Pachacamac	Schöpfergott der Küstenbewohner; bedeutendes Heiligtum im Lurín-Tal in der Küstenwüste bei Lima
Pachamama huasi	Heiliger Felsen
Pachamama	Mutter Erde, Erdmutter
Pampa	in Peru ebene, meist öde/trockene größere Landflächen
Papa	Kartoffel
Paracas	Kulturvolk
Patio	Innenhof
Peña	typisches Wirtshaus, Folklorekneipe
Peque-peque	motorisierte Langboote für die Urwaldflüsse
Petroglyphen	vorgeschichtliche Felszeichungen
Picchu	Berg, Spitze
Piranha	Amazonasfisch
Pisco	Traubenschnaps
Plaza de Armas	Exerzier- und Waffenplatz, Zentrum der Stadt
Poncho	deckenartiges Kleidungsstück, wird als Überwurf verwendet
Präkolumbisch,	
prähispanisch	Zeit vor der spanischen Eroberung Lateinamerikas (1492)
Pucara (ay.)	Befestungsanlage
Pueblos Jóvenes	Elendssiedlungen um Lima
Puente Inca	Inka-Brücke
Puna	trockene Hochgebirgssteppe
Qorikancha	Sonnenhof, zentrales Heiligtum der Inka,
(auch Coricancha)	Sonnentempel in Cusco
Qosqo	Nabel, Zentrum
Quechua	ehemalige staatstragende Bevölkerung und Verwaltungssprache des Inkareichs; als Missionssprache der Spanier über die Grenzen des Inkareiches verbreitet, doch 1780 verboten; Dialekte des Q. werden heute in Peru, in Bolivien und Teilen von NW-Argentinien, Ecuador und S-Kolumbien gesprochen; seit 1975 Amtssprache in Peru und Pflichtfach in den Schulen. – Bezeichnung der größten indigenen Volksgruppe der Anden zwischen Ecuador und Nordchile, kulturell weitgehend angeglichen.
Quena	Andenflöte
Quilla	Mondgöttin der Inka
Quinoa	in den Hochanden kultiviertes Gänsefußgewächs, dessen gelbliche und rötliche Samen zu sehr stärkereichem Mehl verarbeitet werden; die Früchte liefern hochwertiges Eiweiß
Quipus	Knotenschnüre

Rumipunku	Hauptportal
Runa	„Mensch“; Bezeichnung für Angehörige der Quechua- und Aymaravolksgruppen
Schamane	Geisterbeschwörer, Naturheilpraktiker
Selva	Amazonastiefland in Peru (Urwaldregion)
Sendero Luminoso	„Leuchtender Pfad“; peruan. Guerillaorganisation
Shipibo	Urperuaner in der Gegend von Pucallpa
Sicán	Kulturvolk im Norden
Sierra	Gebirgsland der Anden
Siku	Panflöte
Sillar	Quaderstein
Sipán	Kulturvolk im Norden
Soles (Nuevos)	peruanische Währung
Soroche	Höhenkrankheit in den Anden; Anzeichen durch Unwohlsein, Atemnot heftige Kopfschmerzen
Sawantinsuyu	Inka-Imperium (die vier Weltregionen)
Tambo	Herberge, Übernachtungsplatz, Gasthaus, Rastplatz, Schutzburg, Stützpunkt
Tocapus	Inka-Bildzeichen
Torreón	Rundturm
Totora	Binsenart am Titicacasee
Trepanation	medizinische Schädelöffnung
Tumi	Zeremonialmesser der Mochica und Chimú
Uña de Gato	Heilpflanze
Urbanización	städtebauliches Erschließungsgebiet, Neubaugebiet
Vicuña	wildlebende Kleinkamelart, Urform des Alpaka
Wari	(Huari) sesshafte Siedler; auch Kulturvolk mit Zentrum in der Region von Ayacucho
Willka	Heiligtum, Gottheit; auch mythischer Vorfahre
Wiracocha	Name des Schöpfergottes der Inka; während der Kolonialzeit Anrede (Herr) für einen Spanier
Zampoña	Panflöte

Glossar kunstgeschichtliche/kirchliche Begriffe

anthropomorph	menschengestaltig, mit menschl. Gesicht (Steinreliefs, Masken u.a. Objekte)
Capilla	Kapelle
Chorgestühl	Sitzreihen der Geistlichen an der Längsseite des Chores (span. sillería)
Churriguerismus	überladener spanischer Barockstil, benannt nach dem spanischen Architekten José de Churriguera (1650–1723)
Colegio	Konvikt, Erziehungsanstalt
Convento	Kloster
Indiatides	Säulenfiguren
Kapitalsaal	Versammlungsraum eines Klosters (span. sala capitular)
Katakomben	begehbare unterirdische Grabanlagen, Gruften
Kreuzgang	rechteckiger Klosterhof mit einem Brunnen, von Arkadengängen umgeben
Lanzón	speerartige Stele
Mestizo-Stil	(estilo mestizo) indigen beeinflusster barocker Kirchenbaustil
Murales	Wandmalereien
Mudéjar	(arab. mudejalat: „unterworfen")
	Baustil, bei dem sich islamischer Dekorationsstil mit abendländischer (gotischer) Baukunst vermischt; charakterisiert durch arabeske Stuckornamente, Kassettendecken, Farbkeramiken und hufeisenförmige Bögen; abgeleitet von den Mudéjaren, den islamischen Werkkünstlern in Spanien (10.–15.Jh.)
Patio	(Innen)hof
plateresker Stil	(span. platero: „Silberschmied")
	filigraner Ornamentsstil; fein ziselierte Steinmetzarbeiten mit Blumen-, Ranken- und Heraldikelementen
Portales	Arkadenbögen zwischen Pfeilern oder Säulen (meist um die Plaza de Armas)
Retablo	Altaraufsatz mit Skulpturen, Altarbild
Sagrario	Sakristei, Kapelle
Stele (griech.)	freistehende, aufrechte Platte oder (Stein)Säule, meist mit (datierten) Inschriften oder Reliefs, als Kult-, Weihe-, Grenz- oder Siegesobjekt dienend
Tumba	Grab
zoomorph	tiergestaltig oder mit tierischen Anlitz (Steinreliefs, Masken u.a. Objekte)

Astrid Lindgrens Schweden
Mecklenburg-Vorpommern Ostseeküste
Porto Santo Madeira
Schleswig-Holstein
Die schönsten Routen durch die BRETAGNE
Amerikanisch
Kauderwelsch
Dresden
CityTrip PLUS
GRONINGEN · LEEUWARDEN
BUDAPEST
EL HIERRO
InselTrip
Islam
Island

australien
osten und zentrum
Ober-
bayern
ägypten
das niltal von kairo bis abu simbel
tourguide
südafrika
portugal
kompakt
Kapstadt,
Garden Route
& Kap-Provinz

Rad- und andere Abenteuer aus aller Welt

Edition Reise Know-How

In der Edition Reise Know-How erscheinen außergewöhnliche Reiseberichte, Reportagen und Abenteuerberichte, landeskundliche Essays und Geschichten. Gemeinsam ist allen Titeln dieser Reihe: sie unterhalten, sei es unterwegs oder zu Hause – auch als ideale Ergänzung zum jeweiligen Reiseführer.

Afrika
Mit dem Fahrrad in eine andere Welt …
ISBN 978-3-89662-522-9 · € 19,90

Abenteuer Seidenstraße
Zwei Jahre entlang der antiken Seidenstraße durch die Länder Zentral- und Südostasiensbis zum Indischen Subkontinent
ISBN 3-89662-525-0 · € 16,90
E-Book ISBN 3-89662-632-5 · € 12,90 €

Irgendwann erwischt's dich dann!
Wenn Fernreisen zum Abenteuer werden
ISBN 3-89662-524-3 · € 19,50

Myanmar/Burma
Reisen im Land der Pagoden
ISBN 3-89662-196-3 · € 17,50

Odyssee ins Glück
Als Rad-Nomaden um die Welt 10 Jahre, 160.000 km und 5 Kontinente
ISBN 978-3-89662-520-5 · € 19,90

Panamericana südwärts
Eine Abenteuertour durch Lateinamerika
E-Book ISBN 978-3-89662-621-9 · € 13,99

Rad ab
71.000 km mit dem Fahrrad um die Welt
ISBN 3-89662-383-4 · € 17,50 ·
E-Book ISBN 3-89662-634-9 · € 12,90 €

Rad ab 2
Zum zweiten Mal mit dem Rad um die Welt: 4 Jahre, 68 Länder und 88.000 km
ISBN 3-89662-526-7 · € 17,50
E-Book ISBN 3-89662-633-2 · € 12,90 €

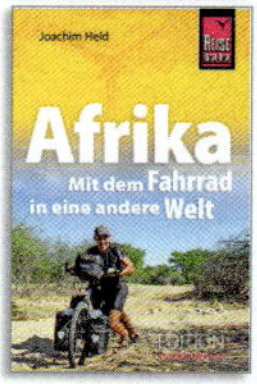

Peter Smolka

Zum zweiten Mal mit dem Rad um die Welt:

Rad ab 2

Vier Jahre, 68 Länder und 88.000 Kilometer

Taschenbuch ISBN 978-3-89662-526-7
€ 17,90 [D]
E-Book ISBN 978-3-89662-633-2
€ 12,99 [D]

Job gekündigt, Auto verkauft, Wohnung leergeräumt und alles, was man für viereinhalb Jahre braucht, in ein paar Packtaschen verstaut – im Frühjahr 2013 lässt der Erlanger Abenteurer Peter Smolka das bequeme Leben hinter sich, um den Globus zu umradeln. Er startet nach Osten. Eine Reise ins Ungewisse.

Bis nach Russland begleiten ihn drei Freunde aus Erlangen, jenseits von Moskau ist Smolka dann allein unterwegs. Auf langen Umwegen über Pakistan und Südindien geht es weiter nach China, wo er an der Grenze vier Wochen lang festsitzt. Ein Jahr nach dem Aufbruch steht der Erlanger in Shanghai am Pazifik. Von dort bringt ihn ein Containerschiff nach Kanada.

Als langsam Reisender ist Peter Smolka immer ganz nah an den Menschen und an der Natur. Er nimmt Indien intensiv mit der Nase auf, Südostasien mit dem Gaumen, genießt die Freiheit in der Weite Kanadas. Auf seinem Weg nach Südamerika kann ihn auch ein Überfall in Nicaragua nicht aufhalten. Als ihm nach 60.000 Kilometern in Argentinien allerdings das treue Fahrrad gestohlen wird, steht er kurz vor dem Abbruch der Reise.

Von Brasilien wählt Peter Smolka den Seeweg nach Kapstadt, um dann ganz Afrika vom Kap der Guten Hoffnung bis nach Kairo zu durchqueren. Über den Bosporus kehrt er nach Europa zurück. Nach viereinhalb Jahren und 88.000 geradelten Kilometern durch 68 Länder kommt er wieder in Erlangen an.

Peter Smolka

71.000 km mit dem Fahrrad um die Welt:

Rad ab!

Bestseller 5. Auflage

Vier Jahre lang radelte der Erlanger Globetrotter Peter Smolka um den Erdball. Zunächst durchquert er den Nahen Osten und Afrika, wo er nur knapp den Angriff eines Elefanten überlebt. In Kapstadt heuert er auf einer Segelyacht an, die nach Brasilien bringt. Nach neun Monaten Südamerika sind die nächsten Stationen Neuseeland und Australien. Bereits seine Fahrt durch Saudi-Arabien hatte in der Reiseszene für Aufsehen gesorgt. In Südostasien erhält Peter Smolka nach zähen Verhandlungen auch die Genehmigung Mynamer (Ex-Birma) auf dem Landweg zu durchqueren. Vor der Rückreise nach Europa wagt er sich schließlich nach Afghanistan hinein ... Spannend, detailliert, einfühlsam und humorvoll – ein Buch für jeden, der gern reist.

Hardcover mit Schutzumschlag
ISBN 3-89662-383-4 · € 17,90 [D]
E-Book ISBN 978-3-89662-634-9 · € 12,99 [D]

Thomas Schröder, Helmut Hermann

Fahrrad Weltführer

Die Welt per Rad mit diesem Fahrradführer entdecken:

Informiert reisen

Beschreibung lohnender Radstrecken und -regionen in nahezu allen Ländern Amerikas, Asiens, Afrikas, Australiens und Ozeaniens. Fakten und Wissenswertes über Land und Leute, Topografie, Klima und Radelbedingungen.

Praktische Tipps und Wissenswertes

zur Reisevorbereitung und Informationsbeschaffung: Anreise, Flüge, Visa, Gesundheitsvorsorge, Literatur (spezielle Rad- und Reiseführer), Karten, GPS. Zahllose Internet-Adressen für detaillierte und aktuelle Zusatzinformationen.

Das Rad

Fahrrad-/komponenten: Reisetaugliche Drahtesel, Gepäckträger, Laufräder, Schaltung, Lenker, Bremsen, Sattel, Licht und Stromversorgung, Ersatzteile und Wartung
Reiseausrüstung: Gepäcktaschen, Zelt, Kocher, Schlafsack, Iso-Matte, Bekleidung und vieles andere mehr …

Unterwegs

Tipps zu Unterkünften, Campen, Verpflegung, Internetzugang, Möglichkeiten für Zwischentransfers. Mit dem Rad durch Extrem-Regionen (Wüsten, Schnee und Kälte, Anden und Himalaya).
Radfahren in „schwierigen" Ländern und fremden Kulturen: Bürokratie, Grenzen, Verhalten in islamischen und hinduistischen Ländern, Tipps für Globo-Radlerinnen.
Gefahren: Verkehr in anderen Weltteilen, Tiere, Diebstahl, Krisengebiete, Notsituationen u.a.m.
Zahlreiche interessante Berichte und Geschichten von außergewöhnlichen Radreisen weltweit zum Schmökern und Einstimmen; Beiträge von 33 Co-Autoren.

Web-Aktualisierung

Nachträglich bekanntwerdende Veränderungen, Abweichungen und spezielle Infos auf **www.weltweitradeln.de**

Mehr als 110 Länder weltweit

- Über 250 Fotos und Karten
- Griffmarken, Seiten- und Kartenverweise zur einfachen Handhabung, Stichwortregister
- Zahllose praxisorientierte Tipps
- Berichte und Geschichten *von* Radlern *für* Radler
- Länder- und Tourenziele von wenigen Wochen bis „open end"
- Alle für Fernradler wichtigen Transkontinental-Routen
- Jede Menge www-Adressen
- Strapazierfähige PUR-Bindung

ISBN 978-3-89662-528-1
780 Seiten | € 25,00 [D]

Reise Know-How Verlag

Stichwortregister A–Z

Papaya Tours
leidenschaftlich reisen
IHR SPEZIALIST FÜR
Peru
Kleingruppen- und Individualreisen
Persönliche Beratung vom Expertenteam
Authentische und nachhaltige Erlebnisreisen
Abenteuer bei perfekter Betreuung
Top Preise und beste Qualität
Jetzt unverbindlich beraten lassen:
www.papayatours.de
02 21/35 55 77-0
Im Mediapark 2 · 50670 Köln